基礎簿記会計
〔改訂版〕

大津　淳・加藤惠吉・許　霽・櫻田　譲・園　弘子・矢野沙織　共著

五絃舎

はしがき

　本書はこれから初めて簿記を学ぼうとする方を対象とした簿記会計の入門書です。簿記は企業をはじめ多くの経済主体の経済活動の状況を日々記帳していく記録・計算そして報告の技能です。簿記は会計の一領域ですが，そのすべてではありません。しかしながら会計のすべての領域は簿記に基づく記録から始まります。そういう意味で簿記は，会計実践の基礎であるとともに，会計の学びにおける第一歩と位置づけられます。

　上記を踏まえ，執筆者一同は，本書において二つの目標を達成しようとしています。一つは読者が本書によって基礎的簿記知識と技能を習得できることを目指しました。そのため本書の序では簿記に纏わる会計的基礎知識に触れ，1章以下からは簿記の具体的処理方法を設例とともに解説しています。その上で二つ目の目標として，読者を簿記から更に実践的会計応用へと導くことを目指しました。これは本書の特徴でもあり，その目的のために最終章には税務会計の基礎を収めました。税務実践は社会で活動する者が等しく関わる領域です。個人事業主の他，給与をはじめ何らかの収入を得ている者は，所得および納税額の計算を行う必要があります。

　執筆者一同，本書で簿記を学習する読者が，本書での簿記習得および税務会計に触れることで，原価計算や財務分析などの会計実践や応用，そしてその背景にある会計学の論理構造に興味を抱いてくれることを強く期待します。

　最後に，本書の原稿整理にあたり，北海道大学大学院，杉本匡さん杉本絢さんにはお手伝いを快く引き受けて頂きました。ありがとうございます。また出版にあたっては五絃舎社長　長谷雅春氏に大変ご尽力頂きました。厚くお礼申し上げます。

2011年3月

園　弘子

改訂版発行に当たって

　今回，改訂版の発行に当たり，初版本文の全体を見直し，必要箇所を修正した。また，著者間で調整を行い，全体の整合性を整えるよう加筆修正を行った。

2012年3月20日

著者一同

目　次

はしがき

第1章　簿記とは — 1

第2章　企業会計の基礎 — 8
第1節　簿記の基本原理……8
第2節　決算手続き……13
練習問題……19

第3章　現金預金 — 20
第1節　現　　金……20
第2節　預　　金……24
第3節　小口現金……28
第4節　銀行勘定調整表……32
練習問題……35

第4章　商品売買 — 37
第1節　分記法と3分法……37
練習問題……45

第5章　売掛金・買掛金 — 46
第1節　売掛金と買掛金……46
第2節　売掛金元帳（得意先元帳）と買掛金元帳（仕入先元帳）……48
第3節　貸倒れ……50
練習問題……54

第6章　特殊商品売買 — 55
第1節　未着商品売買……55
第2節　委託販売と受託販売……56
第3節　委託買付と受託買付……58
第4節　割賦販売……60
第5節　試用販売……61
第6節　予約販売……62

第7節　割戻し・割引・値引き……………………………………………………62
　練習問題……………………………………………………………………………64

第7章　手形取引 ── 65
　　第1節　手形の種類と分類……………………………………………………65
　　第2節　手形の振出しと決済・更改……………………………………………66
　　第3節　裏書と割引………………………………………………………………70
　　第4節　手形の不渡りと遡及……………………………………………………71
　　第5節　手形記入帳………………………………………………………………73
　　第6節　その他の手形を利用した取引…………………………………………74
　　第7節　手形取引と偶発債務……………………………………………………77
　練習問題……………………………………………………………………………82

第8章　その他の債権債務 ── 84
　　第1節　貸付金と借入金…………………………………………………………84
　　第2節　前払金（前渡金）と前受金……………………………………………84
　　第3節　未収金と未払金…………………………………………………………85
　　第4節　立替金と預り金…………………………………………………………86
　　第5節　仮払金と仮受金…………………………………………………………87
　　第6節　商品券……………………………………………………………………88
　　第7節　未決算項目（火災や盗難など）………………………………………89
　練習問題……………………………………………………………………………90

第9章　有価証券 ── 91
　　第1節　有価証券の意義と分類方法……………………………………………91
　　第2節　有価証券の売買…………………………………………………………92
　　第3節　利息と配当………………………………………………………………95
　　第4節　有価証券の差入れと貸借………………………………………………97
　練習問題……………………………………………………………………………99

第10章　固定資産 ── 100
　　第1節　有形固定資産……………………………………………………………100
　　第2節　無形固定資産……………………………………………………………107
　　第3節　投資その他の資産………………………………………………………108
　　第4節　繰延資産…………………………………………………………………108
　練習問題……………………………………………………………………………111

―vi―

第11章　資本取引 ——————————————— 113
- 第1節　個人会社における資本 ……………………………………… 113
- 第2節　株式会社における純資産の意義とその構成 ………………… 114
- 第3節　増　　資 ……………………………………………………… 116
- 第4節　剰余金の配当・処分と株主資本等変動計算書 ……………… 117
- 補　節　株式会社における決算手続きと剰余金の配当 ……………… 121
- 練習問題 ………………………………………………………………… 123

第12章　決　　算 ——————————————— 124
- 第1節　決算とは ……………………………………………………… 124
- 第2節　決算予備手続き ……………………………………………… 124
- 第3節　決算本手続き ………………………………………………… 132
- 第4節　仕訳帳および総勘定元帳の締切り ………………………… 134
- 第5節　繰越資産表作成 ……………………………………………… 135
- 第6節　損益計算書および貸借対照表の作成 ……………………… 135
- 補　節　大陸式決算と英米式決算 …………………………………… 136
- 練習問題 ………………………………………………………………… 137

第13章　本支店会計 —————————————— 139
- 第1節　支店会計の独立 ……………………………………………… 139
- 第2節　本店勘定と支店勘定 ………………………………………… 139
- 第3節　本支店間取引 ………………………………………………… 140
- 第4節　支店相互間の取引 …………………………………………… 143
- 第5節　未達取引の処理 ……………………………………………… 144
- 第6節　内部利益の控除 ……………………………………………… 145
- 第7節　本支店合併財務諸表の作成 ………………………………… 146
- 練習問題 ………………………………………………………………… 150

第14章　帳簿組織と伝票式会計 ————————— 152
- 第1節　帳簿組織 ……………………………………………………… 152
- 第2節　伝票式会計 …………………………………………………… 159
- 練習問題 ………………………………………………………………… 165

第15章　所得税の計算 ————————————— 167
- 第1節　所得税の概要 ………………………………………………… 167
- 第2節　所得の計算 …………………………………………………… 171

第 3 節　主な所得控除 ……………………………………………………………178
第 4 節　消費税の処理 ……………………………………………………………180
練習問題 ……………………………………………………………………………182

索　　引……………………………………………………………………………187

第1章　簿記とは

1．簿記技術 ―― 500年の歴史を受け継いで

　簿記（Book-keeping）とは企業の経済活動を一定のルールに基づいて記録・計算・報告する技術です。18世紀のドイツの文豪で法律家，政治家でもあったJ.W.ゲーテは自伝的小説『ウィルヘルム・マイスターの修行時代』（1795年）の中で，簿記に関連した次のような一節を残しています。親友いわく，「またあの複式簿記，あれがどんなに商人に利益を与えてくれたことか。あれこそ人間の精神が発明した最も立派な発明の一つだよ。」この文章はゲーテの時代，既に簿記が一般的なものであったことを推察させる一文であるとともに，またその登場人物に簿記を賛美させてもいます。さて上記の親友の発言に対しウィルヘルムは「……君は形式から始めるんだね。それが内容ででもあるかのように…。」と語りかけます。この発言は何を意味するのでしょう。ゲーテ自身の意図は別として，簿記という学問領域の特徴を比喩しているように思われます。

　現実の経済現象を如何に適時・適切に数値化して写像することができるのか，これが会計という領域に課された課題です。それは地図がこれを見る者に実際の地形や方角を理解させ適切な行動をとるのに役立つ資料であるのと同じように，会計は，その利用者に当該企業の状況やその経済活動がどのようなものであるのかについて，適切な理解を提供する資料でなければならないのです。簿記は一定のルールに基づくという意味で形式かもしれません。しかしその簿記技術（記録の技能のみならず読解の技能知識も含みます）の習得は，リアルな世界でおこった企業の状況を把握し，様々な意思決定に役立ちます。つまり簿記という形式習得は，企業に関するあらゆる内容理解のエントランスです。

　簿記を単に財産の備忘的記録とみれば，この技術が人間社会に持ち込まれたのはローマ時代以前からともいわれています。しかしこれから皆さんに紹介する簿記技術について言えば，その書式などにローマ時代のそれらの影響を見出すことができるものの，現在の簿記の基礎となるものは，その後のさらなる南欧の文化と経済活動隆盛の中，商人達が自然発生的に実務の中で自己の経済活動・財産の記録の必要性から，その技法を工夫し発展させてきたものが現在に至っているといわれています。ヴェニスの数学者で僧侶でもあるルカ・パチョリは若い頃に商家の家庭教師を勤め，その時に触れた簿記技術を，数学の書である『ズンマ』（1494年）の一部において紹介しています。当時こうした学術書の多くが一般の人には利用されないラテン語で書かれたのに対し『ズンマ』がイタリア語で記されたことと，また時期を同じくして発明された活版印刷技術とによって，この書はその後の簿記の伝播と浸透に大きく貢献しました。

　日本でもいわゆる大福帳の利用にみられるような記帳技法が商人達に実践されていましたが，上記の簿記と起源を同じくする現在のような簿記が取り入れられるようになったのは明治以降です。福沢諭吉は当時のアメリカの商業学校の簿記テキストを『帳合之法』（1873年）として翻訳出版し

ています。その後，民間の簿記講習所や商業講習所も開設されました。また政府は銀行学局を設立し英国人教師アラン・シャンドを招聘し官吏10名の指導にあたらせました。更にその10名の受講者が銀行学伝習所および銀行事務講習所等の教員を務め，地方銀行がそこへ行員を研修に出すという形で，銀行業界にも簿記（銀行簿記）は普及しました。更に明治政府は簿記技能の民間浸透が興国につながると確信しており，簿記は当時の高等小学校の授業科目となり，これは昭和初期まで続きました。このことは前述したゲーテがワイマール公国の大臣であった時代に，やはり簿記を国の義務教育科目としたのと同様で，近代資本主義の確立期において，国家が簿記技能浸透を自国の経済発展を支える国民の基礎能力として重視していたことが窺われます。

　ところで簿記に基づいた記帳を行っているからといって最適な意思決定が行え，事業が破たんしないというものではありません。経営判断やその他の意思決定には，更に別領域の知識や技能また経験も必要でしょう。しかし簿記がその基本体系を整えて既に500年以上が経過した今でも，尚その知識習得への社会的支持は薄れません。それは現代社会においても，あらゆる経済主体とその利害関係者にとって，簿記に基づく記録がその客観性と公正妥当性の合意を得た重要な意思決定資料だからです。

2．財務諸表と二つの計算構造

財務諸表と会計期間

　事業体が関わる経済事象つまり取引は，継続的に記録され更に簿記一巡の手続きによって整理・集計され，いく種かの書類にまとめられ報告されます。これらの書類を財務諸表（Financial Statement：F/S）と呼びます。財務諸表とは貸借対照表（Balance Sheet：B/S）や損益計算書（Profit and Loss Statement：P/LまたはIncome Statement：I/S），キャッシュフロー計算書（Cash flow Statement）などの総称です。財務諸表という書式が存在するわけではなく，財務諸表とは上述の会計書類の総称です。この中でキャッシュフロー計算書は1999年から制度上その開示が要求されるようになりましたが，本書では簿記一巡の手続きにおいてとくに入門的でまた重要な財務諸表でもある貸借対照表および損益計算書を中心にみていきます。

　下記の雛形では，貸借対照表も損益計算書もひとつの面を左右二面に分割した書式をとっています。この書式は勘定式と呼ばれる形式で，これらの表において左は借方（カリカタ），右は貸方（カシカタ）と呼ばれています。簿記ではこれらの財務諸表に限らず左右のある全ての帳票類において，左を借方，右を貸方と呼びます。簿記入門時にはなかなか覚えにくく，また誤解や錯覚に陥りやすい名称かもしれません。言葉の由来はローマの荘園時代，それは貴族が自ら商売をしたり金銭管理をしたりすることが卑しいとされた時代です。そのため領主に代わりその従者がかかる管理をしたわけですが，従者はその際，領主の財産を一旦借り受け，これを運用しているという解釈にたってその管理をしていたといわれています。そのため領主の財産リストを記した左側を（従者にとって領主からの）借受側，つまり借方としたという説もあります。しかし借方（かりかた）の「り」の字，貸方（かしかた）の「し」の文字のはねの方向でこれをまず覚えてしまうということも，先達の多くの初学者がしてきたことでもあります。

貸借対照表と損益計算書

```
              貸借対照表                            損益計算書
(高知商店)    平成×1年12月31日        (高知商店) 平成×1年1月1日から12月31日まで
    (資産の部)    |    (負債の部)              (費用の部)   |   (収益の部)
現  金    350,000 | 借入金    1,500,000     給  料 1,200,000 | 受取手数料   900,000
当座預金  400,000 | (純資産(資本)の部)       光熱費   200,000 | 受取地代  1,200,000
備  品    250,000 | 資本金    3,000,000     広告料   100,000 |
建  物  1,500,000 | 当期純利益   500,000     支払利息 100,000 |
土  地  2,500,000 |                          当期純利益 500,000 |
        5,000,000            5,000,000              2,100,000         2,100,000
```

貸借対照表と損益計算書の表上部には当該事業体名と日付を付します。この日付の付け方が、貸借対照表と損益計算書とでは異なっています。貸借対照表には時点を示す日付が、損益計算書には期間を示す日付が記載されます。事業体では常にその活動を通じて経済価値の流出入が不断なく繰り返されます。たとえば売上代金（現金や預金口座への振り込み）の受け入れや事業活動のために調達した事務用品などのいわゆる備品といった経済価値の流入や、商品仕入れの支払などによる現金等の支出といった経済価値の流出です。簿記会計では、こうした経済価値の流出入（増減）を取引として認識し、継続的に記録していきます。財務諸表作成にあたっては、この活動を人為的に期間を区切り、その一定期間を対象とした報告をします。この会計報告の対象となる一区切りを会計期間と言い、その始まりを期首、終わりを期末と言います。また期末における財務諸表作成手続きを決算と呼びます。そのため期末（日）のことを決算日とも言います。

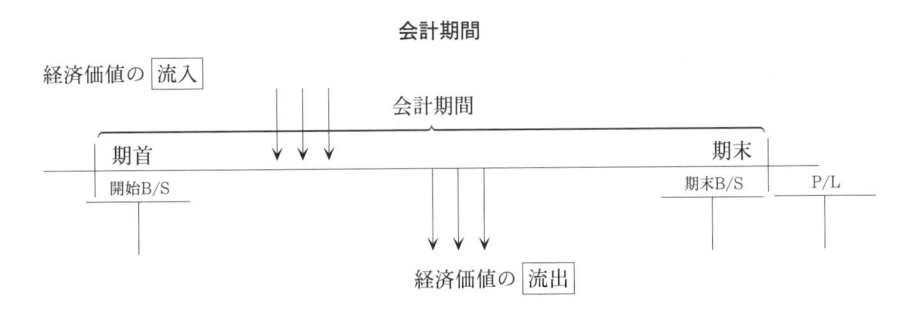

会計期間

```
経済価値の 流入
               ↓↓↓        会計期間
   期首 ─────────────────────────────── 期末
   開始B/S                              期末B/S  P/L
               ↓↓↓
         経済価値の 流出
```

a 貸借対照表

貸借対照表の借方には資産に属する項目とその金額が、貸方には負債と純資産（資本）に属する項目とその金額が記載されます。まず借方の資産とは企業が事業活動のために所有している実際の経済価値である財貨や債権を言い、これには現金や預金、備品、建物、土地などのほか後日金銭を受け取れる権利である貸付金、売掛金などがあります。次に貸方には負債と純資産（資本）とが記載されます。この借方の資産と貸方の負債及び純資産（資本）とを一対にした表示は以下の関係を示しています。事業体が上述のような各種資産を所有しているということは、事業体はその資産を手に入れるに際し、同額の資金をどこからか調達してきているはずです。その資金の出所を示すのが貸借対照表の貸方です。負債は銀行等の債権者から調達した資金であり、純資産（資本）はその事業体のオーナーが拠出したいわゆる元手資金です。負債と資本はその調達もとが他者（銀行等）

なのか自己（事業主自身）なのかが異なるものの，ともに事業活動の資金として機能しているという点は共通しています。そのため純資産（資本）を自己資本または持分，負債を他人資本ということもあります。

　さて貸借対照表はこのように事業体の所有する資産の一覧と，その資金的裏付けを調達源泉別に負債および純資産（資本）として報告する財務諸表として機能しています。資産を多く抱えている事業体は一見豊かに見えます。しかし，もしその事業体がその資産を所有するために資金調達の相当額を負債に依存していたとすると，その事業体の財政状態は決して良いとは言えないでしょう。事業体の財政状態とは単に資産総額で評価されるのではなく，純資産（資本）と負債のバランスを含めた資金の調達状況（貸方）とその資金をどのような資産に資本投下して事業運営を図っているのかを示す資産一覧の構成（借方）の総合的判断によって評価されます。したがって貸借対照表は事業体の財政状態を示す財務諸表であると理解されています。貸借対照表上でのこうした資産・負債・純資産（資本）の関係は，貸借対照表等式と呼ばれる以下の恒等式として示されます。また純資産（資本）に注目した式の変換により，資本等式と呼ばれる式で各項目の関係を表現することもあります。

　　　　貸借対照表等式・・・資産 ＝ 負債 ＋ 純資産（資本）
　　　　資本等式・・・・・・純資産（資本）＝ 資産 － 負債

　資本等式では純資産（資本）は資産から負債を控除した額として示されています。そのためこうした概念での資本は，資産のうち他者の資金によらずに調達されている資産相当額を示しているので，これを純資産ないし純財産と表現することもあります。ただし，これは計算としての総額的な対応概念ですから，貸借対照表上の各々の資産項目が，調達資金としてのどの負債と結び付いているとか，調達資金としての純資産（資本）と結び付いているというような具体的対応を意味するものではありません。旧来，資本は資本という呼称が最も一般的でしたが，2006年の会社法改定を機に昨今は純資産という呼称が浸透・定着しつつあります。しかしながら今でも純資産は資本，自己資本，持分，純財産などいくつもの呼称が，その機能の解釈に関連して使用されています。いずれにしても貸借対照表は企業の有する経済価値を，資金の運用形態（借方）と資金の調達源泉（貸方）として示すことで，当該事業体の財政状態を明らかにしようとする報告書です。

　貸借対照表は期末毎に作成しますが，その時点で所有している資産一覧とその資金的裏付けとを左右（貸借）一対にして提示した財務諸表ですから，たとえば11月30日には11月30日の資産・負債・資本の状態があり，また12月31日には12月31日におけるそれらの状態があるはずです。したがって日々その状況に応じた貸借対照表を作成することは論理的に可能です。しかし会計処理にコンピュータを導入しない限り，取引ごとに変化する各項目の状況に即して貸借対照表を日々更新して作成することは時間と手間において困難です。あえて作成するとすれば，期首時点の貸借対照表を作成することがあります。これは特に開始貸借対照表と言います。開始貸借対照表は決算時に作成される期末貸借対照表との比較という経営分析目的で作成されます。しかし継続して事業を営んでいる場

合は前年度の決算で作成した貸借対照表がそのまま翌年度の開始貸借対照表に当たるわけですから，特にその作成に手間がかかるということはありません。但し前期末貸借対照表を翌期の期首（開始）貸借対照表とする場合は，前期末貸借対照表の資本金額と当期純利益額との合計値を，開始貸借対照表の資本金の額とせねばなりません。たとえば前掲の貸借対照表で，高知商店のX2年1月1日の資本の額は¥3,500,000です。実は高知商店の平成×1年12月31日時点の資本金額も本来は¥3,500,000です。これは期首時点つまり×年1月1日の高知商店の資本は¥3,000,000で，そこからの1年間の事業活動によって¥500,000の当期純利益を獲得したことを示しています。ここで期末に計算される当期純利益は，実は期末時点では自己資本の一部として機能しています。つまり貸借対照表借方に表示されている資産の資金的裏付けの一部を構成しています。しかし当期純利益が期末時点で，純資産（資本）の一部であるにもかかわらず，貸借対照表でこれを一括して「資本金3,500,000」と表示しないのは，X1年の期末貸借対照表を見る者にその資本額が，期首と比して増加した結果3,500,000に至ったものなのか，あるいは期首に比して減少すなわち事業的失敗の結果として3,500,000に至っているのかを一見してわかるようにするためです。

b 損益計算書

さて損益計算書では借方に費用，貸方に収益が記載されています。損益計算書は損益計算書等式と呼ばれる下記の恒等式で表すことができます。

　　　損益計算書・・・費用総額＋当期純利益　＝　収益総額

ここで収益とは営業活動の成果として獲得した経済価値です。収益には売上や受取手数料，受取地代などがあります。一方，費用とは収益という成果を得るために犠牲にした経済価値です。費用には従業員を雇えば賃金，給与が発生しますし，他にも光熱費，通信費，支払家賃，広告宣伝費，支払利息などがあります。事業活動では収益を獲得する一方で費用も発生します。しかし費用以上の収益を獲得すればその差額が当期純利益ということになります。逆に費用総額が収益総額を上回るような場合は，損益計算書の貸方に当期純損失が計上されることになります。

貸借対照表では，当期純利益ないし純損失は期首から期末にかけての資本増減額を示していました。貸借対照表と損益計算書は当期純利益ないし当期純損失（当期純利益ないし当期純損失を当期純損益として一括して表現することもあります）でつながっています。つまり収益は資本を増加させる要素であり，一方，費用は資本を減少させる要素です。期中の資本増加要素（収益）と資本減少要素（費用）とを比較し，その差額が当期純利益すなわち事業活動を通しての資本増加ないし，当期損失すなわち事業活動を通しての資本減少という結論として認識され損益計算書に表示されるとともに同額が貸借対照表にも表示されます。貸借対照表は会計期間中の資本の増減結果のみを示していますが，損益計算書は，資本増減の原因を，増加要因（収益）と減少原因（費用）とを対応表示することで説明していると言えます。そのため貸借対照表が事業体の財政状態を報告する財務諸表として機能しているのに対して，損益計算書は事業体の経営成績を明らかにする報告書として機能しています。

```
                貸借対照表                                    損益計算書
    ○○商店    平成×年12月31日              ○○商店    平成×年1月1日から12月31日まで
```

```
資金の運用形態 = 資金の調達源泉              経済価値の犠牲 = 経済価値の獲得
 資金          負債 ; 他人からの調達          費用        収益
               資本 ; 自己調達（自己資金）    当期純利益 ; 収益・費用の差額
                                                                ※「当期純損失」が
                                                                 貸方に記入される。
```

貸借対照表等式・・・資産 = 負債 + 資本   損益計算書等式
資本等式・・・・・資本 = 資産 − 負債   ・・・費用総額 + 当期純利益 = 収益総額

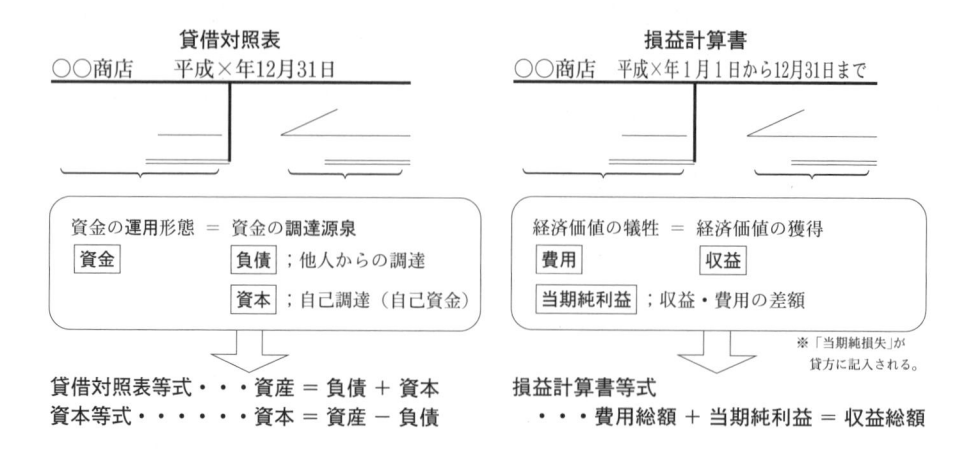

以下は，貸借対照表と損益計算書作成に至るまでの簿記一巡の手続きです。

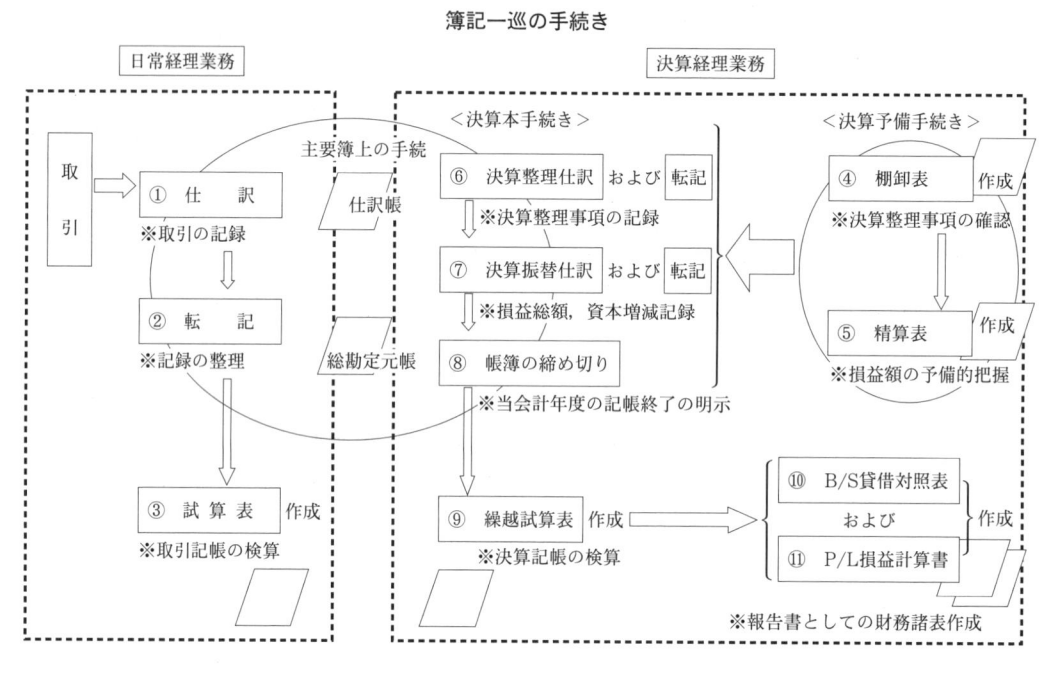

簿記一巡の手続き

```
[日常経理業務]                              [決算経理業務]

                                        <決算本手続き>              <決算予備手続き>
                  主要簿上の手続
  取          ① 仕  訳      仕訳帳      ⑥ 決算整理仕訳 および 転記    ④ 棚卸表  作成
  引          ※取引の記録                 ↓※決算整理事項の記録          ※決算整理事項の確認
                  ↓                      ⑦ 決算振替仕訳 および 転記
              ② 転  記                     ↓※損益総額，資本増減記録    ⑤ 精算表  作成
              ※記録の整理    総勘定元帳   ⑧ 帳簿の締め切り              ※損益額の予備的把握
                  ↓                        ※当会計年度の記帳終了の明示
              ③ 試算表  作成             ⑨ 繰越試算表 作成 ⇒ ⑩ B/S貸借対照表
              ※取引記帳の検算              ※決算記帳の検算         および       作成
                                                                   ⑪ P/L損益計算書
                                                                   ※報告書としての財務諸表作成
```

二つの計算思考

　財務諸表の上部に付される日付について，貸借対照表は「○年○月○日（現在）」であるのに対して損益計算書は「○年○月○日から○年○月○日（まで）」となっていました。貸借対照表と損益計算書とで日付のつき方が異なるのは，それぞれの財務諸表作成にあたっての計算思考の相違を反映したものです。貸借対照表と損益計算書それぞれの財務諸表は各々異なった計算思考が適用されています。ここではそれぞれの計算思考をみていくことで，貸借対照表と損益計算書での当期純損益が同額であることを確認し，またそれぞれが異なった計算思考を採ることの会計上の意義をみておきます。

　計算思考の一つはフロー計算といわれるもので，一定期間に観察されるプラス現象とマイナス現象

という流れ（フロー）をもとに，流入総額と流出総額とを比較して，純額の変化量を計算するものです。もう一つはストック計算といわれるもので，こちらは途中の変化について観察することはなく，二時点の残高（ストック）を単純比較して変化量を計算する方法です。

　この計算は特に会計に限って使われるものではなく，ごく日常的に利用されています。たとえば家で朝テーブルにみかんが7つあったとして，夜にはそれが，9つになっていたとします。みかんは昼間，母親によって6つ買い足されていたのですが，夕方には子供たちがおやつに4つ食べてしまったのです。父親は昼間の出来事を知らずとも，朝テーブルにみかんが7つありそして夜には9つになっていることから，9－7＝2によって，みかんが2つ増えていることをしることができます。また母親がその忙しさのあまり朝と夜のテーブル上のみかんの数を確認していなかったとしても，自身の行動である6つ買い足してきたものの，子供たちにおやつとして4つを与え消費していることを思い起こせば，6－4＝2で我が家にみかんが2つ増えたことを知ることができます。更に朝と夜の時点でのストック計算2と，今日一日の間の買い足しと消費というフロー計算の結果2とは当然同じ計算結果です。またふたつの計算方法を併用することで，それぞれの計算結果を相互に検証しあっていることになります。

財務諸表と二つの計算思考

```
                            P/L
                      {○○○  ●●●}
                      {○○○  ●●●}
                      { ○    ● }
         E ; 期中費用＝流失分  流入分＝期中収益 ; R
            （価値費消）       （価値獲得）
                            ↓
                      フロー計算・・・期中の収益総額と
                               費用総額の比較
   期首B/S                  期中費用総額＋当期純利益        期末B/S
                              ＝期中収益総額
   ⒶⒷ                                              ⒶⒷ
    Ⓒ}○○○○                                         Ⓒ}○○○○◎
```

ストック計算・・・期首時点と期末時点での純資産（資本）の比較。期末C＝期首C＋当期純利益
　　　　　　　　　利益はフロー計算とストック計算ともに同額となる。

　貸借対照表にはストック計算が利用されています。実際には朝のみかんと夕方のみかんのように，期首と期末を単純比較して貸借対照表を作成するというわけではありませんが，当期純損益の表示において期首という一時点と期末という一時点の状態を比較する表示方法をとっているのでそのように解釈されています。一方損益計算書にはフロー計算が利用されています。費用はまさに価値の流出ですし，収益は価値の流入です。その差額が資本の純増減となる当期純損益として計算表示されていますから，まさにフロー計算と言えるでしょう。財務諸表は，貸借対照表でストック計算を損益計算書でフロー計算という異なった計算を行いながら，それぞれに当期純損益を算定することで，簿記会計はその計算の完全性と検証可能性を高めているということになります。

第2章　企業会計の基礎

第1節　簿記の基本原理

1．取引と勘定

　企業はその日々の経済活動を"一定の技法"により貨幣数値をもって記録・計算し，その記録を整理して定期的に一定の書式にまとめ報告します。こうした記録・計算・報告の行為が会計です。社会における会計実践は，それが企業自身の経営管理に役立つだけではなく，企業の利害関係者，たとえば金融機関や投資家などが何らかの意思決定を行うに際しても有用な資料を提供します。そういう意味で会計は当該企業のみならず社会においても重要な意義を持ちます。さてこの会計実践ですが，これは全て経済活動の記録からスタートしています。簿記とはまさに帳簿記帳技術であり，企業等の経済活動を記録する"一定の技法"です。

　この章では、会計実践の記録・計算・報告の一巡の概要を把握する目的で，簿記上の取引とその記録技法の概要から始め，簿記一巡の流れを概説します。

　簿記は，企業の日々の取引を記録することから始まります。簿記における**取引**とは，**資産・負債・資本の増減や収益・費用の発生**の原因となる事柄を指します。たとえば，商品の仕入れや売上げ，銀行からの借入れ，給料や家賃の支払いなどのことです。これらは，一般に言われる取引と同じです。

　しかし，簿記上の取引には一般には取引と言われるものの，簿記上は取引と扱わないものもあります。たとえば，商品の注文や建物の賃貸借契約などは資産・負債・資本の増減や収益・費用の発生の原因とはならないので，簿記上は取引ではありません。一方，火災による建物の損失は，一般に言われる取引ではありません。しかし，資産の減少となるため，簿記上は取引として扱われます。

　この取引を記録する場合，まずその取引がどのような要素で成り立っているのかと考え，それらをそれぞれ記録しなければ，その取引を記録したことにはなりません。たとえば事務用の机を購入し現金で支払ったのなら，この取引を記録するとは机を獲得したことを記録し，また現金を支出したことを記録するということです。つまり取引を記録するとは，机や現金といった項目についてのそれぞれの状況を記録するということです。この机や現金という項目名を簿記では**勘定科目**と言います。

　机も現金も資産ですが，ただ資産として同じに扱うのではなく，現金という資産，机という資産として，それぞれを区別して扱います。そのためこの現金や机といった項目名が取引記録の最小単位ということになります。資産の勘定科目には現金，預金，商品，備品，建物，貸付金，売掛金，受取手形，未収金，土地などがあります。負債の勘定科目には借入金，買掛金，支払手形，未払金

などがあります。なお上述で"机"という記録単位は，実際の簿記では備品という勘定科目名で表現されます。科目表現の詳細は必要に応じ，後述します。

さて，各勘定科目ごとにその状況，つまり，増加や減少を記録していくわけですが，その科目ごとに設けられた記録の場所を勘定口座と言います。現金という科目の増減を記録する場所は現金勘定口座，机などを内容とする備品という勘定科目についての記録の場所が備品勘定口座と呼ばれる場所となります。

勘定口座の形式には標準式と残高式がありますが，便宜的に次のようなT字型が多く用いられます。
勘定口座の左側を**借方**（debit），右側を**貸方**（credit）と言います。

```
         現   金  ← 勘定科目
 (日付)(摘要)(金額) | (日付)(摘要)(金額)    } 勘定口座
```

資産の勘定口座であれば，貸借対照表の左側（借方）に記載されるので借方がその科目に関する増加を記録する場所となり，負債は，貸借対照表の右側（貸方）に記載されるので貸方がやはりその科目の増加を記録する場所となります。同様に，資本は貸方が増加となります。なお，資本勘定は，貸借対照表においては純資産の一項目として記載されます。（この章では，純資産の項目は資本だけなので，同義と考えてください。）

また，収益は損益計算書の右側（貸方）に記載されるので貸方が増加となり，費用は損益計算書の左側（借方）に記載されるので借方が増加となります。

勘定記入の方法

```
         資 産                貸借対照表              負 債
  (借方)    (貸方)          ┌──────┬──────┐     (借方)    (貸方)
   増 加    減 少    →    │ 資 産 │ 負 債 │ ←   減 少    増 加
                           │       ├──────┤
                           │       │純資産│     純資産（資本）
                           │       │(資本)│ ←   (借方)    (貸方)
                           └──────┴──────┘     減 少    増 加

         費 用                損益計算書              収 益
  (借方)    (貸方)          ┌──────┬──────┐     (借方)    (貸方)
   発 生    取 消    →    │ 費 用 │ 収 益 │ ←   取 消    発 生
                           ├──────┤       │
                           │当期純利益│    │
                           └──────┴──────┘
```

設例2－1
　4月25日　商品¥15,000（仕入価額¥10,000）を売り渡し，代金は現金で受け取った。

　¥15,000の商品の代金を現金で受け取ったので，現金（資産）が増加しています。そこで，現金勘定の借方に記入します。

一方で，¥10,000で仕入れた商品を売り渡したので，商品（資産）が減少しています。そのため，商品勘定の貸方に記入します。さらに，このとき，¥5,000（＝¥15,000－¥10,000）の商品売買益（収益）が発生しています。これを，商品売買益勘定の貸方に記入します。

現金（資産）の増加　¥15,000　　　　　商品（資産）の減少　　¥10,000
　　　　　　　　　　　　　　　　　　　商品売買益（収益）の発生　¥ 5,000

このように，全ての簿記上の取引は二面性を有しています（**取引の二面性**）。そして，全ての勘定の借方の合計金額と全ての勘定の貸方の合計金額は，常に一致します。このことを**貸借平均の原理**と言います。資産・負債・資本の増加および減少，収益・費用の発生が結びついている関係を示すならば，次の図のように示されます。

取引の結合関係

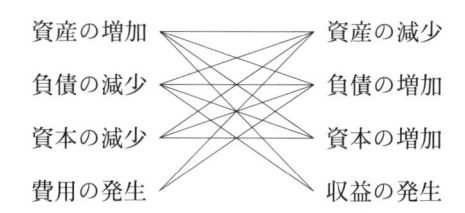

資産の増加　　　　　　　資産の減少
負債の減少　　　　　　　負債の増加
資本の減少　　　　　　　資本の増加
費用の発生　　　　　　　収益の発生

2．仕訳と転記

　取引を毎回勘定口座に直接記入していくと，記入間違いや記入漏れをしてしまうかもしれません。そこで，正確に勘定口座に記入するため，勘定へ記入する前に**仕訳**という作業を行います。仕訳とは，取引を借方要素と貸方要素に分解し，勘定科目と金額を決定することです。
　設例2－1の取引を仕訳すると，借方要素として，現金（資産）の増加¥15,000，貸方要素として，商品（資産）の減少¥10,000と商品売買益（収益）の発生¥5,000に分解することができました。

設例2－2
　設例2－1の取引を仕訳しなさい。

　　　　（借）現　　　金　　15,000　　（貸）商　　　品　　10,000
　　　　　　　　　　　　　　　　　　　　　　商品売買益　　 5,000

　（借）や（貸）は，それぞれ借方と貸方の略です。
　仕訳は，**仕訳帳**（journal）という帳簿に記入します。仕訳を，仕訳帳に記入すると，次のようになります。

仕　訳　帳　　仕訳帳のページ（丁数）→ 1

日付		摘　　　　　要	元丁	借方	貸方
4	1	（現　　金）	1	1,000,000	
		（資　本　金）	12		1,000,000
		元入れして開業			
	〜〜〜〜〜〜〜〜〜〜〜〜〜〜〜〜〜〜〜〜〜〜〜〜〜〜〜〜〜〜〜〜〜				
	25	（現　　金）　　諸　口	1	15,000	
		（商　　品）	3		10,000
		（商品売買益）	9		5,000
		長崎商店に売り上げ			
		次ページへ		1,160,000	1,160,000

① 日付欄　取引が発生した日付を記入する。ただし，1つ前の取引と同じ月に取引が発生した場合は，日にちだけでよい。また，同じ日に2つ以上の取引が発生し，同じページに記入する場合は，日にちの欄に「〃」を記す。

② 摘要欄　勘定科目を記入する。借方の勘定科目は左側に，貸方の勘定科目は次の行の右側に書く。勘定科目には，括弧を付す。仕訳の下に，取引の内容を簡単に書いたものを小書きと言う。やや小さめの字で記す。

　借方もしくは貸方の勘定科目が2つ以上のときは，勘定科目の上に諸口と記入する。諸口とは，仕訳の際に，借方もしくは貸方に複数の勘定科目が存在していることを意味する。一方の勘定科目が1つ，他方の勘定科目が2つ以上のときは，借方，貸方の順ではなく，まず勘定科目が1つのほうを記入する。そして，その貸借の反対側に諸口と書き，次行から2つ以上の勘定科目名を記入していく。1つの取引の仕訳は，2ページに渡って記入してはいけない。

　また，前の取引の仕訳と次の取引の仕訳を区別するために，摘要欄に赤で区切り線を引く。

③ 元丁欄　仕訳した取引を総勘定元帳の勘定口座に移し変える際に（転記，後述），勘定口座の番号もしくは総勘定元帳のページ数を記入する。

④ 繰越　各ページの最終行には，摘要欄に「次ページへ」と記入し，当該ページの借方および貸方の小計を出す。最終行の借方欄と貸方欄の上に，赤線を引く。この線を合計線と言う。最終行の前に余白が生じたときは，合計線を摘要欄の3分の2までのばし，斜線を引く。

　期末には，借方欄，貸方欄に合計線を引き，それぞれの合計額を計算する。そして，借方欄と貸方欄の合計額の下と，日付の下に赤の二重線を引いて締め切る。

仕　訳　帳　　　2

日付	摘　　　要	元丁	借　方	貸　方
	前ページから		1,160,000	1,160,000
31	（買　掛　金）	7	20,000	
	（現　　金）	1		20,000
	福岡商店の買掛金支払い			
			1,330,000	1,330,000

　次に，仕訳に基づいて，総勘定元帳の各勘定口座への記入をします。これを**転記**と言います。また，**総勘定元帳**（general ledger）とは，全ての勘定口座が設けられている帳簿です。全ての取引が仕訳帳から総勘定元帳に転記されます。

　総勘定元帳の勘定口座には，標準式と残高式の2種類があります。標準式は，中央で分けられ，左右は同じ形式となっています。一方，残高式は，残高欄が設けられ，その勘定の残高が常に示されるようになっています。

設例2－3

　4月25日　商品¥15,000（仕入価額¥10,000）を売り渡し，代金は現金で受け取った。

［標準式］　　　　　　　　現　　金　　　　　　　　　　1

平成年		摘要	仕丁	借　方	平成年		摘要	仕丁	貸　方
4	25	諸　口	1	15,000					

［残高式］　　　　　　　　現　　金　　　　　　　　　　1

平成年		摘要	仕丁	借　方	貸　方	借または貸	残　高
4	25	諸　口	1	15,000		借	15,000

① 日付欄　仕訳帳に記入された日付を記す。
② 摘要欄　仕訳の相手勘定科目を記入する。相手の勘定科目を記入することによって，取引内容を推定することができる。相手勘定科目が2つ以上あるときは，「諸口」と記す。この取引を仕訳すると，借方の勘定科目は現金，貸方の勘定科目は商品と商品売買益の2つであるため，総勘定元帳の現金勘定の摘要欄には，「諸口」と記す。また，総勘定元帳の商品勘定と商品売買益勘定の摘要欄には，それぞれ「現金」と記す。

—12—

③ 仕丁欄　その仕訳が記入されている仕訳帳のページ数を記入する。そして，仕訳帳の元丁欄には，勘定口座の番号もしくは総勘定元帳のページ数を記す。仕訳帳の元丁欄への記入があるときは，その仕訳が転記済みであることを示す。

④ 借方欄・貸方欄　借方欄には借方の勘定科目の金額を，貸方には貸方の勘定科目の金額を記入する。

　先の例では，現金勘定は，仕訳帳の借方に¥15,000とあるので，総勘定元帳の借方欄に¥15,000と記入する。ここに記入するのは，相手勘定科目の金額ではない。

⑤ 残高欄　残高式の総勘定元帳では，記入ごとに借方と貸方の差額である残高を求める。これにより，勘定の現在有高がいつも把握できる。

　借方の方が多いときは，「借または貸」の欄に「借」と記入し，貸方の方が多いときは，「貸」と記入する。

第2節　決算手続き

1．試算表と6桁精算表

仕訳帳から総勘定元帳への転記が正しく行われたかどうかを確かめるために，**試算表**（Trial Balance；T/B）を作成します。

試算表とは，総勘定元帳の全ての勘定の合計額または残高を1つの表にまとめたものであり，**合計試算表，残高試算表，合計残高試算表**の3種類があります。

合計試算表の雛形は下記のようになっています。

合計試算表の借方欄と貸方欄には，総勘定元帳に記入された各勘定科目の借方欄および貸方欄それぞれの合計金額を記入します。勘定科目は，資産，負債，資本，収益，費用の順に記載されます。

そして，最終行には，全ての勘定の借方の合計額，貸方の合計額を記入します。仕訳帳から総勘定元帳への転記が正確に行われているときは，常に貸借が平均しているため，この全ての勘定の借方の合計額と貸方の合計額は一致します。一致しないときは，これまでの過程の中でミスがあったことを示しています。しかし，仕訳が誤っていても貸借が平均しているときは，試算表でこのミスを発見することはできません。

合　計　試　算　表
平成〇年4月30日

借　　方	元丁	勘　定　科　目	貸　　方

次に，残高試算表について説明します。

残高試算表では，借方欄および貸方欄には，各勘定口座の残高を記入します。借方残高のときは借方欄に，貸方残高のときは貸方欄に記入します。そして，合計試算表と同様に，最後に各勘定科

目の合計額を計算します。残高試算表においても，仕訳帳から総勘定元帳への転記が正確に行われているときは，全勘定の借方の合計額と貸方の合計額は一致します。

残 高 試 算 表

平成〇年4月30日

借　　方	元丁	勘 定 科 目	貸　　方

合計残高試算表は，合計試算表と残高試算表，両方で記入された情報が一つになったものです。

まず，合計残高試算表の合計欄の借方と貸方に，各勘定の合計額を記入した後，全ての勘定の借方の合計額，貸方の合計額を記入します。次に，合計残高試算表の残高欄に，借方残高のときは借方に，貸方残高のときは貸方に，各勘定の残高を記入し，最後に全ての勘定の残高合計を計算します。

合 計 残 高 試 算 表

平成〇年4月30日

借　　方		元丁	勘 定 科 目	貸　　方	
残　　高	合　　計			合　　計	残　　高
260,000	600,000	1	現　　　　金	340,000	
160,000	470,000	2	売　掛　金	310,000	
	300,000	3	買　掛　金	400,000	100,000
		4	資　本　金	300,000	800,000
		5	商 品 売 買 益	100,000	100,000
80,000	80,000	6	給　　　　料		
500,000	1,450,000			1,450,000	500,000

次に，残高試算表から**精算表**（Working Sheet；W/S）を作成します。ここでは，6桁精算表を取り上げます。6桁精算表とは，残高試算表から損益計算書と貸借対照表を作成する手続きを1つにまとめた計算表です。

精 算 表

勘定科目	元丁	残高試算表 借方	残高試算表 貸方	損益計算書 借方	損益計算書 貸方	貸借対照表 借方	貸借対照表 貸方
現　　　金	1	260,000				260,000	
売　掛　金	2	160,000				160,000	
買　掛　金	3		100,000				100,000
資　本　金	4		300,000				300,000
商品売買益	5		100,000		100,000		
給　　　料	6	80,000		80,000			
当期純利益				20,000			20,000
		500,000	500,000	100,000	100,000	420,000	420,000

① 総勘定元帳の各勘定の残高を残高試算表欄に記入し，貸借を平均する。
② 残高試算表欄の勘定科目のなかから，資産，負債，資本に属する勘定の金額を，貸借対照表欄に記入する。（ここでは，現金と売掛金，買掛金，資本金）
③ 残高試算表欄の勘定科目のなかから，収益，費用に属する勘定の金額を，損益計算書欄に記入する。（ここでは，商品売買益と給料）
④ 損益計算書欄の借方と貸方をそれぞれ合計する。借方と貸方の差額を，金額の少ない方に記入する。貸方の金額が多いときは，当期純利益であり，借方の合計額が多いときは当期純損失となる。このとき，勘定科目の「当期純利益（当期純損失）」と当期純利益（当期純損失）の金額は朱記する。
⑤ 貸借対照表欄の借方と貸方をそれぞれ合計する。借方と貸方の合計額を比較し，その差額を金額の少ない方に記入する。貸借対照表欄の金額は，黒記する。

2．決算と財務諸表の作成

　一会計期間の経営成績と期末の財政状態を明らかにするために，期末に総勘定元帳の各勘定口座の記録を整理します。このことを，総勘定元帳の締切りと言います。
　総勘定元帳の締切りは，収益・費用の勘定の締切りの後，資産・負債・資本の勘定の締切りを行います。
（1）当期純利益を算定するために，新たに損益勘定を設けます。そして，収益および費用の全ての勘定を損益勘定に移します。収益に属する各勘定の残高は損益勘定の貸方に，費用に属する各勘定の残高は損益勘定の借方に記入します。損益勘定のように，複数の勘定の残高を集めた勘定を**集合勘定**と言います。
　　このように，ある勘定の金額を他の勘定に移すことを**振替**と言います。また，振替のための

仕訳は，**振替仕訳**と言います。収益および費用の勘定の振替仕訳の例は，次の通りです。
- 収益項目の振替仕訳
  　（借）　商品売買益　　100,000　　（貸）　損　　　　益　100,000
- 費用項目の振替仕訳
  　（借）　損　　　　益　　80,000　　（貸）　給　　　　料　 80,000

```
        給　料                        損　益                    商品売買益
┌─────────┬─────────┐       ┌─────────┬─────────┐       ┌─────────┬─────────┐
│ 残高    │ 損益    │  ──▶  │ 給料    │ 商品    │  ◀──  │ 損益    │ 残高    │
│ 80,000  │ 80,000  │       │ 80,000  │ 売買益  │       │ 100,000 │ 100,000 │
│         │         │       │         │ 100,000 │       │         │         │
└─────────┴─────────┘       ├─────────┤         │       └─────────┴─────────┘
                            │ 残高    │         │
                            │ 20,000  │         │
                            └─────────┴─────────┘
```

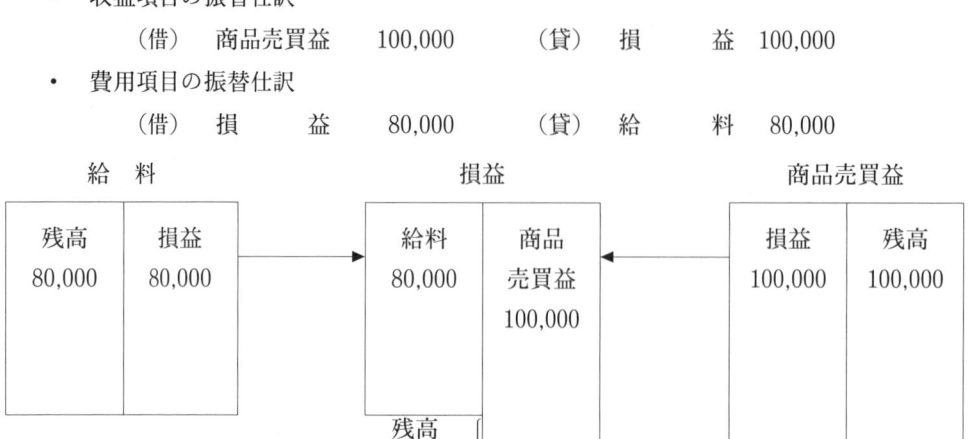

(2) 損益勘定の貸方と借方の差額は，当期純利益となります。当期純資産は，純資産（資本）の増加となるため，これを資本金勘定の貸方に振り替えます。

　　　　　（借）　損　　　　益　　20,000　　（貸）　資　本　金　20,000

```
        資本金                              損　益
┌─────────┬─────────┐           ┌─────────┬─────────┐
│         │ 損益    │  ◀──      │ 給料    │ 商品    │
│         │ 20,000  │           │ 80,000  │ 売買益  │
│         │         │           │         │ 100,000 │
│         │         │           ├─────────┤         │
│         │         │           │当期純利益│         │
│         │         │  ────     │ 20,000  │         │
└─────────┴─────────┘           └─────────┴─────────┘
```

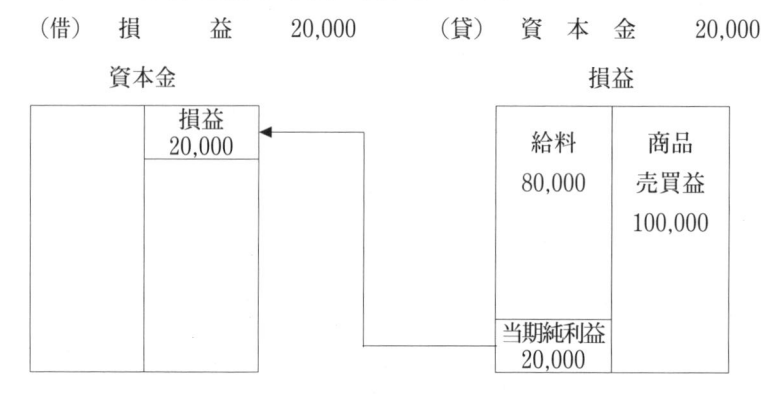

(3) 上記で，収益と費用の各勘定は損益勘定に振り替えられたため，勘定口座の残高の貸借反対側に，相手勘定である「損益」と，残高と同じ金額を記入します。これにより，貸借が一致します。そこで，金額の下に二重線を引いて，勘定口座を締め切ります。

給　料

4/30 ○ ○	80,000	4/30 損　益	80,000

商品売買益

4/30 損　益	100,000	4/30 ○ ○	100,000

損益勘定には，相手勘定である「資本金」と，金額を記入します。貸借が一致するため，金額の下に二重線を引いて，勘定口座を締め切ります。

```
                    損           益
4/30 給    料    80,000  4/30 商品売買益  100,000
  〃 資 本 金    20,000
                100,000                  100,000
```

(4) 資産，負債の各勘定には，赤で残高と同じ金額とともに，摘要欄に「次期繰越」と記入します。これを**繰越記入**と言います。資本金勘定の貸方には，上記(2)で振り替えられた「損益」を黒で記入します。そして，赤で金額と，摘要欄の「次期繰越」を記入します。

さらに，資産，負債，資本の各勘定は，次期の最初の日付で，摘要欄に「前期繰越」と金額を黒で記入します。これは，**開始記入**と言います。

```
                    現           金
4/30  ○    ○      260,000  4/30 次 期 繰 越  260,000
5/1  前 期 繰 越   260,000

                    売  掛  金
4/30  ○    ○      160,000  4/30 次 期 繰 越  160,000
5/1  前 期 繰 越   160,000

                    買  掛  金
4/30 次 期 繰 越   100,000  4/30  ○    ○    100,000
                           5/1  前 期 繰 越  100,000

                    資  本  金
4/30 次 期 繰 越   320,000  4/30 損    益    320,000
                           5/1  前 期 繰 越  320,000
```

このように，総勘定元帳の上で勘定の締切りを行う方法を，**英米式決算法**と言います。これらは，仕訳を行わずに各勘定口座で締め切るので，締切りが正確に行われたかどうかを確認する必要があります。そこで，次に繰越試算表を作成します。繰越試算表とは，資産・負債・資本の各勘定の次期への繰越額を集計したものです。

繰 越 試 算 表
平成○年4月30日

借　　方	元丁	勘定科目	貸　　方
260,000	1	現　　　金	
160,000	2	売　掛　金	
	3	買　掛　金	100,000
	4	資　本　金	320,000
420,000			420,000

最後に，損益計算書と貸借対照表を作成します。
　損益計算書は，主に損益勘定に基づいて作成します。損益勘定の摘要欄に記されている資本金は，仕訳時の相手勘定科目を表しているにすぎません。そのため，決算報告書である損益計算書では，ここを当期純利益と表示します。

損 益 計 算 書

佐賀商店　　　平成○年4月1日から平成○年4月30日

費　　用	金　　額	収　　益	金　　額
給　　料	80,000	商品売買益	100,000
当期純利益	20,000		
	100,000		100,000

　また，貸借対照表は，繰越試算表を基に作成します。繰越試算表の資本金は，期末の資本金を示しています。これは，期首の資本金と当期純利益の合計額です。
　当期純利益とは，株主による出資金を元手として，企業が経営活動を行った結果得た利益であり，これは株主に帰属する純資産（資本）の増加を意味します。すなわち，当期純利益は，当期における資本金の増加額となります。そこで，貸借対照表では，繰越試算表の資本金を資本金（期首資本）と当期純利益とに分けて表示します。

貸 借 対 照 表

佐賀商店　　　　　　平成○年4月30日

資　　産	金　　額	負債および純資産	金　　額
現　　金	260,000	買　掛　金	100,000
売　掛　金	160,000	資　本　金	300,000
		当期純利益	20,000
	420,000		420,000

練習問題

佐賀商店の平成○年3月31日における総勘定元帳の記録から，精算表を作成しなさい。

現 金 1		売掛金 2		商 品 3		備 品 4	
454,000	169,000	685,000	427,000	734,000	538,000	189,000	77,000

買掛金 5		借入金 6		資本金 7		商品売買益 8	
165,000	352,000	50,000	200,000		400,000		298,000

受取利息 9		給 料 10		支払家賃 11		雑 費 12	
	33,000	112,000		65,000		40,000	

精　算　表
平成　年　月　日

勘定科目	元丁	残高試算表 借方	残高試算表 貸方	損益計算書 借方	損益計算書 貸方	貸借対照表 借方	貸借対照表 貸方

第3章　現金預金

　私たちの日常生活において現金は欠かせないものですが，企業にとっても同じで，現金が不足すると企業は経営上支障をきたします。したがって，企業活動を行っていくなかで，つねに現金がマイナスにならないように管理しなければならず，その現金管理活動の状況によって，その企業の経理体制ひいては財務体質の水準がわかるとも言われています。本章では，現金勘定や小口現金制度などについて述べ，企業にとって最も重要な現金預金の管理方法について説明します。

第1節　現　　　金

1．現金勘定

　簿記では，日々出入りする現金を処理し，手許にどれだけの資金があるかを明確にしなければなりません。ここで注意を要することは，簿記のなかで現金として認められるものは紙幣や硬貨だけでなく，容易に換金可能なもの，たとえば他人振出しの小切手や送金小切手，普通為替証書，株式配当金領収書，支払期限が到来した公社債の利札などの**通貨代用証券**も現金に含まれると言うことです。

- 他人振出小切手：小切手とは，振出人が自分の取引銀行に支払いを委託する証券のことである。そこで，自己（自社）が振り出した小切手を自己振出小切手と言い，第三者（他の企業）が振り出した小切手を他人振出小切手と言う。
- 送金小切手：小切手の一種で，送金人は金銭の送金にあたって，銀行から送金小切手の交付を受け，これを遠隔地の受取人に郵送し，受取人はこの小切手を支払銀行に呈示して支払いを受ける。この場合，送金小切手の振出人は，銀行等となる。
- 普通為替証書：郵便局の為替による送金の際に発行される証書のことである。受取人はこの証書と引き換えに郵便局で現金を受け取る。
- 株式配当金領収書：株主が配当金を受け取るための引換証のことである。株式配当金領収書を受け取った株主は，それを指定金融機関に持参すれば，現金と引き換えることができる。
- 支払期日が到来した公社債の利札：利札はクーポンとも呼ばれ，公債や社債の利子を受け取るための証券で，利子受取の期日が到来すれば現金として処理される。

　そしてこれらすべてを含め，**現金勘定**で処理します。ちなみに，現金勘定は資産に属する勘定なので，現金収入はこの勘定の借方に，現金支出は貸方に記入します。また，現金の残高はマイナスになることはないので，つねに**借方残高**となり，現金の手許有高を示します。

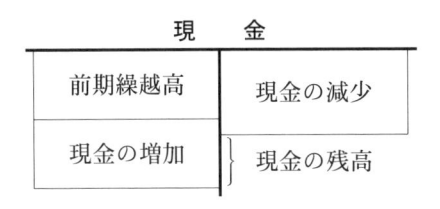

```
              現    金
       ┌─────────┬─────────┐
       │ 前期繰越高 │ 現金の減少 │
       ├─────────┼─────────┤
       │ 現金の増加 │}現金の残高│
       └─────────┴─────────┘
```

(仕訳)
- 現金の増加
　　（借）現　　　金　　×××　　（貸）（該当する勘定）　×××
- 現金の減少
　　（借）（該当する勘定）　×××　　（貸）現　　　金　　×××

設例3－1

次の取引について仕訳しなさい。

4月25日　店舗の当月分家賃¥50,000を現金で支払った。
　　26日　当店が保有している株式について，株式配当金領収書¥2,000を受け取った。

　　4／25　（借）支 払 家 賃　　50,000　　（貸）現　　　金　　50,000
　　　26　（借）現　　　金　　 2,000　　（貸）受取配当金　　 2,000

2．現金出納帳

現金出納帳は現金収支取引の記録を行う**補助簿**です。現金勘定に記入されるすべての取引に関して，いつ，どこから，どうして，どれだけの入金・出金があったかを，取引発生順に記録します。現金管理は日々行う必要のある重要な業務であることから，現金出納帳の作成は最も基本的な経理業務のひとつであると言えます。なお，実務上は，現金出納帳を**現金収入帳**と**現金支払帳**に分けることもあります。

設例3－2

次の取引について仕訳し，現金勘定および現金出納帳に記入してそれらを締め切りなさい。なお，現金の前月繰越高は¥110,000である。

4月2日　事務用机¥70,000を現金で購入した。
　　7日　名古屋商店から売掛金¥350,000を現金で受け取った。
　　15日　神戸商店に対する買掛金¥300,000を現金で支払った。
　　25日　本月分の給料¥80,000を現金で支払った。

　　4／2　（借）備　　　品　　 70,000　　（貸）現　　　金　　 70,000
　　　7　（借）現　　　金　　350,000　　（貸）売 掛 金　　350,000
　　　15　（借）買 掛 金　　300,000　　（貸）現　　　金　　300,000
　　　25　（借）給　　　料　　 80,000　　（貸）現　　　金　　 80,000

```
            現              金
4/ 1 前 月 繰 越  110,000   4/ 2 備      品   70,000
     7 売 掛 金  350,000      15 買 掛 金  300,000
                             25 給      料   80,000
                             30 次 月 繰 越   10,000
                 460,000                    460,000
5/ 1 前 月 繰 越   10,000
```

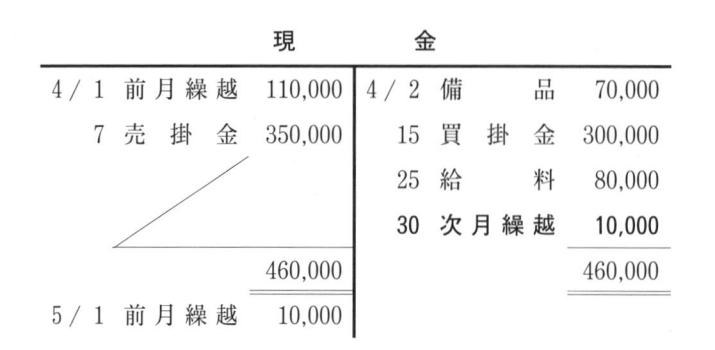

現 金 出 納 帳

平成○年		摘 要	収 入	支 出	残 高
4	1	前月繰越	110,000		110,000
	2	事務用机の購入		70,000	40,000
	7	名古屋商店の売掛金入金	350,000		390,000
	15	神戸商店の買掛金支払い		300,000	90,000
	25	本月分給料の支払い		80,000	10,000
	30	次月繰越		10,000	
			460,000	460,000	
5	1	前月繰越	10,000		10,000

3．現金過不足勘定

　記帳誤りや記帳漏れなどによって，現金の**実際残高**と**帳簿残高**が一致しないということが起きた場合は，とりあえず**現金過不足勘定**を用いて，帳簿残高の金額を実際残高に合わせる必要があります。ここで注意すべきことは，現金過不足勘定によって，実際残高と帳簿残高が一致すれば，もう何もしなくてよいのではなく，これはあくまでも**一時的な処理**であるということです。後日，現金過不足の原因が判明されれば，現金の過不足額を適切な勘定に振り替えなければなりません。しかし，もし決算時になっても現金過不足の原因が判明されなかった場合は，その金額を**雑損勘定**（費用）あるいは**雑益勘定**（収益）に振り替えます。したがって，現金過不足勘定は一時的に不足額または過剰額を記入しておく仮の勘定ということになります。

（1）　現金の実際残高が帳簿残高よりも少ない場合。（実際残高＜帳簿残高）

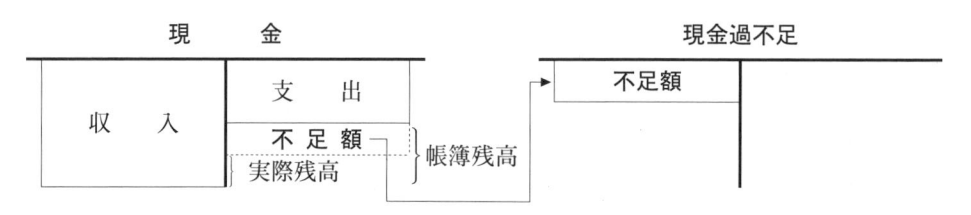

```
        現      金                      現金過不足
                支  出                  不 足 額
   収  入    ┌─────────┐
            不 足 額 ┐帳簿残高
            実際残高 ┘
```

(仕訳)
① 現金の実際残高と帳簿残高の不一致が判明したとき，現金過不足勘定の借方に不足額を記入することによって，帳簿上の現金勘定を減らして実際残高に合わせる。
　　　　　（借）現 金 過 不 足　×××　　（貸）現　　　　金　×××
② 決算日までに現金過不足の原因がわかったとき，現金過不足勘定から正しい勘定に振り替える。
　　　　　（借）（該当する勘定）　×××　　（貸）現 金 過 不 足　×××
③ 決算日まで不一致の原因がわからなかったとき，雑損勘定を設けて処理する。
　　　　　（借）雑　　　　損　×××　　（貸）現 金 過 不 足　×××

設例3－3
次の取引について仕訳しなさい。
9月21日　現金の実際残高を確認したところ，帳簿残高よりも¥5,000不足していた。
10月26日　その後の調査の結果，現金過不足勘定で処理していた不足の¥5,000のうち，¥4,000は交通費支払いの記帳漏れであることが判明した。
12月31日　決算日になっても，¥1,000については不足の原因が判明しなかった。

9/21	（借）現金過不足	5,000	（貸）現　　金	5,000
10/26	（借）交 通 費	4,000	（貸）現金過不足	4,000
12/31	（借）雑　　損	1,000	（貸）現金過不足	1,000

(2) 現金の実際残高が帳簿残高より多い場合。（実際残高＞帳簿残高）

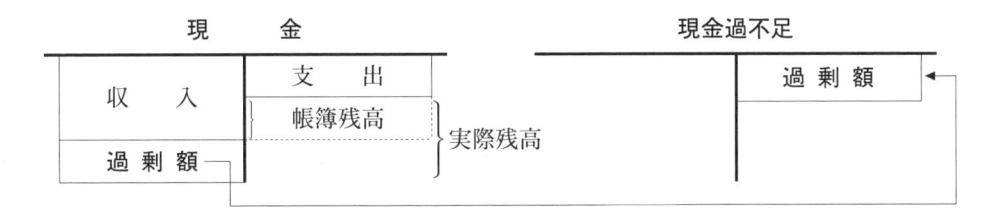

現　金　　　　　　　　　　　　　現金過不足
┌─────┬─────┐　　　　　　　┌─────────┐
│　　　　　│　支　出　│　　　　　　　│　　　　│過 剰 額│
│　収　入　├─────┤　　　　　　　│　　　　│　　　　│
│　　　　　│帳簿残高　│実際残高　　　└─────────┘
├─────┤　　　　　│
│　過 剰 額│　　　　　│
└─────┴─────┘

(仕訳)
① 現金の実際残高と帳簿残高の不一致が判明したとき，現金過不足勘定の貸方に過剰額を記入することによって，帳簿上の現金勘定を増やして実際残高に合わせる。
　　　　　（借）現　　　　金　×××　　（貸）現 金 過 不 足　×××
② 決算日までに現金過不足の原因がわかったとき，現金過不足勘定から正しい勘定に振り替える。
　　　　　（借）現 金 過 不 足　×××　　（貸）（該当する勘定）　×××
③ 決算日までに不一致の原因がわからなかったとき，雑益勘定を設けて処理する。
　　　　　（借）現 金 過 不 足　×××　　（貸）雑　　　　益　×××

設例3－4

次の取引について仕訳しなさい。

10月21日　現金の実際残高を確認したところ，帳簿残高よりも¥5,000多かった。
11月10日　その後の調査の結果，受取手数料¥4,000の記帳漏れであることが判明した。
12月31日　決算日になっても，¥1,000については過剰の原因が判明しなかった。

10/21	（借）現　　　金	5,000	（貸）現金過不足	5,000
11/10	（借）現金過不足	4,000	（貸）受取手数料	4,000
12/31	（借）現金過不足	1,000	（貸）雑　　　益	1,000

第2節　預　　　金

1．当座預金勘定

　預金とは，銀行などの金融機関に預け入れている現金のことで，銀行では普通預金のほかに，定期預金，貯蓄預金，当座預金などがあり，ゆうちょ銀行では通常貯金，定期貯金など，様々な種類の預貯金があります。それらの預金は，それぞれの名称のついた勘定を設けて処理し，必要に応じて，補助簿を設けて明細を記録します。また，**当座預金以外の預貯金をまとめて銀行預金勘定**（**または諸預金勘定**）で処理することもあります。

　では，なぜ当座預金はほかの預貯金と違う処理方法がとられるのでしょうか。それは，当座預金は企業が取引銀行との間で締結した当座取引契約に基づいて預け入れておく無利息の預金で，あくまでも企業による小切手や手形の支払いを目的としたものだからです。

　企業にとって，現金の移動は紛失や盗難などの危険を伴う恐れがあるため，通常は小切手を用います。しかし，この小切手を振り出すには，銀行などの金融機関との間に当座取引契約を結ばなくてはなりません。当座預金口座を開設する際は，金融機関の審査があり，それに通過すれば，銀行から小切手帳の交付を受け，当座預金残高の範囲内で小切手を振り出すことが出来るようになります。

　なお，取引先に小切手を渡すことを**小切手を振り出す**と言い，この小切手を振り出した側を**振出人**，小切手を受け取った側を**受取人**と言います。小切手を振り出す際は，振出人は小切手に必要事項を記入して，現金の代わりに受取人に引き渡します。受取人は，その小切手と引き替えに直接その銀行から，または自己の取引銀行を通じて，小切手に記載された金額を受け取る（現金の増加）か，自分の預金口座に預け入れます（当座預金の増加）。また，自社が現金を引き出したいときにも，小切手を振り出す必要があります。

　ちなみに，小切手の様式を示すと，次のようになります。

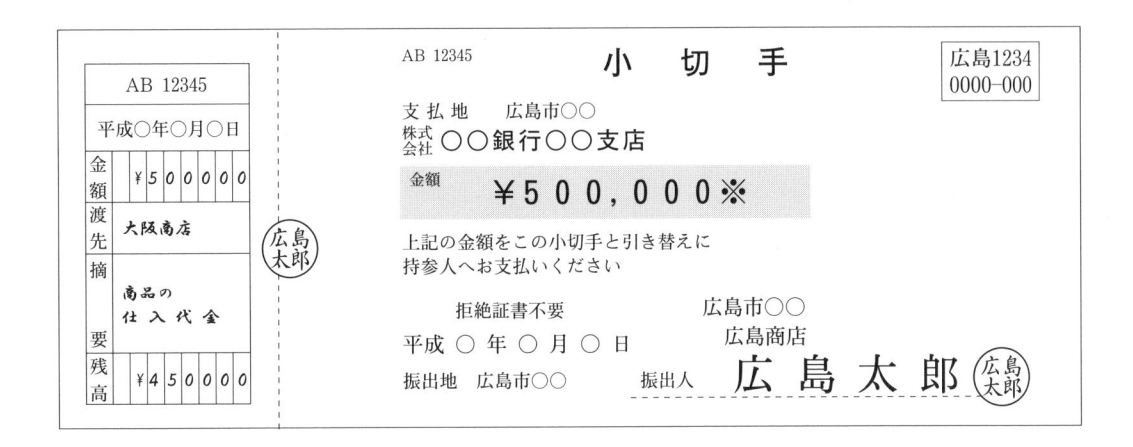

```
┌─────────────┬──────────────────────────────────────────────────┬──────────────┐
│  AB 12345   │  AB 12345              小切手                     │  広島1234    │
│ 平成○年○月○日│                                                    │  0000-000    │
│ 金 ¥500000  │          支払地  広島市○○                         │              │
│ 額          │      株式 ○○銀行○○支店                           │              │
│ 渡 大阪商店  │      会社                                          │              │
│ 先          │          金額    ￥５００,０００※                   │              │
│ 摘 商品の   │                                                    │              │
│ 要 仕入代金 │   上記の金額をこの小切手と引き替えに                │              │
│             │   持参人へお支払いください                          │              │
│ 残 ¥450000  │         拒絶証書不要         広島市○○              │              │
│ 高          │      平成 ○年 ○月 ○日       広島商店              │              │
│             │      振出地  広島市○○    振出人 広島太郎 ㊞       │              │
└─────────────┴──────────────────────────────────────────────────┴──────────────┘
```

当座預金勘定は資産勘定ですから，当座預金に預け入れたときは当座預金勘定の借方に，小切手を振り出したときは当座預金勘定の貸方に記入することになります。

当 座 預 金

前期繰越高	引 出 高 （小切手振出高など）
預 入 高	残 高

設例3－5

次の取引について仕訳しなさい。ただし，預貯金の種類ごとに勘定を設けること。
4月1日　広島銀行と当座取引契約を結び，現金￥1,000,000を預け入れた。
　5日　取引銀行に現金￥300,000を普通預金として預け入れた。
　11日　定期預金￥500,000が満期となり，利息￥2,000とともに現金で受け取った。
　16日　小切手を振り出して，山口商店に対する買掛金￥350,000を支払った。
　23日　鳥取商店の売掛金￥480,000を同店振出しの小切手で受け取った。
　27日　島根商店の売掛金￥280,000を同店振出しの小切手で受け取り，ただちに当座預金に預け入れた。

4／1	（借）当座預金	1,000,000	（貸）現　　金	1,000,000
5	（借）普通預金	300,000	（貸）現　　金	300,000
11	（借）現　　金	502,000	（貸）定期預金	500,000
			受取利息	2,000
16	（借）買　掛　金	350,000	（貸）当座預金	350,000
23	（借）現　　金	480,000	（貸）売掛金	480,000
27	（借）当座預金	280,000	（貸）売掛金	280,000

2．当座借越勘定と当座勘定

　一般に，小切手を振り出しても，金融機関は当座預金の残高を超える支払いをしません。ただし，あらかじめ預金残高を超える一定限度額（**借越限度額**）までの支払いを金融機関と契約（**当座借越契約**）しておくと，預金残高を超える支払い請求があった場合でも，金融機関が不足分を貸し付け，小切手の振出しおよび決済ができます。この預金残高を超えて引き出すことを**当座借越**と言い，当座借越は金融機関に不足分を借り入れたことを意味し，債務の発生つまり負債を抱えたことになります。

　当座借越の処理には，**当座借越勘定**を設けて，この勘定と**当座預金勘定**を用いる方法（**二勘定制**）と**当座勘定**だけを用いる方法（**一勘定制**）があります。

(1) 二勘定制

　当座借越が生じたときは，当座預金勘定（資産）を減らす仕訳と当座借越勘定（負債）を増加させる仕訳を同時に行います。つまり，預金残高までの金額を当座預金勘定の貸方に，預金残高を超える額は当座借越勘定の貸方に記入することになります。その後，当座預金を預け入れたときは，借越額がなくなるまで当座借越勘定の借方に記入し，借越額を超える額を当座預金勘定の借方に記入します。

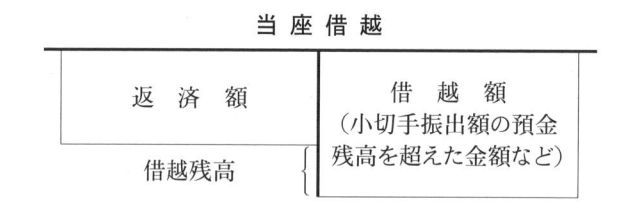

当 座 借 越

返　済　額	借　越　額 （小切手振出額の預金残高を超えた金額など）
借越残高	

（仕訳）

- 当座借越契約を結んでいる場合，預金残高を超えて小切手を振り出したとき，その超過額は銀行からの一時的な借り入れを意味し，当座借越勘定（負債）の貸方に記入します。

　　　（借）（該当する勘定）　×××　　（貸）当　座　預　金　×××
　　　　　　　　　　　　　　　　　　　　　　当　座　借　越　×××

- 当座借越がされている場合に現金などを預け入れたときは，まず当座借越が返済されたとして当座借越勘定の借方に記入し，それでも残額がある場合には，当座預金の増加の記帳が行われます。

　　　（借）当　座　借　越　×××　　（貸）（該当する勘定）　×××
　　　　　　当　座　預　金　×××

(2) 一勘定制

　当座預金残高や当座借越残高の有無にかかわらず，小切手の振出額はすべて当座勘定の貸方に記入し，当座預金への預入額はすべて当座勘定の借方に記入します。この記帳によって，当座勘定の

残高が貸方に生じれば，その残高は当座借越残高（負債）を意味し，借方に生じれば当座預金残高（資産）を意味することになります。なお，当座勘定は，資産と負債の両面を持っていることから，**混合勘定**と呼ばれています。

当　　　座		当　　　座	
預　入　額	引　出　額 （小切手振出高など）	預　入　額	引　出　額 （小切手振出高など）
	当座預金残高	当座借越残高	

設例 3 － 6

次の取引について，二勘定制と一勘定制でそれぞれの仕訳をしなさい。なお，当座預金残高は¥140,000であり，当座借越限度額¥500,000の当座借越契約が結ばれている。

5月10日　小切手を振り出して，岡山商店に対する買掛金¥400,000を支払った。

　　26日　現金¥320,000を当座預金に預け入れた。

・二勘定制で処理する場合

　　5／10　（借）買　掛　金　　400,000　　（貸）当 座 預 金　　140,000
　　　　　　　　　　　　　　　　　　　　　　　　当 座 借 越　　260,000
　　　26　（借）当 座 借 越　　260,000　　（貸）現　　　金　　320,000
　　　　　　　　当 座 預 金　　 60,000

・一勘定制で処理する場合

　　5／10　（借）買　掛　金　　400,000　　（貸）当　　座　　400,000
　　　26　（借）当　　座　　　320,000　　（貸）現　　　金　　320,000

3．当座預金出納帳

当座預金についても現金と同様の理由から，補助簿として**当座預金出納帳**を設け，当座預金に記入されるすべての取引に関して，その内訳明細を発生順に記録します。なお，当座預金出納帳は，ひとつの金融機関とのやりとりを記録するもので，複数の銀行と当座取引を行っている場合は，当座預金ごとに当座預金出納帳を作成しなければなりません。

設例 3 － 7

次の取引について仕訳し，当座預金勘定および当座預金出納帳に記入して，それらを締め切りなさい。

4月1日　広島銀行広島支店と当座取引契約を結び，現金¥100,000を当座預金に預け入れた。

　　6日　仕入先の大阪商店に対して，買掛金の一部¥60,000を，小切手（#1）を振り出して支払った。

10日　神戸商事から売掛金￥50,000を同店振出しの小切手で受け取り，ただちに当座預金に預け入れた。
20日　取引を仲介し，手数料￥60,000を当店振出しの小切手（#1）で受け取った。
25日　本月分の給料￥80,000を，小切手（#2）を振り出して支払った。

```
4／1 （借）当 座 預 金   100,000   （貸）現        金   100,000
  6 （借）買   掛   金    60,000   （貸）当 座 預 金    60,000
 10 （借）当 座 預 金    50,000   （貸）売   掛   金    50,000
 20 （借）当 座 預 金    60,000   （貸）受 取 手 数 料  60,000
 25 （借）給        料    80,000   （貸）当 座 預 金    80,000
```

当 座 預 金

4／1	現　　　金	100,000	4／6	買　掛　金	60,000
10	売　掛　金	50,000	25	給　　　料	80,000
20	受取手数料	60,000	30	次月繰越	70,000
		210,000			210,000
5／1	前月繰越	70,000			

当 座 預 金 出 納 帳

平成○年		摘　　　要	預　入	引　出	借または貸	残　高
4	1	現金入金して口座開設	100,000		借	100,000
	6	大阪商店に買掛金支払，小切手＃1		60,000	〃	40,000
	10	神戸商店から売掛金回収	50,000		〃	90,000
	20	手数料の受取り（当店振出の小切手＃1）	60,000		〃	150,000
	25	本月分給料の支払い，小切手＃2		80,000	〃	70,000
	30	次月繰越		70,000		
			210,000	210,000		
5	1	前月繰越	70,000		借	70,000

第3節　小口現金

1．小口現金と定額資金前渡法

　通常，企業は小切手により商取引の決済を行いますが，日常的な少額の現金支払いに備えて，ある程度の現金を手許に置いておく必要があります。そこで，**会計係**（経理課）はある程度の金額を見積もり，**小口現金係**（用度係や庶務係，小払係などを用いる場合もある）などにあらかじめ前渡

しをしておく方法がとられます。この前渡しの現金を**小口現金**（ペティ・キャッシュ）と言い，その受入れと支払いを処理するために**小口現金勘定**が設けられます。小口現金係に小口現金を渡したときは小口現金勘定の借方に，小口現金係から支払い内容の報告があったときは貸方に記入します。

　小口現金の補給方法には，必要に応じて資金を補給する**随時補給制度**と，資金を前渡しする**定額資金前渡法**（インプレスト・システム）があり，小口現金管理では後者がとられます。なぜなら，この方法ではつねに一定額の小口現金残高が維持されるので，資金管理上有効だからです。インプレスト・システムは，①会計係が1週間または1ヶ月という一定期間に支出されるであろう金額を基準に，あらかじめ定めた金額が記載された小切手を小口現金係に前渡ししておきます。②小口現金係はこの小口現金から交通費，通信費，消耗品費，雑費などの小口の支払いをし，その支払った内容を**小口現金出納帳**に記帳します。③1週間後または1ヶ月後の一定期日に，会計係に支払明細を報告します。そして，④会計係は，その報告の支払額と同額の小切手を小口現金係に対して振り出して補給します。これにより，一定期間の初めにはつねに一定の金額が保有されることになります。

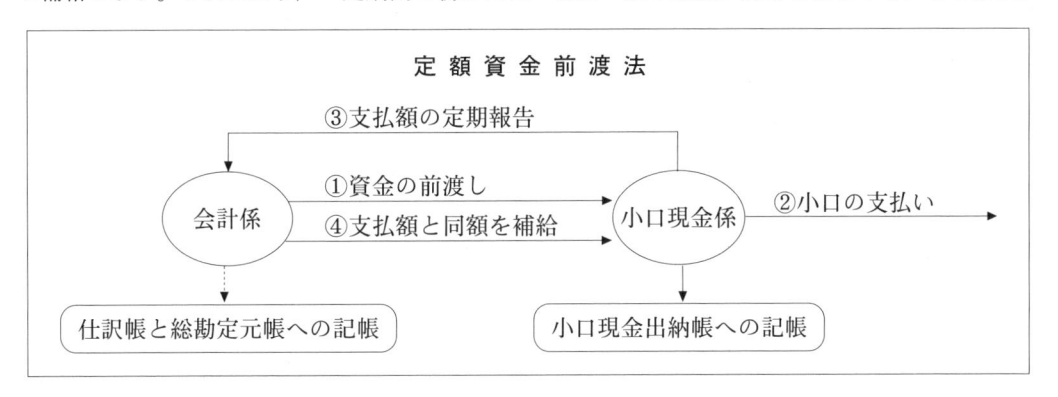

```
                定 額 資 金 前 渡 法
              ③支払額の定期報告
        ┌──────────────────┐
        │  ①資金の前渡し             │
     ( 会計係 )─────────────( 小口現金係 )────②小口の支払い──→
        │  ④支払額と同額を補給        │
  ┌─────────────┐        ┌─────────────┐
  │仕訳帳と総勘定元帳への記帳│        │小口現金出納帳への記帳│
  └─────────────┘        └─────────────┘
```

　なお，小口現金係への資金補給にあたっては，一定期間（たとえば1ヶ月）の最後に行う方法と，次の期間の最初に行う方法があります。仮にこの期間が1ヶ月とする場合は，前者は**月末補給制**，後者は**月初補給制**と呼ばれます。

① 資金の前渡し
　　　　（借）小　口　現　金　×××　　（貸）当　座　預　金　×××
② 小口の支払い
小口現金係は小口現金出納帳に記帳しますが，会計係はこの時点では小口現金の詳細な動きを知らないため，仕訳しません。
③ 支払額の定期報告
　　　　（借）通　信　費　　　×××　　（貸）小　口　現　金　×××
　　　　　　　交　通　費　　　×××
　　　　　　　　　⋮
④支払額と同額を補給
　　　　（借）小　口　現　金　×××　　（貸）当　座　預　金　×××
　なお，上記③と④の仕訳において，③の減少する小口現金勘定の金額と④の増加する小口現金勘

定の金額が同額になることから，小口現金勘定への記入を省略して，次のようにまとめて仕訳することもできます。

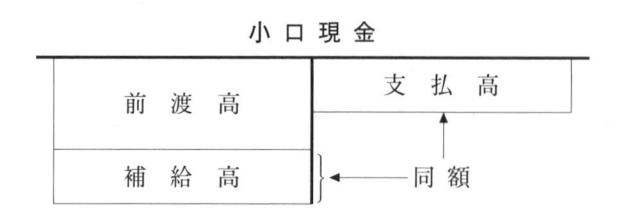

　　　　　　　　（借）通　信　費　　×××　　（貸）当座預金　　×××
　　　　　　　　　　　交　通　費　　×××
　　　　　　　　　　　　　　：

小　口　現　金

前　渡　高	支　払　高
補　給　高	←同額

設例３－８

次の取引について仕訳し，小口現金勘定に記入しなさい。

4月1日　定額資金前渡法により，今月分の小口現金として小切手￥30,000を振り出し，小口現金係に前渡しした。

　　30日　小口現金係から１ヶ月の支払報告（光熱費￥6,000，通信費￥7,600，交通費￥4,800，雑費￥4,500）を受けた。

　　30日　上記報告と同額の小切手を振り出して，小口現金を補給した。

```
4／1  （借）小 口 現 金   30,000   （貸）当座預金    30,000
  30  （借）光  熱  費    6,000   （貸）小口現金    22,900
       通  信  費    7,600
       交  通  費    4,800
       雑     費    4,500
  30  （借）小 口 現 金   22,900   （貸）当座預金    22,900
```

小　口　現　金

4／1　当座預金　30,000	4／30　諸　　口　22,900
30　当座預金　22,900	

※4月30日の仕訳は，支払額の定期報告と支払額の同額補給が同じ日に行われているので，通常，二つの仕訳をまとめて，次のように仕訳します。

```
4／30 （借）光  熱  費    6,000   （貸）当座預金    22,900
       通  信  費    7,600
       交  通  費    4,800
       雑     費    4,500
```

小　口　現　金

4／1　当座預金　30,000	

2．小口現金出納帳

小口現金出納帳とは，小口現金収支の明細を取引発生順に記録するための補助簿です。小口現金係は，収支のつど小口現金出納帳に記入し，一定期間ごとに集計して，会計係へ報告するとともに補給を受けます。

設例3－9

次の取引を小口現金出納帳に記帳し，週末における締切りと資金の補給に関する記入をしなさい。なお，定額資金前渡法がとられており，小口現金係は毎週金曜日の営業時間終了後にその週の支払いを報告し，同日に資金の補給を受けている。

4月4日(月)	はがき代	¥4,600	4月5日(火)	タクシー代	¥2,200
6日(水)	お茶代	¥4,000	7日(木)	新聞代	¥3,800
8日(金)	文房具代	¥1,500			

小口現金出納帳

収入	平成○年		摘　要	支出	通信費	交通費	消耗品費	雑費	残高
20,000	4	4	前週繰越						20,000
	〃		はがき代	4,600	4,600				15,400
		5	タクシー代	2,200		2,200			13,200
		6	お茶代	4,000				4,000	9,200
		7	新聞代	3,800				3,800	5,400
		8	文房具代	1,500			1,500		3,900
			合　計	16,100	4,600	2,200	1,500	7,800	
16,100	〃		本日補給						
	〃		次週繰越	20,000					
36,100				36,100					
20,000	4	11	前週繰越						20,000

※週末補給ではなく，翌週初め補給の場合は，次のように締め切られます。

			合　計	16,100	4,600	2,200	1,500	7,800	
	〃		次週繰越	3,900					
20,000				20,000					
3,900	4	11	前週繰越						3,900
16,100	〃		本日補給						20,000

第4節　銀行勘定調整表

　これまで説明した当座預金勘定を用いた様々な処理方法について，企業側の当座預金勘定の残高と銀行側の当座預金口座の残高が一致するという前提で話しを進めてきました。しかしながら実際には，企業帳簿の**当座預金勘定残高**と銀行の**残高証明書残高**が一致しないこともしばしばあることから，その不一致の原因を究明し，訂正する必要があります。この際，企業側と銀行側との記録を照合し，正しい処理を行っていく調整過程を明らかにするために**銀行勘定調整表**が作成されます。

　そしてこの不一致の原因としては，以下のものがあげられます。

① 記帳することを忘れていたり（**未記帳**），当座取引があったにもかかわらず，その連絡が銀行から企業に届いていない。（**連絡未達**）
② 企業の記帳した金額が間違っていた。（**誤記入**）
③ 小切手を振り出し，そのことを記帳したが，取引先などにまだ小切手を渡していない。（**未渡小切手**）
④ 取引先などが振り出した小切手を銀行に預け入れ，代金の取り立てを依頼したが，銀行はまだ取り立てていない。（**未取立小切手**）
⑤ 取引先などに振り出した小切手を，その取引先が銀行に持ち込んでいないため，まだ決済されていない。（**未取付小切手**）
⑥ 銀行の営業時間終了後の入金であった。（**時間外預入**）

　銀行勘定調整表を作成するのは，これらの事象が起こった場合ですが，作成の前に**修正仕訳**をしなればなりません。それでは，上記の①～⑥の仕訳の仕方について，例をあげてみてみましょう。

① ただ記帳していないだけなので，通常どおり仕訳し，記帳する。
② 水道代¥5,000を支払ったにもかかわらず，誤って¥4,500と記帳してしまった。このような場合は，ⓐ誤った仕訳と逆の仕訳をした後，ⓑ正しい仕訳をする。この二つの仕訳からⓒ修正仕訳を導き出す。

　　ⓐ　（借）当 座 預 金　　　4,500　　（貸）水道光熱費　　　4,500
　　ⓑ　（借）水道光熱費　　　5,000　　（貸）当 座 預 金　　　5,000
　　　　　　　　　　　　　　　　⇩
　　ⓒ　（借）水道光熱費　　　　500　　（貸）当 座 預 金　　　　500

③ ②ⓐのように誤った仕訳と逆の仕訳をする。ここで注意しなければならないことは，買掛金などの負債の支払いのために振り出した小切手が未渡しの場合は逆仕訳で処理されるが，費用の支払いのために振り出した小切手が未渡しの場合には，**未払金勘定**で処理するということである。

　なお，④～⑥は時間差での不一致なので，修正仕訳の必要なし。

　以上のように，企業の当座預金勘定残高と銀行の残高証明書残高の不一致の原因が判明し，修正仕訳を行うことで，企業側の未処理事項や誤記入を修正することができました。しかし，これで両

残高の不一致が完全に解消されたとは言えません。なぜなら，④，⑤および⑥は時間の経過とともに解消されるものですが，その前に決算日が迫った場合があるからです。ここでいよいよ銀行勘定調整表の出番です。そしてこの銀行勘定調整表の作成方法としては次の三つがあげられます。

(1) 両者区分調整法
    修正仕訳が必要なものは企業の当座預金勘定残高に加減し，修正仕訳が必要のないものは銀行の残高証明書残高に加減することによって，両者の残高を一致させる。
(2) 企業残高基準法
    企業の当座預金勘定残高を不一致の原因に基づいて加減算し，銀行の残高証明書の残高に一致させる。
(3) 銀行残高基準法
    銀行の残高証明書残高を不一致の原因に基づいて加減算し，企業の当座預金勘定残高に一致させる。

設例3－10
　企業の当座預金勘定残高は¥325,000，銀行の残高証明書残高は¥337,500であったため，不一致の原因を調べたところ，次のことが判明した。
　a．水道代¥5,000を支払ったが，誤って¥500と記帳してしまった。
　b．得意先の名古屋商店から売掛金¥30,000が当座預金に振り込まれていたが，その旨が通知されていなかったため，未記入であった。
　c．広告宣伝費¥20,000を支払うために小切手を振り出したが，未渡しであった。
　d．仕入先の東京商店に渡していた小切手¥13,000がまだ引き落とされていなかった。
　e．夜間金庫に預け入れた現金¥46,000が，銀行では翌日の入金となっていた。
　企業において必要な修正仕訳を示し，銀行勘定調整表を作成しなさい。

＜修正仕訳＞
　　　　a．（借）水道光熱費　　　4,500　　（貸）当座預金　　　4,500
　　　　b．（借）当座預金　　　　30,000　　（貸）売　掛　金　　30,000
　　　　c．（借）当座預金　　　　20,000　　（貸）未　払　金　　20,000
　　　　d．修正仕訳なし
　　　　e．修正仕訳なし

(1) 両者区分調整法で銀行勘定調整表を作成

銀行勘定調整表				(単位:円)
当座預金勘定残高		325,000	銀行残高証明書残高	337,500
(加算)			(加算)	
売掛金回収	30,000		翌日付預入	46,000
未渡小切手	20,000	50,000		
(減算)			(減算)	
誤記入		4,500	未取付小切手	13,000
調整残高		370,500	調整残高	370,500

(2) 企業残高基準法で銀行勘定調整表を作成

銀行勘定調整表		(単位:円)
当座預金勘定残高		325,000
(加算)		
売掛金回収	30,000	
未渡小切手	20,000	
未取付小切手	13,000	63,000
		388,000
(減算)		
誤記入	4,500	
翌日付預入	46,000	50,500
銀行残高証明書残高		337,500

(3) 銀行残高基準法で銀行勘定調整表を作成

銀行勘定調整表		(単位:円)
銀行残高証明書残高		337,500
(加算)		
翌日付預入	46,000	
誤記入	4,500	50,500
		388,000
(減算)		
未取付小切手	13,000	
売掛金回収	30,000	
未渡小切手	20,000	63,000
当座預金勘定残高		325,000

練習問題

1．次の取引について仕訳しなさい。
  (1) 鳥取商店から売掛金の回収として，送金小切手¥250,000を受け取った。
  (2) 島根商店に対する買掛金¥200,000のうち，¥50,000は以前受け取っていた岡山商店が振り出した小切手¥50,000で支払い，残額は小切手を振り出して支払った。
  (3) 山口商店に対する買掛金¥160,000を，小切手を振り出して支払った。なお，当座預金勘定の残高は¥90,000であり，銀行とは借越限度額¥300,000の当座借越契約を結んでいる。ただし，二勘定制により仕訳すること。
  (4) 現金の実際残高が帳簿残高より¥80,000多かったので，かねて現金過不足勘定で処理していたが，その後原因を調査したところ，受取手数料¥50,000と交通費¥10,000の記帳漏れであることが判明した。なお，残額については，その原因がわからなかった。
  (5) 決算日現在，買掛金¥260,000と手数料¥100,000の支払いのために振り出した小切手が，相手先に未渡しであることが判明した。なお，会計上，支払済として処理されている。
  (6) 月末において，小口現金係より交通費¥7,000，通信費¥4,000，文房具代¥5,500を支払った報告を受け，ただちに同額の小切手を振り出して補給した。なお，当店は以前から定額資金前渡制度を採用している。

仕　訳

	借　方　科　目	金　　額	貸　方　科　目	金　　額
(1)				
(2)				
(3)				
(4)				
(5)				
(6)				

2．当店の決算日現在の当座預金勘定の残高は¥550,000であり，同日付けの銀行残高証明書の残高は¥548,000であった。両者の不一致の原因を調べたところ，以下のことが判明した。よって，期末修正仕訳を示したうえで，銀行勘定調整表を作成しなさい。ただし，仕訳が不要の場合には「仕訳なし」と記入すること。
  ① 売掛金の回収として小切手¥150,000を受け取り，ただちに当座預金に預け入れたが，銀

行では翌日付で入金の記帳をした。
② 仕入先に対する買掛金の支払いとして振り出した小切手¥120,000が，まだ取り付けられていなかった。
③ 得意先から売掛代金¥300,000が当座預金口座に振り込まれていたが，その通知が当社に未達であった。
④ 保険料の支払いで振り出した小切手¥43,000が，支払先に渡されていなかった。
⑤ 通信費¥35,000が当座預金口座から引き落とされていたが，当店では未記入であった。
⑥ 得意先から振り出され，銀行に預け入れた小切手¥100,000が，まだ取り立てられていなかった。
⑦ 口座振替で広告宣伝費¥420,000が支払われたとき，当店では¥240,000と間違って記帳していた。

修正仕訳

	借方科目	金額	貸方科目	金額
①				
②				
③				
④				
⑤				
⑥				
⑦				

銀行勘定調整表　　　　　　　　　　　　　　（単位：円）

当座預金勘定残高　（　　　）　　　　　銀行残高証明書残高　（　　　）
　加算：　　　　　　　　　　　　　　　　加算：
（　　　）（　　　）　　　　　　　　　（　　　）（　　　）
（　　　）（　　　）（　　　）　　　　（　　　）（　　　）（　　　）
　減算：　　　　　　　　　　　　　　　　減算：
（　　　）（　　　）　　　　　　　　　（　　　）　　　　　　（　　　）
（　　　）（　　　）（　　　）
　　調整残高　　　（　　　）　　　　　　　調整残高　　　（　　　）

第4章　商品売買

第1節　分記法と3分法

　簿記においては，商品売買取引の主たる記帳方法として分記法，3分法があります。また，この他にも総記法というものもあります。ここでは，主に分記法，3分法について解説します。

1．分記法

　分記法とは，商品勘定（資産の勘定），商品売買益勘定（あるいは商品販売益勘定）（収益の勘定）を用いて処理する方法です。分記法を用いた場合，商品を購入したとき（仕入時）には商品という資産の勘定を増加させる仕訳（借方記入）をします。また，商品を取引先に販売したとき（売上時）には，その仕入原価に相当する金額を商品勘定を介して減少させる仕訳（貸方記入）をします。そして，商品販売時に仕入原価と販売価格との差額を売買益として商品売買益勘定を用い貸方に記入します。

　たとえば，商品￥30,000を現金で購入した場合には次のような仕訳になります。

　　　　　（借）商　　　品　　30,000　　　　（貸）現　　　金　　30,000

　続いて，仕入れた商品全部を￥35,000で販売し，代金は全額現金で受け取った場合には，以下のように仕訳をします。

　　　　　（借）現　　　金　　35,000　　　　（貸）商　　　品　　30,000
　　　　　　　　　　　　　　　　　　　　　　　　商品売買益　　 5,000

　分記法を用いた場合，取り扱う商品がそれほど多くない場合，商品の購入から販売までの一連の流れが容易に把握することができます。また，商品の現在有高もすぐに把握でき，商品売買益勘定を見ればその時点での利益額がわかります。しかしながら，分記法は売り上げがあるごとに，その商品ごとに仕入原価を調べ，商品売買益を計算しなければならず，商品の種類が多く，大量に売買される場合には煩雑になってしまいます。そのため，分記法は比較的商品の種類が少ない場合にそのメリットがいかされる記帳方法と言えます。

　一般的には，多くの種類の商品を，多く売買する場合を想定して広く用いられている方法が次に説明する3分法です。

2．3分法

　3分法は，商品の種類が多くなり，その量も多くなったときにその商品売買取引を記帳する方法として有効です。

この方法では，仕入勘定（費用の勘定），売上勘定（収益の勘定），繰越商品勘定（資産の勘定）の3つの勘定を用いて仕訳します。3分法を用いた場合，商品を購入したとき（仕入時）には仕入勘定という費用の勘定を増加させる仕訳（借方記入）をします。また，商品を取引先に販売したとき（売上時）には，売上勘定を用いて収益の勘定を増加させる仕訳（貸方記入）をします。また，仕入れの際に商品の運賃や運送保険料など仕入に伴って発生した付随費用（仕入諸掛という）が発生する場合があります。この場合，仕入れた側が負担する場合には仕入諸掛としてこれらの費用も仕入時の仕入原価に含めて借方記入します（販売した側が負担する場合は，一時立替金勘定などの資産勘定を用いて処理します）。同様に，商品を販売した場合に販売した側が付随費用を支払う場合には発送費勘定（費用の勘定）を用い，借方記入します。

たとえば，1個の単価が¥300の商品100個を現金で購入した場合には次のように仕訳をします（便宜上，仕訳の①とします。以下同様に②，③と続きます）。

　　　　①（借）仕　　　　入　　30,000　　　（貸）現　　　　金　　30,000

続いて，仕入れた商品100個のうち80個を1個当たり¥50のもうけを加えて¥350で販売し，代金は全額現金で受け取った場合には，以下のように仕訳をします。

　　　　②（借）現　　　　金　　28,000　　　（貸）売　　　　上　　28,000

さて，上記2つの仕訳の場合，商品を仕入れて期末に残ったものが在庫として残ることになります。この在庫を期末商品有高として記入する勘定が繰越商品勘定です。すなわち，決算日（期末）となり，当期で販売されなかった商品（3分法で仕入勘定で仕入れた商品）を繰越商品勘定に振り替える仕訳をします。上記の2仕訳に続いて例として仕訳をすると，未販売の商品が20個残っているので（仕入原価は¥300），仕訳は

　　　　③（借）繰 越 商 品　　6,000　　　（貸）仕　　　　入　　6,000

になります。この繰越商品¥6,000は，次期への繰越商品となります。

このような処理をすることによって，仕入勘定には当期に販売した80個の商品の仕入原価¥24,000が残ります（¥300×80個）。この金額を売上原価と呼びます。

このような処理を行うのは，3分法では分記法と違い，期末に一括して商品の販売益（売上総利益という）を計算するためです。すなわち，**売上総利益　＝（純）売上高　－売上原価**　となります。

3分法についてT勘定で示すと以下のようになります。

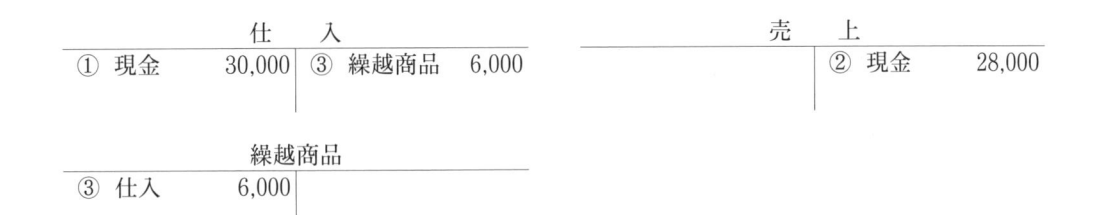

	仕	入				売	上	
① 現金	30,000	③ 繰越商品	6,000				② 現金	28,000

	繰越商品	
③ 仕入	6,000	

　仕入勘定においては，①の仕訳で仕入れ，③の仕訳で繰越商品勘定に振り替える仕訳をしていますから仕入勘定で差額が計算され売上原価¥24,000が計算できることがわかります。また，繰越商品勘定では¥6,000が次期へ繰り越されます。次期においては，前期からの繰越商品（前期繰越）として期首に把握されることとなります。

　以上から，売上原価は，**売上原価 ＝ 期首商品棚卸高 ＋ 当期（純）仕入高 － 期末商品棚卸高**という計算式で求めることができます。この点，補足すると，上記の計算例は前期からの繰越商品の繰越高がない場合，すなわち期首商品棚卸高が0ということになります。この点，仕訳で示すと前期の繰越商品が

　　　　（借）仕　　入　　　0　　　（貸）繰越商品　　　0　　　の場合だったということになります。

　さて，この当期の繰越商品¥6,000は，次期においては，期首の商品棚卸高（期首の在庫）となります。この場合，次期において仕入勘定において売上原価を計算する際には

　　　　　　　　　（借）仕　　入　　6,000　　　（貸）繰越商品　　6,000

の仕訳を行ってから売上原価を計算することになります。

　次に，上記では前期からの繰越商品の繰越高がない場合の売上原価の計算をしました。しかしながら，継続企業の場合，前期からの在庫(繰越商品)がないまま繰り越されること，すなわち，期首商品棚卸高が0ということはあまりなく，商品が前期から繰り越されてくるのが普通です。この場合についてもふれておきましょう【関連12章】。

　前期からの繰越商品がある場合に売上原価を計算するための仕訳ですが，ここでは，仕入勘定で売上原価を計算する方法を上記の繰越商品が0の場合に加えた形にして見ていきます。

　次の繰越商品勘定を見ると，前期からの繰越商品が借方に¥2,000であることがわかります。ここで，売上原価を計算するために期首商品棚卸高（繰越商品勘定の前期繰越額¥2,000）を繰越商品勘定の借方から仕入勘定の借方に振替えます。

すなわち，

　　（借）仕　　入　　2,000　　　（貸）繰越商品　　2,000　　　となります（勘定記入したのが斜字の部分）。

	繰越商品				仕	入	
前期繰越	2,000	*仕　入*	*2,000*	×××	30,000		
				繰越商品	*2,000*		

次に，期末の商品棚卸高（¥6,000としています）を仕入勘定から差し引いて，繰越商品勘定に振替えます。こうすることにより，仕入勘定の額は販売した商品の売上原価を示すことになります。そして，繰越商品勘定の残額は期末の次期に繰り越す額を示すことになります。その仕訳は，
　　（借）繰越商品　　6,000　　　　（貸）仕　　　入　　6,000　　となります（勘定記入したのが斜字の部分）。

```
         繰越商品                              仕　　入
  前期繰越  2,000 │ 仕  入  2,000      × × ×  30,000 │ 繰越商品  6,000
  仕　  入  6,000 │                   繰越商品  2,000 │
```

そうすると，売上原価は¥26,000となることがわかります。

3．仕入帳

　仕入帳は仕入取引の明細を記録するための帳簿であり補助簿に分類されます。仕入帳の記入は次のような手順で行われます。
　① 仕入れをしたときには，日付，仕入先名，代金の支払方法（小切手，掛け払いなのかなど），品名，数量，単価，合計金額を記入します。仕入諸掛がある場合には記入します。
　② 仕入値引，仕入戻しがあったときには朱書（赤字）します。
　③ 仕入帳を締め切るときは，仕入値引，仕入戻しがあったときには朱書（赤字）し，総仕入高から仕入値引，仕入戻し高を差し引いて純仕入高を記入します。
以上から，実際の仕入帳の例を示すと以下のようになります。なお，太字部分は朱書の部分を表します。

仕　入　帳

〇年		適　　　要	内　訳	金　額
5	1	札幌商店　　　　　　　　掛		
		甲商店　100個　@¥50	5,000	
		引取費現金払い	200	5,200
	10	札幌商店　　　　　　掛値引き		
		甲商店　5個　@¥50		**250**
	31	総仕入高		5,200
	〃	仕入値引戻し高		**250**
		純仕入高		4,950

— 40 —

4．売上帳

売上帳は売上取引の明細を記録するための帳簿であり補助簿と分類されます。売上帳の記入も次のような手順で行われます。

① 商品を売り上げたときには，日付，売上先名，代金の受取方法（小切手，掛け払いなのかなど），品名，数量，単価，合計金額を記入します。
② 売上値引，売上戻しがあったときには朱書（赤字）します。
③ 売上帳を締め切るときは，売上値引，売上戻しがあったときには朱書（赤字）し，総売上高から売上値引，売上戻し高を差し引いて純売上高を記入します。

以上から，実際の売上帳の例を示すと以下のようになります。なお，太字部分は朱書の部分を表します。

売　上　帳

		適　　　要		内　訳	金　額
○年					
6	3	旭川商店	掛		
		乙商品　　90個　@¥60		5,400	
	15	**旭川商店**	**掛値引**		
		乙商品　　5個　@¥60			300
	31		総売上高		5,400
	〃		**売上値引戻り高**		300
			純売上高		5,100

5．商品有高帳

商品有高帳は，商品を仕入し販売するごとにその数量，単価，金額を記録し，その商品の在庫状況を表す帳簿（補助簿）です。すなわち，商品の在庫を帳簿上正確に把握するには商品別に商品有高帳を作成して記入する必要があります。

商品有高帳の作成に際しては，商品の種類別に作成することになります。そして，商品の仕入時には受入欄に，売上時には払出欄に記入します。この際，それぞれ，数量，単価，金額を記入しその都度ごとに残高を残高欄に記入します。

次に，商品有高帳を作成するのに重要になるのが払出単価の計算です。商品有高帳においては，商品の受入および払出は仕入原価で行われますが，同一の商品でも仕入れの時期や，仕入先の違い，海外からの商品などの場合は為替レートの影響などもあり，仕入単価が安定せず単価が異なる場合がよくあります。この場合，商品の払出時に，どの仕入単価を払出単価にするか前もって決定しなければなりません。その方法には，先入先出法，後入先出法，移動平均法，総平均法などがあります。このなかで，後入先出法は会計基準の改正により平成22年度4月1日以降は適用できないことになっています。以下，個々に見ていきます。

(1) 先入先出法

　先に仕入れた商品から先に販売したとして商品有高帳に記入していく方法を先入先出法と言います。実際には，仕入単価が異なる商品を仕入（受入）した場合にはこれらを縦に並べて記入しカッコでくくります。また，仕入単価が異なるものを，同時に払出した場合で異なる単価の商品が残った場合も同様にくくります。

　具体的に，例題で商品有高帳を作成してみましょう。

① 8月 1日　前月繰越　数量 50個，単価￥120
② 8月 5日　仕　　入　数量100個，単価￥140
③ 8月10日　売　　上　数量120個，単価￥200
④ 8月20日　仕　　入　数量 60個，単価￥150
⑤ 8月25日　売　　上　数量 70個，単価￥210

の取引があったとすると，先入先出法による商品有高帳は以下のようになります。

商 品 有 高 帳

（先入先出法）

平成〇年		摘要	受入			払出			残高		
			数量	単価	金額	数量	単価	金額	数量	単価	金額
8	1	前月繰越	50	120	6,000				50	120	6,000
	5	仕　入	100	140	14,000				{ 50	120	6,000
									100	140	14,000
	10	売　上				{ 50	120	6,000			
						70	140	9,800	30	140	4,200
	20	仕　入	60	150	9,000				{ 30	140	4,200
									60	150	9,000
	25	売　上				{ 30	140	4,200			
						40	150	6,000	20	150	3,000
	31	次月繰越				20	150	3,000			
			210		29,000	210		29,000			
9	1	前月繰越	20	150	3,000				20	150	3,000

　8月31日に次期繰越として，次期に繰り越す数量，単価，金額を朱書（表中太字部分に該当）します。そして，受入欄および払出欄の数量，金額の合計が一致するのを確かめたうえで締め切ります。

(2) 移動平均法

　仕入単価が異なる商品を仕入れるごとにそれらの平均単価を計算し，以降販売した時の払出単価とする方法を移動平均法といいます。その方法は単価が異なる商品を仕入れるたびにその直前の残高欄の金額と仕入金額の合計を，同じく残高欄の数量と仕入数量の合計で割って平均単価を計算し

ます。平均単価は以下のよう計算されます。

$$平均単価 = \frac{残高金額＋受入金額}{残高数量＋受入数量}$$

移動平均法も，例題で商品有高帳を作成してみましょう。
① 10月 1 日　前月繰越　数量 50 個，単価¥120
② 10月 6 日　仕　　入　数量150 個，単価¥140
③ 10月12日　売　　上　数量120 個，単価¥200
④ 10月18日　仕　　入　数量 80 個，単価¥145
⑤ 10月24日　売　　上　数量100 個，単価¥210

の取引があったとすると，移動平均法による商品有高帳は以下のようになります。

商 品 有 高 帳

(移動平均法)

平成△年		適　要	受　入			払　出			残　高		
			数量	単価	金　額	数量	単価	金　額	数量	単価	金　額
10	1	前月繰越	50	120	6,000				50	120	6,000
	6	仕　　入	150	140	21,000				200	135	27,000
	12	売　　上				120	135	16,200	80	135	10,800
	18	仕　　入	80	145	11,600				160	140	22,400
	24	売　　上				100	140	14,000	60	140	8,400
	31	次月繰越				60	140	8,400			
			280		38,600	280		38,600			
11	1	前月繰越	60	140	8,400				60	140	8,400

このうち，10月6日の受入後の平均単価は $\frac{¥6,000＋¥21,000}{50個＋150個} = @¥135$ となり，同じく10月18日の受入後の平均単価は $\frac{¥10,800＋¥11,600}{80個＋80個} = @¥140$ となります。

(3) 総平均法

最後に，総平均法は，移動平均法が商品を仕入れるごとに平均単価を計算して払出額を計算するのではなく，払出欄には，数量のみを記入しておき月末に平均単価を計算し，すべてその平均単価で払出を行ったとする方法です。

平均単価は以下のよう計算されます。

$$平均単価 = \frac{月初商品原価＋当月仕入原価}{月初商品数量＋当月仕入数量}$$

総平均法も，例題で商品有高帳を作成してみましょう。

① 5月1日　前月繰越　数量 60 個, 単価￥100
② 5月7日　仕　入　数量100個, 単価￥120
③ 5月12日　売　上　数量130個, 単価￥190
④ 5月18日　仕　入　数量 90 個, 単価￥125
⑤ 5月26日　売　上　数量 40 個, 単価￥200

商 品 有 高 帳

（総平均法）

平成×年		適　要	受入			払出			残高		
			数量	単価	金額	数量	単価	金額	数量	単価	金額
5	1	前月繰越	60	100	6,000				60		6,000
	7	仕　入	100	120	12,000				160		
	12	売　上				130			30		
	18	仕　入	90	125	11,250				120		
	26	売　上				40			80	117	9,360
						170	117	19,890			
	31	次月繰越				80	117	9,360			
			250	117	29,250	250		29,250			
6	1	前月繰越	80	117	9,360				80	117	9,360

平均単価は　$\dfrac{¥6,000＋（¥12,000＋¥11,250）}{60個＋（100個＋90個）}$ ＝＠￥117　となります。

練習問題

次の仕入帳と売上帳に基づき，先入先出法によって商品有高帳を作成し帳簿を締め切りなさい。

仕入帳

○年		適要	内訳	金額
4	7	岡山商店　　　　小切手		
		S商品　100個　@¥50		5,000
	20	島根商店　　　　　掛		
		S商品　50個　@¥55		2,750
	30	総仕入高		7,750
	〃	仕入値引戻し高		0
	〃	純仕入高		7,750

売上帳

○年		適要	内訳	金額
4	12	山口商店　　　　　掛		
		S商品　120個　@¥80		9,600
	22	鳥取商店　　　　　掛		
		S商品　60個　@¥85		5,100
	25	鳥取商店　　掛売上戻り		
		S商品　5個　@¥85		425
	30	総売上高		14,700
	〃	売上値引戻り高		425
		純売上高		14,275

商品有高帳

（先入先出法）

平成○年		適要	受入 数量	単価	金額	払出 数量	単価	金額	残高 数量	単価	金額
4	1	前月繰越	40	45	1,800				40	45	1,800
	7	岡山商店	100	50	5,000				40	45	1,800
									100	50	5,000
	12	山口商店				40	45	1,800			
						80	50	4,000	20	50	1,000
	20	島根商店	50	55	2,750				20	50	1,000
									50	55	2,750
	22	鳥取商店				20	50	1,000			
						40	55	2,200	10	55	550
	25	鳥取商店戻り	5	55	275				15	55	825
	30	次月繰越				15	55	825			
			195		9,825	195		9,825			
5	1	前月繰越	15	55	825				15	55	825

第5章　売掛金・買掛金

第1節　売掛金と買掛金

1．売掛金と買掛金

　商品の引渡しを行っても，決済は後日という約束で取引をすることがあります。こうした取引を掛け取引と言います。掛け取引を行った場合，商品を売り上げた側はこの取引によって，代金を取り立てる権利を獲得したことになります。この権利のことを**売掛金**と言います。

　一方，商品を仕入れた側はこの取引によって，代金を支払うべき義務を負ったことになります。この義務を**買掛金**と言います。

　法的には，こうした権利を債権，義務を債務と言い，会計では債権は資産，債務は負債に属します。つまり売掛金は資産，買掛金は負債です。

　ところで，代金を後日払いにした取引は，商品売買以外でも行われます。第7章に後述しますが，たとえば不要になった機械など，商品ではないものを代金は後日受け取る約束で売却したり，備品を後日払いで購入したりすることがあります。しかしこうした"後日払いの取引"で生じる債権・債務には，売掛金，買掛金勘定を使用しません。

　売掛金，買掛金は，商品売買取引に際してのみ使用します。備品の購入や不要になった機械の売却など，商品売買ではないこのような取引による債権・債務には未収金・未払金勘定を使用します。売掛金と未収金は債権，買掛金と未払金は債務であるという点で同質です。しかし商品取引による債権・債務と，他の取引によって生じた債権・債務とを区別する目的で勘定科目を使い分けているのです。

2．掛け取引の記帳

　掛けで商品を仕入れた場合の仕訳と買掛金勘定口座への転記を考えてみます。設例4－1では徳島商店は仕入という費用が発生を獲得しているので仕入勘定への借方記入が必要となります。同時に債務である買掛金という負債を抱えました。つまり負債が増加したので，買掛金勘定では貸方記入が必要です。

設例5－1

　徳島商店は岡山商店から商品¥20,000を仕入れ，代金は掛けとした。

　　　　　（借）仕　　　　入　　20,000　　（貸）買　　掛　　金　　20,000

```
           買　掛　金
                商　品　20,000
```

次に掛けで商品を売り上げた立場での記帳を見てみます。岡山商店はこの取引によって債権である売掛金を獲得しました。売掛金は資産なので，その増加は借方記入となります。また売上という収益勘定の発生を貸方記入します。

設例 5 － 2
岡山商店は徳島商店に商品¥20,000（原価¥16,000）を販売し，代金は掛けとした。
　　　（借）売　　掛　　金　20,000　　（貸）商　　　　　品　16,000
　　　　　　　　　　　　　　　　　　　　　　商　品　売　買　益　4,000

```
           売　掛　金
     諸　口　20,000 |
```

3．人名勘定

　仕訳帳に記帳された仕訳は，総勘定元帳に設けられた各勘定口座に転記されます。ここで転記された勘定口座あるいは総勘定元帳の意義は，仕訳帳に記帳された取引を勘定科目別に整理しなおして継続的に記録しておくことにあります。そのことによって企業は，会計期間中の必要なときにいつでも，各勘定残高を確認することができます。つまり，今どれだけの現金残高があるのか，預金はどうか，そして現時点での回収すべき売掛金がいくらで，支払うべき買掛金はいくらなのかなどを帳簿の上で即座に確認することが可能です。

　簿記による記帳には経営管理機能があると言われますが，それは簿記による継続記録が貸借対照表や損益計算書作成の基礎資料となっているからということだけではありません。記帳による逐次の残高把握も経営管理に役立っているのです。

　設例 5 － 1 ， 5 － 2 の仕訳および，買掛金ないしは売掛金勘定口座について，先に述べた経営管理目的を意識してこの転記を見ると，現時点で抱えている買掛金ないし売掛金の総額（この説例では，この取引以前の取引がないという前提なので設例 5 － 1 ， 5 － 2 の取引額と同額）を確認できます。

　しかしながら売掛金・買掛金の管理という観点からすれば，その売掛金・買掛金の総額や残高を把握できるだけでなく，できればそれを誰に払えばよいのか，あるいは誰から回収すべきなのかその相手を把握できる方法が必要となります。それに対応した記帳方法が**人名勘定**を用いた買掛金や売掛金処理です。

設例5－3

次の一連の取引について人名勘定を用いて仕訳し，総勘定元帳に転記しなさい。

5月15日　姫路商店から商品¥45,000を仕入れ，代金は掛けとした。
5月17日　神戸商店に商品¥60,000（原価¥36,000）を販売し，代金のうち半額は現金，半額は掛けとした。
5月21日　岡山商店から商品¥50,000を仕入れ，代金のうち¥30,000は現金で支払い，残額は掛けとした。
5月22日　姫路商店から商品¥30,000を仕入れ，代金は掛けとした。
5月28日　神戸商店より売掛代金¥30,000が当座預金に振り込まれた。
5月31日　姫路商店の買掛金のうち¥50,000を当座預金から振り込んで支払った。

仕　訳

日付	借方	金額	貸方	金額
5月15日	（借）商　　品	45,000	（貸）姫路商店	45,000
5月17日	（借）現　　金	30,000	（貸）売　　上	36,000
	神戸商店	30,000		
5月21日	（借）仕　　入	50,000	（貸）現　　金	30,000
			岡山商店	20,000
5月22日	（借）仕　　入	30,000	（貸）姫路商店	30,000
5月28日	（借）当座預金	30,000	（貸）神戸商店	30,000
5月31日	（借）姫路商店	50,000	（貸）当座預金	50,000

神戸商店				姫路商店				岡山商店		
17	30,000	28	30,000	31	50,000	15	45,000		21	20,000
						22	30,000			

　人名勘定を用いた方法では，売掛金や買掛金という勘定科目に替えて，その売掛金や買掛金の相手(取引先)名を勘定科目としてそのまま使用します。こうすることで取引先名を冠した勘定口座が設けられ，転記はそれぞれ取引先別に行われることになります。この方法では，取引先ごとに売掛金ないし買掛金の総額や残高を常に把握することができます。

第2節　売掛金元帳（得意先元帳）と買掛金元帳（仕入先元帳）

　人名勘定を用いた方法では勘定科目は増えますが，売掛金や買掛金の管理を取引先別に行えるというメリットがありました。しかし人名勘定を使用した場合，売掛金・買掛金は，取引先別に振り分けられて転記されます。つまり「売掛金」や「買掛金」という勘定口座が存在しないので，総勘定元帳で売掛金・買掛金の全体を把握することができません。

　そこで次のような，仕訳は売掛金・買掛金勘定で行い，総勘定元帳への転記も通常通り売掛金お

よび買掛金勘定口座に行うという方法をとり，その上で売掛金・買掛金取引の都度，売掛金であれば**売掛金元帳**，買掛金であれば**買掛金元帳**と呼ばれる帳簿に取引先名などの詳細情報を別途記録します。この売掛金元帳，買掛金元帳は通常の転記で使用される総勘定元帳とは別の補助簿です。

売掛金の相手はすなわち得意先ということになるので，売掛金元帳は**得意先元帳**とも呼ばれます。また買掛金の相手は仕入先になるので，買掛金元帳は**仕入先元帳**とも呼ばれます。

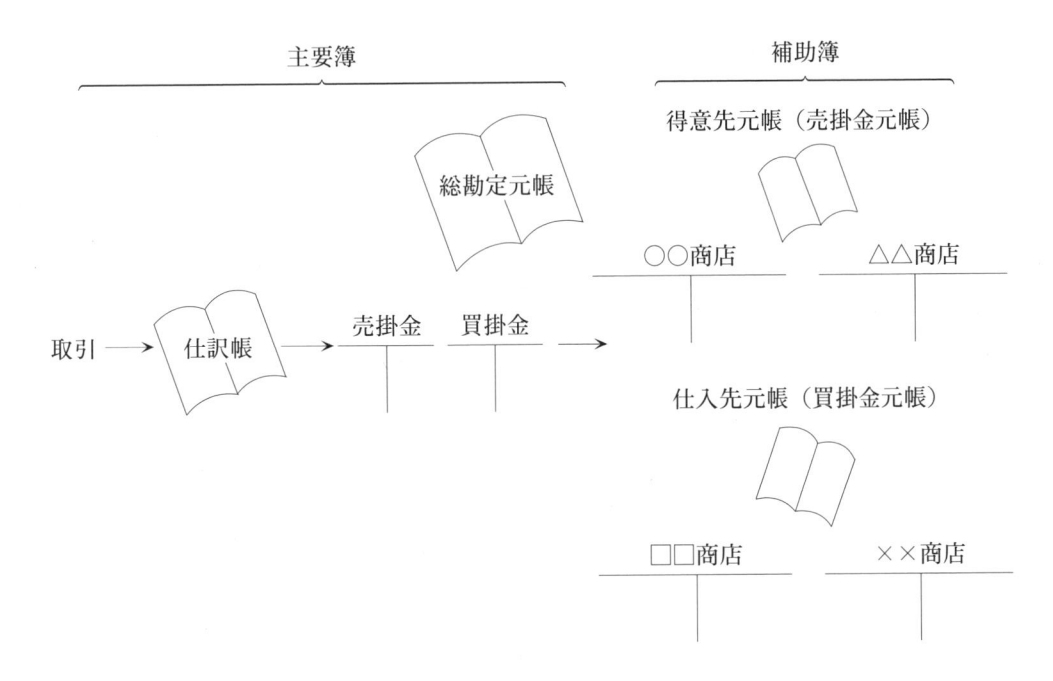

この方法では，売掛金・買掛金の全体管理は主要簿である総勘定元帳で，一方，その取引先ごとの管理は補助簿である得意先元帳・仕入先元帳で行うので，全体管理と個別管理が同時に行えるメリットがあります。

このように売掛金元帳や買掛金元帳を使用した場合の売掛金や買掛金勘定は，全体を統括あるいは統制する役割を持っており，**統括勘定**あるいは**統制勘定**と言います。

さて統制勘定と補助簿とを使用した記帳方法には通常の転記に加えて，補助簿への記帳も行うので，記帳の手間数が増えるというデメリットもあります。

これを解消するためには，売掛金や買掛金取引は通常通り仕訳を行うものの，総勘定元帳の売掛金・買掛金勘定には転記せず，補助簿（売掛金元帳，買掛金元帳）への記載のみを行うという方法がとられます。この方法では取引の都度，転記を行わず補助簿（売掛金元帳，買掛金元帳）の記録に基づいて定期的にまとめて総勘定元帳への転記を行います。したがって時間のずれはあっても，結果的には通常仕訳・転記の手法とこの方法とで総勘定元帳の金額に矛盾が生じることはありません。この方法の詳細は，少し進んだ学習として「第13章 帳簿組織」で改めて後述します。

設例5－4
次の取引を仕訳し買掛金元帳に転記しなさい。
6月11日　山口商店から商品¥30,000を掛けで仕入れた。
6月15日　愛媛商店から商品¥15,000を掛けで仕入れた。
6月18日　山口商店から商品¥20,000を仕入れ，代金は現金で支払った。
6月20日　山口商店に対する買掛金のうち¥10,000を現金で支払った。
6月26日　愛媛商店に対する買掛金のうち¥5,000を当座預金から支払った。

6月11日	（借）仕　　入	30,000	（貸）買　掛　金	30,000
6月15日	（借）仕　　入	15,000	（貸）買　掛　金	15,000
6月18日	（借）仕　　入	20,000	（貸）現　　　金	20,000
6月20日	（借）買　掛　金	10,000	（貸）現　　　金	10,000
6月26日	（借）買　掛　金	5,000	（貸）当座預金	5,000

山口商店

| 日付 || 摘要 | 仕丁 | 借方 | 貸方 | 借または貸 | 残高 |
月	日						
6	11	仕　入	－		30,000	貸	30,000
	20	現　金	－	10,000			20,000

愛媛商店

| 日付 || 摘要 | 仕丁 | 借方 | 貸方 | 借または貸 | 残高 |
月	日						
6	15	仕　入	－		15,000		15,000
	26	当座預金	－	5,000			10,000

※　6月18日は現金取引なので，買掛金元帳記載対象ではない。

第3節　貸倒れ

1．貸倒れ

　商品の売上代金を掛けとした場合，その代金は後日，回収できるという前提で取引を行います。しかし実際のビジネスにおいて，相手先の倒産や資金繰りの困難から売掛金の回収ができなくなることもあります。売掛金の回収不能が明らかになった時点で，これを売掛金が**貸し倒れ**たと言います。貸倒れは売掛金に限らず貸付金や第7章の手形取引で説明する受取手形など債権全般に対して発生する可能性があります。しかしここでは売掛金が回収できなくなった場合を例に，その記帳を

見ていきます。

売掛金が貸し倒れた場合，同額の損失が発生したことになり，これを**貸倒損失**勘定に借方記入します。またその債権は回収不能となったので，売掛金という資産が減少したことになります。したがって売掛金勘定では同額が貸方記入されます。

設例5－5
　山梨商店に対する売掛金¥35,000が同社の倒産により回収不能となった。
　　　　　（借）貸　倒　損　失　　35,000　　（貸）売　　掛　　金　　35,000

ビジネス上，貸倒れはある程度の確率で遭遇する可能性があります。また取引の経験や実績に照らせば，保有の売掛金の一部に蓋然的な貸倒れを予測することもできます。その場合，売掛債権を所持しているという事実と過去の貸倒れ実績に基づいて，予測される貸倒れ額を見積り計算し，こうした事態に備える会計的措置をとらねばなりません。しかし上記設例5－5では，こうした事前の会計処理は考慮していません。これについては後述します。

２．貸倒れの回収
　一旦は貸倒れが発生したと判断し会計処理した売掛金が，後日，回収されるということがあります。その場合，会計処理上注意を要するのは回収の時期です。設例5－5では一旦は貸倒れとして判断して記帳をしています。
　回収が貸倒れの会計処理をした同じ年度中なら，それは設例5－5で計上した貸倒損失の発生の認識が誤っていたということになるので，これを取り消すことで貸倒れ処理後の回収を記帳することができます。この例が設例5－6です。借方は現金での回収を意味します。貸方は当初の貸倒損失が発生したという記帳が誤りだったので，これを取り消す，つまり貸倒損失を消滅させるために貸倒損失勘定に貸方記入します。

設例5－6
　7月3日に貸倒れとして処理した売掛金¥42,000を現金で回収した。（決算日は12月31日とする）
　　　　　（借）現　　　　　金　　42,000　　（貸）貸　倒　損　失　　42,000

設例5－7は貸倒れ処理した売掛金は，結局，回収されたものの，それは貸倒損失を計上した会計年度中ではなくそれよりも後になってからだった例です。この場合，記帳した貸倒損失は既にその年の決算で報告されています。結果的に誤りではありますがもはや修正することはできません。そのため一旦，貸倒れ処理，つまり貸倒損失を計上した翌年以降に回収がなされた場合は，設例4－6のような貸倒損失の取り消しとはしません。これは過年度の事象に起因する修正上の収益（修正益）と認識します。つまり**償却債権取立益**という収益の発生を記帳します。収益の発生ですからこれは貸方記入されます。

設例5－7
前年度に貸倒れとして処理した売掛金¥42,000を現金で回収した。
（借）現　　　　　金　　42,000　　（貸）償却債権取立益　　42,000

このように貸倒れ処理後の回収では，その時期によって会計的認識とそれに基づく会計処理が異なり，この点，注意が必要です。

3．貸倒れの見積り

貸倒れは企業活動のなかである程度その発生を経験的に予見できます。また将来において現実のものとなるであろう貸倒れという損失の発生は，そもそもその債権を当期に所有していることに起因していると考えることができます。したがって決算時に期末の売掛金等の残高に対し，それに対応した貸倒予測額を当期費用として計上します。金額算定は過去の貸倒れ実績率などを基に見積ります。この見積（金額の算定）方法を**実績法**と言います。

設例5－8
12月31日　決算にあたり売掛金残高¥300,000に対し3％の貸倒れを見積った。なお，当期は第1期会計期間である。
（借）貸倒引当金繰入　　9,000　　（貸）貸倒引当金　　9,000

貸倒れが予見されるとしても実際にはまだ貸倒れは現実化しておらず，ここでは貸倒損失という費用を計上することはできません。そこで借方では貸倒損失勘定に替えて，それが貸倒れの見積費用であることを示す貸倒引当金繰入勘定を用い費用を計上します。また貸方は売掛金が実際に失われたわけではないので，やはり売掛金を減額することはできません。そこで売掛金の減額に替えて貸倒引当金という科目を計上します。貸倒引当金は回収見込みの低い債権相当額，すなわち資産の減額（マイナス評価）の存在を表現した勘定です。

設例5－9
5月10日　得意先島根商店の前期からの売掛金¥10,000が貸し倒れた。ただし貸倒引当金は¥8,000ある。
（借）貸倒引当金　　8,000　　（貸）売　　掛　　金　　10,000
　　　貸倒損失　　　2,000

貸倒引当金が存在する状況下で貸倒れが発生した場合，売掛金の減少に対応させて，まず貸倒引当金をその残高を限度として取崩します。その上で貸倒引当金の不足分を貸倒損失として計上します。貸倒引当金を設定する時点で同額の費用が既に計上されていますから，ここでは引当金残高が存在する限り貸倒れに伴う費用損失を改めて計上する必要はありません。ただ貸倒引当金を取崩す

処理だけを行います。しかし引当金残高を超えて貸倒れが発生している場合は，貸倒損失という費用損失を計上しなければなりません。

設例5－10
　12月31日　決算にあたり売掛金残高¥500,000に対し3%の貸倒れを見積る。なお引当金残高は¥2,000ある。
　　　　　　（借）貸 倒 引 当 繰 入　　13,000　　（貸）貸 倒 引 当 金　　13,000

　これは貸倒引当金勘定に残高がある状態で，引当金の見積計上を行う例です。売掛金¥500,000に対し必要な貸倒引当金の額は¥15,000です。しかし貸倒引当金勘定には¥2,000の残高があるので，ここでは不足分の¥13,000だけを追加計上すれば，期末の売掛金に対応した貸倒引当金残高¥15,000を準備できることになります。

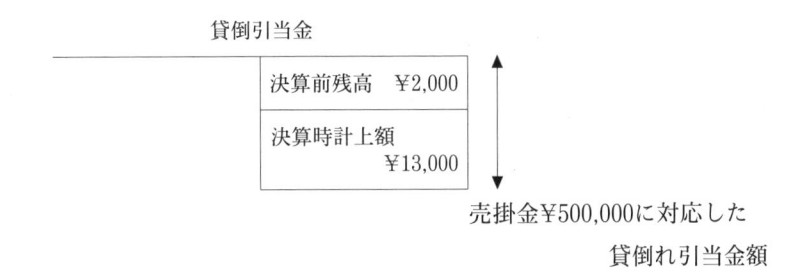

```
                貸倒引当金
        ┌─────────────────┐
        │ 決算前残高　¥2,000 │
        ├─────────────────┤
        │ 決算時計上額      │
        │        ¥13,000   │
        └─────────────────┘
                              売掛金¥500,000に対応した
                              貸倒れ引当金額
```

　このように期末の貸倒引当金残高に不足額分だけを追加計上することで必要な貸倒引当金を準備する処理方法を**差額補充法**と言います。
　さて次に期末の貸倒引当金残高が，準備したい貸倒引当金の額を上回っている例を見てみます。

設例5－11
　12月31日　決算にあたり売掛金残高¥500,000に対し3％の貸倒れを見積る。なお引当金残高は¥20,000ある。
　　　　　　（借）貸 倒 引 当 金　　　5,000　　（貸）貸倒引当金戻入益　　5,000

　決算直前における貸倒引当金残高¥20,000は必要額¥15,000に対し¥5,000多過ぎます。したがってこれを取り崩します。またその取崩し分は，過去に計上した貸倒引当金の修正による臨時的収益とみなし，これを**貸倒引当金戻入益**勘定で処理します。

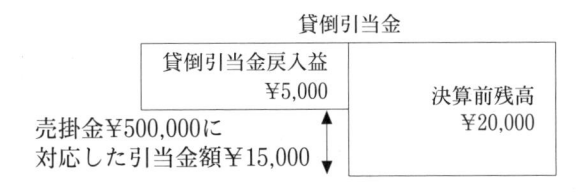

```
                貸倒引当金
        ┌─────────────────┬─────────────────┐
        │ 貸倒引当金戻入益  │ 決算前残高       │
        │        ¥5,000    │        ¥20,000  │
        └─────────────────┴─────────────────┘
売掛金¥500,000に
対応した引当金額¥15,000
```

練習問題

1．次の一連の取引について人名勘定を用いて仕訳し，総勘定元帳に転記しなさい。
　5月15日　姫路商店から商品¥45,000を仕入れ，代金は掛けとした。
　5月17日　神戸商店に商品¥60,000（原価¥36,000）を販売し，代金のうち半額は現金，半額は掛けとした。
　5月21日　岡山商店から商品¥50,000を仕入れ，代金のうち¥30,000は現金で支払い，残額は掛けとした。
　5月22日　姫路商店から商品¥30,000を仕入れ，代金は掛けとした。
　5月28日　神戸商店より売掛代金¥30,000が当座預金に振り込まれた。
　5月31日　姫路商店の買掛金のうち¥50,000を当座預金から振り込んで支払った。

2．次の一連の取引を仕訳しなさい。ただし会計期間は，X1年1月1日からX1年12月31日である。
　6月11日　鹿児島商店に商品¥100,000（原価¥52,000）を販売し，代金は掛けとした。
　7月21日　鹿児島商店への売掛金¥100,000が貸倒れとなった。
　12月1日　鹿児島商店から，貸倒れと処理していた売掛金のうち¥40,000を現金で回収した。
　2月12日　鹿児島商店から，昨年において貸倒れとして処理していた売掛金のうち¥30,000を現金で回収した。

第6章　特殊商品売買

第1節　未着商品売買

　仕入先が遠方にある場合には船便の利用が一般的ですが，商品到着までに時間がかかります。そのため商品が到着する前に運送会社から買い主に**貨物引換証や船荷証券（貨物代表証券）**が渡されることがあります。貨物代表証券はいわば商品の引換券であり，実際に商品を受け取る際にその引換券と商品を交換します。このように商品が未だ届かない状態が比較的長きに亘るため，会計処理ではこれを通常の仕入と認識せず，貨物代表証券と引き替えるまで未着商品（資産勘定）としておきます。なお，未着商品の仕入にかかった諸掛は仕入原価に含めます。

設例6－1
　2月2日　北大商店から40日後到着予定の商品¥350,000を，また山口商店から50日後到着予定の商品¥440,000をそれぞれ仕入れ，貨物代表証券を受け取り，代金は掛けとした。
　　（借）未　着　商　品　　　790,000　　　（貸）買　掛　金　　　790,000

　3月9日　上記商品のうち北大商店より商品が到着し，貨物代表証券と引き替えた。なおその際，引取費として¥10,000を現金払いした。
　　（借）仕　　　　　入　　　360,000　　　（貸）未　着　商　品　　　350,000
　　　　　　　　　　　　　　　　　　　　　　　　現　　　金　　　　　 10,000

　次は手元にある貨物代表証券を，商品が到着する前に他者へ売却した場合の処理を考えてみます。この場合，未着商品であっても売上高は一般販売と同様に売価で計上します。また期末の売上原価の算定にこの未着商品も含めなければならないので，商品が未着の状態であってもその原価を仕入勘定へ振り替えます。

設例6－2
　3月9日　上記商品のうち山口商店より仕入予定の未着商品を仙台商店に売却する。そのため貨物代表証券を¥490,000で売り渡し，代金を同店振出の約束手形で受け取った。
　　（借）仕　　　　　入　　　440,000　　　（貸）未　着　商　品　　　440,000
　　　　　受　取　手　形　　　490,000　　　　　　売　　　上　　　　　490,000

第2節　委託販売と受託販売

　商品の販売を自ら行わず，他店に委託して販売してもらう方法があります。たとえば中古カメラを販売しているカメラ屋で，委託品という札を見かけますが，これは中古カメラのオーナーが，お店に販売の手数料を払うことでカメラを店に並べてもらっているわけです。この場合，販売を依頼する側を委託者と言い，委託者の代わりに実際に販売する側を受託者と言います。

　受託を行う側の利点と言えば，商品仕入を行わず店頭に商品を陳列することができるので，商品の品揃えが豊富になり，売り場が華やかになります。また売れ残った受託品は委託者に返品されるので，不良在庫を抱える心配がありません。また委託者にとっての利点を先ほどの中古カメラの例で説明すると，中古カメラを二束三文で売却して現金化するより高い値付けを行うことができます。

　さて，このような販売形態を**委託販売・受託販売**といいますが，先ほどの中古カメラの例から離れて，今度は個人企業や法人企業間で行われる委託販売を考えてみましょう。販売を委託した場合，自身が現在所有している商品と区別する必要があります。したがって委託販売のために商品を積送した時，仕入勘定から積送品勘定へ振り替えます。なお，積送時にかかる運賃などの諸掛は積送品の原価に含めます。

設例6－3
　仙台商店は，弘前商店に¥450,000の商品を積送し，販売を委託した。なお，積送のための運賃8,000円は現金で支払った。

（借）積　送　品	458,000	（貸）仕　　　　入	450,000
		現　　　　金	8,000

　積送品が販売されれば，売上の通知として売上計算書（仕切精算書）が受託者から送られてきます。そして多くの場合，売上計算書の到着とほぼ同時に売上代金を受け取りますが，その売上代金は受託者が委託品を販売する際に支出した諸掛（保管料や販売手数料，雑費など）を差し引いた額となります。したがって委託者が積送品の販売によって計上する売上高は諸掛を差し引いた純額となります。また積送品が販売されれば，売上原価の算定のために，一度積送品勘定に振り替えられた価額を再度，仕入勘定に戻します。なお，この戻しのための振替仕訳は積送品が販売されず返品されたときも行います。

設例 6 − 4

仙台商店は，弘前商店から下の売上計算書を受け取り，差引手取金を小切手で受け取り，直ちに当座預金に預け入れた。

```
                                    No. 22
              売上計算書
総売上高                    630,000
諸掛
  保管料        4,000
  雑  費       11,000
  手数料       28,000      43,000
                          587,000
```

(借) 当 座 預 金   587,000   (貸) 売   上   587,000
    仕   入   458,000   積 送 品   458,000

上記2つの仕訳は委託者である仙台商店による仕訳でしたが，今度は受託者側である弘前商店の仕訳をみてみましょう。売上計算書にも記されているとおり，受託商品を引き取る際，保管料などの諸掛が発生します。この場合の諸掛は，自身が所有する商品のために発生したのではなく，本来委託者が支払うべき諸掛を立て替えたに過ぎません。したがって実際に受託商品が販売されて代金を預かったときにこれらの諸掛を精算し，売上代金からの差引分を送金することになります。

設例 6 − 5

弘前商店は，仙台商店から受託商品¥450,000を受け取り，保管料として¥4,000を現金で支払った。

(借) 受 託 販 売   4,000   (貸) 現   金   4,000

受託販売勘定残高が借方にあれば資産勘定となり，委託者に対する債権を表します。逆に貸方に残高があれば負債勘定となり，委託者への債務を表すことになります。そのような前提を踏まえて，今度は受託商品を販売し，委託者の代わりに代金を受け取った場合の仕訳を考えてみましょう。

設例 6 − 6

弘前商店は，仙台商店からの受託品を¥630,000で販売し，現金で受け取った。なお，その販売に際し雑費¥11,000を現金支出し，販売の手数料として¥28,000を受け取った。

(借) 現   金   630,000   (貸) 受 託 販 売   630,000
    受 託 販 売   39,000   現   金   11,000
                                 受 取 手 数 料   28,000

これで弘前商店が仙台商店から引き受けた受託商品のすべてを販売しました。その結果，受託販売勘定がどのように記入されたかＴ勘定でみてみましょう。この時点で貸方残高が¥587,000となります。つまりこの金額が委託者に送金する受託商品の代金となります。

```
            受託販売
現金        4,000 │ 現金    630,000
現金       11,000 │
受取手数料 28,000 │
```

第3節　委託買付と受託買付

　委託販売と受託販売は，売上を委託・受託する取引でしたが，今度は仕入を委託・受託する委託買付と受託買付の取引を考えてみましょう。委託買付は自らが直接仕入れるのではなく，受託者経由で商品を仕入れる取引です。しかしながら委託販売・受託販売との共通点は，それらの販売で売上計算書を送付したのと同様，委託買付・受託買付で「買付計算書」を送付することです。なお，委託買付では，通常の仕入取引と同様に，内金を納めることがあります。また受託者が受託買付によって仕入れた商品は，自らが販売する商品ではありませんので，仕入勘定に含めません。

設例6－7
　仙台商店は，弘前商店に商品¥540,000の買付を委託し，内金9,000円を現金で支払った。
　　　（借）委 託 買 付　　　9,000　　　　（貸）現　　　　金　　　9,000

　委託買付によって受託者が商品を購入すれば，かかる委託買付商品について，買付計算書が受託者から委託者へ送られます。そして買付計算書の到着によって委託者は請求額を認識します。この場合，委託販売・受託販売と同様，委託買付・受託買付においても諸掛（発送費や買付手数料，雑費など）が発生します。このためこれらの諸掛を含めて受託者は委託者に仕入代金を請求します。

設例 6－8

仙台商店は，弘前商店から下の買付計算書と買付商品を受け取り，請求額について 2 週間後に支払うこととした。なお，商品の引取に際して引取費￥5,000 を現金払いしている。

		No. 55
買付計算書		
純買付高		540,000
諸掛		
発送費	3,000	
雑　費	10,000	
手数料	27,000	40,000
総買付高		580,000
内入金		9,000
請求額		571,000

（借）仕　　　　入　　585,000　　　（貸）買　掛　金　　571,000
　　　　　　　　　　　　　　　　　　　　委 託 買 付　　　9,000
　　　　　　　　　　　　　　　　　　　　現　　　金　　　5,000

　上記 2 つの仕訳は委託者である仙台商店による仕訳でしたが，今度は受託者側である弘前商店の仕訳をみてみましょう。買付計算書にも記されているとおり，受託買付を行う際，発送費などの諸掛が発生します。この場合の支出は，自身が販売する商品のために発生したのではなく，本来委託者が支払うべき諸掛を立て替えたに過ぎません。したがって実際に受託買付商品が委託者に発送されて代金を請求するときにこれらの支出も精算し，請求額とすることになります。

設例 6－9

弘前商店は，仙台商店から受託買付につき，内金として￥9,000 を現金で受け取った。
　　　（借）現　　　　金　　9,000　　　（貸）受 託 買 付　　9,000

　受託買付勘定残高が貸方にあれば負債勘定となり，委託者への債務を表します。逆に受託買付勘定残高が借方にあれば資産勘定となり，委託者に対する債権を表します。そのような前提を踏まえて，今度は受託買付商品を発送するまでの仕訳を考えてみましょう。

設例 6－10

弘前商店は，受託商品を￥540,000 で購入し，現金で支払った。
　　　（借）受 託 買 付　　540,000　　　（貸）現　　　　金　　540,000

設例 6 − 11
　　弘前商店は，仙台商店からの受託買付商品¥540,000を発送し，代金を請求した。なお，その発送に際し発送費¥3,000と雑費¥10,000を現金支出し，買付の手数料として¥27,000を受け取ることになった。

　　　　（借）受　託　買　付　　　40,000　　　（貸）現　　　　　金　　　13,000
　　　　　　　　　　　　　　　　　　　　　　　　　　受 取 手 数 料　　　27,000

　これで弘前商店が仙台商店から引き受けた受託買付に関する取引のすべてを終えました。後は請求額が支払われるのを待つだけです。そこで今回の受託買付に関する一連の取引の中で，受託買付勘定がどのように記入されたのかT勘定でみてみましょう。この時点で貸方残高が¥571,000となります。つまりこの金額が委託者が送金する委託買付商品の代金となります。

```
              受託買付
現金      540,000 | 現金     9,000
現金       13,000 |
受取手数料  27,000 |
```

第 4 節　割賦販売

　商品代金を分割し，月賦などによって定期的に受け取る商品販売の形態を**割賦販売**と言います。割賦販売の収益認識については2つの方法があり，**販売基準**と**回収基準**に分かれます。販売基準は商品引渡時に通常の商品売買と同様，一括して売上高を計上し，他方，未回収代金を割賦売掛金として資産計上します。そして代金回収ごとに割賦売掛金を貸記してゆきます。また回収基準は回収される代金ごとに割賦売上を計上する方法です。この場合，割賦販売による債権額総額が把握しにくくなるため，備忘仕訳により売価を記録することになります。

設例 6 − 12
　　知床商事は9月2日に商品¥240,000の商品を販売し，代金は8回の分割で毎月末に受け取ることにした。
9月2日
［販売基準］
　　　　（借）割 賦 売 掛 金　　　240,000　　　（貸）割　賦　売　上　　　240,000
［回収基準］
　　　　（借）割 賦 販 売 契 約　　240,000　　　（貸）割 賦 仮 売 上　　　240,000
9月30日
［販売基準］
　　　　（借）現　　　　　金　　　 30,000　　　（貸）割 賦 売 掛 金　　　 30,000

［回収基準］
 （借）割 賦 仮 売 上   30,000   （貸）割 賦 販 売 契 約 30,000
 （借）現   金   30,000   （貸）割 賦 売 上   30,000

第5節　試用販売

　商品の販売に先立ち，商品を顧客に渡し，試用した後に購入を顧客に決めさせる販売方法を**試用販売**と言います。試用販売の収益認識は，**対照勘定法**と**手許商品区分法**があります。対照勘定法は，商品を顧客に渡した時点ではまだ収益を認識しませんが，備忘仕訳として売価で借方に試用品勘定を，貸方に試用仮売上勘定を起こします。その後顧客から買取意思が示された時，備忘仕訳のうち，買取金額分は反対仕訳を起こし，相殺します。そして同時に，買取金額分の売上を計上します。

　手許商品区分法では買取意思表示のない商品を，手許商品と区別するという観点から，顧客に渡した商品を仕入勘定から試用品勘定（資産勘定）に一時的に振り替えておきます。後日，試用品の買取意思表示および返品によって，試用品勘定に振り替えられた商品原価は，仕入勘定に戻されます。いずれの方法も収益認識の時点は顧客の買取意思が示されたときとなります。

設例6－13
　知床商事は得意先から試用販売の申し入れがあり，商品A600個（売価@¥150　原価@¥120）を発送した。
［対照勘定法］
 （借）試 用 品   90,000   （貸）試 用 仮 売 上   90,000
［手許商品区分法］
 （借）試 用 品   72,000   （貸）仕   入   72,000

設例6－14
　知床商事は得意先から試用品400個の買取意思表示を受けた。残りの200個については返品を受けた。
［対照勘定法］
 （借）試 用 仮 売 上   90,000   （貸）試 用 品   90,000
   売 掛 金   60,000   試 用 品 売 上   60,000
［手許商品区分法］
 （借）仕   入   72,000   （貸）試 用 品   72,000
   売 掛 金   60,000   試 用 品 売 上   60,000

第6節　予約販売

　音楽ＣＤの販売のように，予約を受けて後に商品を引き渡す販売形態や，雑誌の年間購読のように，1年分の購読料を前もって受け取り，毎月雑誌を引き渡すという販売形態があります。これを**予約販売**といいます。これらの販売形態に共通するのは，予約金を受け取った時点では商品引渡が起きていないので，売上計上できないという点です。したがって予約金は前受金（負債勘定）として貸記し，引渡によって借方で負債を消滅させ，貸方で売上を計上することになります。

設例6－15
　知床商事は来月新譜となる安室波平のＣＤにつき，予約を受付け，予約金¥150,000を現金で受け取った。

　　（借）現　　　　金　　　150,000　　　（貸）前　受　金　　　150,000

設例6－16
　知床商事は新譜の安室波平のＣＤを入荷したため，予約客にＣＤを渡した。

　　（借）前　受　金　　　150,000　　　（貸）売　　　　上　　　150,000

第7節　割戻し・割引・値引き

　売上割戻は，商品売買に際し，一定期間に大量の商品を売り上げた場合に，売上金額やその数量に応じて仕入側に支払われる報奨金を言います。したがって売上側からは，売上高の減少を意味します。

　売上割引は，商品売買に際し，一定期日以前に掛代金が決済された場合に，売上代金の一部を一定の割合で差し引くことで仕入側に支払われる割引料を言います。したがって当該割引は金融的性格を有し，損益計算書では営業外費用となります。

　売上値引は，商品売買に際し，売上商品に不備があるとか，傷がある場合に納品価格を下方修正することです。したがって売上側からは，売上高の減少を意味します。

　なお，仕入割戻・仕入割引・仕入値引はそれぞれ売上割戻・売上割引・売上値引の逆の説明となります。

設例6－17
　沖縄電気は得意先古川カメラとの間で，月間の取引が¥500,000を超えた場合に，売買代金の5％を割戻しする契約を結んでいる。今月の取引高が¥600,000だったので，割戻しを行うこととした。

[販売時点の仕訳]
　　　沖縄電気　　　　　（借）売　掛　金　　600,000　　（貸）売　　　上　　600,000
　　　古川カメラ　　　　（借）仕　　　入　　600,000　　（貸）買　掛　金　　600,000
[割戻し時点の仕訳]
　　　沖縄電気　　　　　（借）売　　　上　　 30,000　　（貸）売　掛　金　　 30,000
　　　古川カメラ　　　　（借）買　掛　金　　 30,000　　（貸）仕　　　入　　 30,000

設例6－18
　沖縄電気は得意先古川カメラに商品¥500,000を売却し，代金は掛けとしている。なお，月末までに掛代金を現金決済した場合，売買代金の5％を割引する契約を結んでおり，上記掛代金を月末までに支払ったために割引を行うこととした。

[販売時点の仕訳]
　　　沖縄電気　　　　　（借）売　掛　金　　500,000　　（貸）売　　　上　　500,000
　　　古川カメラ　　　　（借）仕　　　入　　500,000　　（貸）買　掛　金　　500,000
[代金決済時点の仕訳]
　　　沖縄電気　　　　　（借）売 上 割 引　　 25,000　　（貸）売　掛　金　　500,000
　　　　　　　　　　　　　　　現　　　金　　475,000
　　　古川カメラ　　　　（借）買　掛　金　　500,000　　（貸）仕 入 割 引　　 25,000
　　　　　　　　　　　　　　　　　　　　　　　　　　　　　　現　　　金　　475,000

練習問題

次の取引に関する仕分けを答えなさい。

1．利尻商店から受け取った商品¥400,000の貨物引換証を，礼文商店に¥580,000で売り渡し，代金は同店振出しの約束手形で受け取った。
2．奥尻商店は委託販売のため，国後商店へ原価¥360,000の商品を積送した。なお，発送に要した諸費用¥6,500を現金で支払った。
3．佐渡島商店に商品¥400,000を5回の均等分割払いで売り渡し，同時に1回目の割賦代金¥80,000を現金で受け取った。販売基準による仕訳を答えなさい。
4．試用販売のため，尖閣商店と八丈島商店に売価¥160,000の商品を，それぞれ2つずつ発送した。対照勘定法による仕訳を答えなさい。

第7章　手形取引

第1節　手形の種類と分類

　取引相手に金銭の支払いを請求できる権利を**債権**と言い，取引相手に金銭の支払いを行わなければならない義務を**債務**と言います。

　簿記では債権は資産，債務は負債であり，記帳上はそれぞれの取引内容がわかる勘定，たとえば金銭貸借契約（証書）に基づく債権ないし債務であれば「貸付金」「借入金」，また掛け取引に伴う債権・債務であれば「売掛金」「買掛金」という勘定科目によって仕訳を行い，またそれらの勘定口座に記帳します。本章ではさらに「手形」と呼ばれる証券の利用と，それによって生じる債権・債務の会計処理についてみていきます。

　手形とは，券面に記された支払人が，券面に記された特定の受取人にたいし券面に記した一定期日や場所において券面記載額を支払うこと（誰が・誰に・いつ・どこで・いくら支払うのか）を証した証券です。掛けでは得意先や仕入先との習慣的または口頭約束により，債権（売掛金）・債務（買掛金）が確定しましたが，手形では一定書式の条件内容（法定要件）を明示した証券の発行（振り出し）により，債権や債務が確定することになります。

　手形は当事者の手形行為上の関係により「**約束手形**」と「**為替手形**」という二種類の券種が使い分けられています。この二種の詳細については後述します。これらは物品売買や掛代金の決済手段として使用することができます。つまり現金等で代金を支払ったり受け取ったりする代わりに，後日払いの債権・債務を表章した手形が受け渡されるのです。

　このように決済手段として利用される手形やその利用の仕方を**商業手形**と呼びます。また手形は，券面に支払人・受取人さらにその支払期日や支払場所などが記された証券であることから，金銭の借入れや貸付けにおいて金銭貸借証書に代え受け渡されることがあります。この場合はここで利用された手形やその利用の仕方を**金融手形**または**融通手形**と呼びます。

　しかし約束手形や為替手形のように券種のかたちで商業手形（金融手形）というものがあるわけではありません。これらは"為替手形を商業手形として振り出した"，"約束手形を金融手形として振り出した"というような表現で利用される用語です。

　手形ではそれが商業手形として利用されようとも，金融手形として利用されようとも，当事者のいずれかが金銭の受取りを，また当事者のいずれかが支払いを負うことが証されています。そのため手形債権の受取人は当該債権を得たことを，また支払人は当該債務を負ったことを記帳せねばなりません。手形が商業手形として使用された場合，手形債権者はそれを資産の増加として**受取手形**勘定の借方に，手形債務者はそれを負債の増加として**支払手形**勘定の貸方に記帳します。また手形

が金融手形として利用された場合は，手形上の債権・債務は同時に金銭貸借に関する債権・債務（貸付金・借入金）とみることもできます。したがって金融手形における債権は受取手形にかえて**手形貸付金**，一方債務は支払手形にかえて**手形借入金**という勘定科目を用い記帳することで，取引内容がわかるように区別しています。

このように手形には券種として約束手形と為替手形とがあり，また使用目的によって商業手形や金融（融通）手形とが区別され，記帳にさいしては受取手形，支払手形または手形貸付金，手形借入金という勘定科目が用いられます。

さらに手形を他の決済手段と比較すると，手形は債権・債務が表章された証券に基づくことから，習慣や口頭約束に基づく掛けによる債権・債務よりも法的拘束力が強く，また手形と同様に一種の証券を利用した決済手段である小切手に比して資金融通性が高いということが特徴となっています。

第2節 手形の振出しと決済・更改

1．約束手形・為替手形の振出しと決済

ここでは約束手形および為替手形の雛形と取引例によって，その振出しと決済の会計処理についてみていきます。

設例7－1
① 平成X年8月3日，福岡商店（福岡健吾）は商品￥300,000を広島商店（広島太郎）から仕入れ，代金として下記の約束手形を振り出して広島商店に渡した。
② 平成X年9月3日，福岡商店は手形代金を当座預金により決済した。広島商店は手形代金を当座預金に受け入れた。

```
┌─────┬──────────────────────────────┬──────────────────────┐
│ No. │        約 束 手 形            │ 支払期日 平成X年9月3日│
│ 収入 │    広島　太郎　殿             ├──────────────────────┤
│ 印紙 │                              │ 支払地  ○△○×      │
│     │    金額 ￥３００,０００－      ├──────────────────────┤
│     │                              │ 支払場所 ○○銀行 ○○支店│
└─────┴──────────────────────────────┴──────────────────────┘
  上記金額をあなたは又はあなたの指図人へこの約束手形と引き替えにお支払いたします。
  平成X年8月3日
      振出人　福岡　健吾
```

①	（8月3日）	福岡商店	（借）仕　　入	300,000	（貸）支払手形	300,000
		広島商店	（借）受取手形	300,000	（貸）売　　上	300,000
②	（9月3日）	福岡商店	（借）支払手形	300,000	（貸）当座預金	300,000
		広島商店	（借）当座預金	300,000	（貸）受取手形	300,000

この手形で広島商店には尊称「殿」が付されていることからもわかるように，これは福岡商店が広島商店にむけて作成，つまり振り出したものです。手紙であれば差出人・宛先にあたるこの関係は，手形では振出人・名宛人となります。また金額欄の下段には「上記金額をあなたまたはあなたの指図人へこの手形と引き替えにお支払いいたします。」という文言があります。振出人（福岡商店）は，名宛人（広島商店）に¥300,000の支払いを約束しているので，福岡商店は振出人であると同時に手形上の支払人となり，また広島商店は名宛人であると同時に手形上の受取人ということになります。そのため福岡商店は仕入の計上とともに手形債務（負債の増加）を記録するために支払手形勘定への貸方記入を行います。一方，広島商店は売上の計上とともに手形債権（資産の増加）を記録するために受取手形勘定への借方記入をすることになります。

　また手形に記載した支払期日（満期日）が到来すれば，福岡商店は通常，当座預金などを通じてその手形の決済を行います。そのため当座預金は減少しますが，手形債務も解消（負債が減少）するので支払手形勘定にこれを借方記入します。一方，広島商店は当座預金への代金受け入れにより手形債権の回収が完了（資産が減少）したことになり，当座預金勘定への借方記入と受取手形勘定への貸方記入が行われます。

設例7－2

① 平成X年5月5日，岡山商店は淡路商店に現金¥1,000,000を貸し付け，約束手形を受け取った。
② 平成X年11月5日，岡山商店は上記の返済を利息¥5,000とともに淡路商店振出しの小切手で受け取った。

① （5月5日）岡山商店　（借）手形貸付金　1,000,000　（貸）現　　　　金　1,000,000
　　　　　　淡路商店　（借）現　　　　金　1,000,000　（貸）手形借入金　1,000,000
② （11月5日）岡山商店　（借）現　　　　金　1,005,000　（貸）手形貸付金　1,000,000
　　　　　　　　　　　　　　　　　　　　　　　　　　　　　受取利息　　　5,000
　　　　　　淡路商店　（借）手形借入金　1,000,000　（貸）当座預金　1,005,000
　　　　　　　　　　　　　支払利息　　　　5,000

　この取引は約束手形が金融手形として利用された例です。前述したようにこれは金銭の貸借取引でもありますが，ここでは淡路商店によって岡山商店を名宛人として振り出された約束手形に，岡山商店の債権と淡路商店の債務とが表章されています。そこで債権者である岡山商店では手形債権を資産の増加として手形貸付金勘定に借方記入し，一方，債務者である淡路商店では手形債務を負債の増加として手形借入金勘定に貸方記入します。また返済がなされたときはそれぞれの減少として処理します。

設例7－3

① 平成X年9月5日，尾道商店（尾道大輔）は商品￥500,000を倉敷商店（倉敷二郎）から仕入れ，下記の為替手形を振り出し得意先三原商店（三原順子）の引受けを得て倉敷商店に渡した。
② 平成X年11月5日，三原商店は手形代金を当座預金により決済した。倉敷商店は手形代金を当座預金に受け入れた。

```
┌─────────┬─────────────────────────┬──────────────────────┐
│   No.   │       為 替 手 形        │ 支払期日 平成X年11月5日│
│ 収入印紙 │     三原　順子　殿       │ 支払地　○△○×      │
│         │   金額　￥500,000－     │ 支払場所 ○○銀行○○支店│
├─────────┴─────────────────────────┴──────────────────────┤
│ 倉敷二郎殿またはその指図人へこの為替手形と引き替えに上記金額をお支払いください。│
│ 平成X年9月5日                    ┌─────────────────────┐  │
│   振出人                         │引受　平成X年9月5日    │  │
│     尾道　大輔                   │     三原　順子        │  │
│                                  └─────────────────────┘  │
└──────────────────────────────────────────────────────────┘
```

① （9月5日）尾道商店　（借）仕　　入　500,000　（貸）売 掛 金　500,000
　　　　　　倉敷商店　（借）受取手形　500,000　（貸）売　　上　500,000
　　　　　　三原商店　（借）買 掛 金　500,000　（貸）支払手形　500,000
② （11月5日）尾道商店　　　　　　　　　仕訳なし
　　　　　　倉敷商店　（借）当座預金　500,000　（貸）受取手形　500,000
　　　　　　三原商店　（借）支払手形　500,000　（貸）当座預金　500,000

為替手形では振出人は名宛人に「○○殿またはその指図人へこの為替手形と引き替えに上記金額をお支払い下さい。」と，自身の指名した相手への支払いを依頼しています。設例6－3では尾道商店が倉敷商店から仕入れ，尾道商店はその支払いを三原商店に依頼するために為替手形を振り出し，まず三原商店に提示しています。この時点では為替手形の引受欄は空欄の状態です。次いで三原商店は依頼を承諾し，その意思表示として引受欄に署名・捺印をして，この手形を尾道商店に送り返します。尾道商店は三原商店による支払承諾が証された状態の為替手形を倉敷商店に引き渡します。これで倉敷商店は尾道商店にたいする売上代金を手形債権として受領したことになります。

しかしなぜ三原商店は自己の取引に起因しない支払いを引き受けるのでしょうか。設例では三原商店を尾道商店の得意先と表現していますが，為替手形は通常，振出人と引受人との間に掛による債権・債務が存在することを前提に利用されます。設例の場合も尾道商店は三原商店に対して500,000円以上の売掛金があることを前提としているのです。そして三原商店がこの為替手形の引受人となれば，尾道商店と三原商店との間の掛代金は同額が相殺されるのです。

この一連の手続きにより振出人である尾道商店は仕入の計上とともに，その代金支払いを三原商

— 68 —

店に替わってもらったことで三原商店への売掛金回収がなされたものとみなし，売掛金勘定への貸方記入を行います。また倉敷商店は売上の計上とともに，支払者が三原商店となったものの手形債権を得たので資産の増加として受取手形勘定に借方記入します。引受人である三原商店は引受により尾道商店への買掛金が減額される一方で，為替手形の支払人となったため負債の増加として支払手形勘定への貸方記入が行われます。

また為替手形でもその支払期日における決済は，約束手形と同様の決済手続きおよび会計処理がなされます。ただしこの決済は手形債権・債務の当事者である倉敷商店と三原商店にのみ関わるものですから，振出人である尾道商店は仕訳なしとなります。

このように約束手形は名宛人に振出人自身がその支払いを約束するものでしたが，為替手形は振出人自身の負っている支払いを，名宛人に替わってもらうためにこれを作成し，名宛人の引受を得て，改めて振出人から特定の受取人へと引き渡されるものです。為替手形とは，まさに支払いの立場を替わってもらう為に振り出す手形なのです。

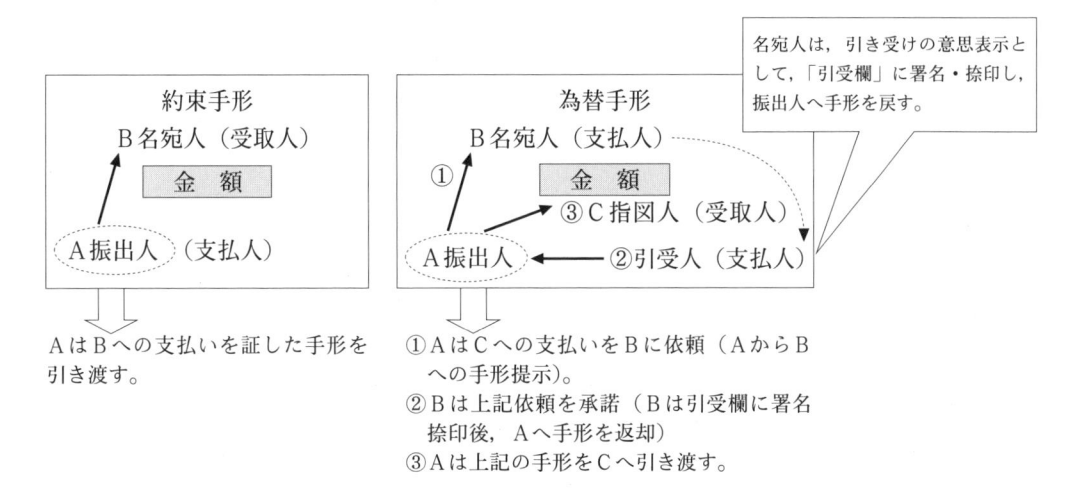

```
        約束手形                          為替手形
    B名宛人（受取人）                  B名宛人（支払人）
    ┌──────────┐              ①↗ ┌──────────┐
    │   金　額   │                  │   金　額   │
    │           │                  │         ↘③C指図人（受取人）
    └──────────┘                  └──────────┘
    ↑                              ↑
   A振出人（支払人）               A振出人 ←── ②引受人（支払人）
```

名宛人は，引き受けの意思表示として，「引受欄」に署名・捺印し，振出人へ手形を戻す。

AはBへの支払いを証した手形を引き渡す。

①AはCへの支払いをBに依頼（AからBへの手形提示）。
②Bは上記依頼を承諾（Bは引受欄に署名捺印後，Aへ手形を返却）
③Aは上記の手形をCへ引き渡す。

2．手形の更改

約束手形であっても為替手形であっても，手形には支払期限すなわち満期日が記載されています。しかし支払者の都合により定めた期日に支払いができない場合，支払人は手形の受取人に対して支払期日の延期を願い出ることがあります。しかし手形の期日だけを書きかえることはできません。そのため満期日の到来する手形を消滅させ，同額または期限延長に伴う利息分を加算した額で新たな手形を発行しなおします。これを**手形の更改**と言います。

設例7－4

平成X年3月1日，山田商店より当店（田中商店）を名宛人として振り出された約束手形¥400,000の満期日にさいして，山田商店より手形更改の申し出があったのでこれを受け入れ，利息¥3,000を上乗せした約束手形と旧手形とを交換した。

（3月1日）	山田商店	（借）支払手形	400,000	（貸）支払手形	403,000
		支払利息	3,000		
	田中商店	（借）受取手形	403,000	（貸）受取手形	400,000
				受取利息	3,000

第3節　裏書と割引

1．手形の裏書

　約束手形であっても為替手形であっても，振り出された手形はその手形債権者の手もとで，その者が債権を有する証しとして保管されます。つまり約束手形では名宛人，為替手形では振出人が指名した特定の受取人がまずはこれを保管しています。

　いずれの手形債権者も手形満期日を待てば，その手形債務者からの決済を受けますが，満期日の決済を待たず，手形債権を別の第三者に譲渡することもできます。その場合，保有者は債権の表章であった手形を，譲渡しようとしている相手に引き渡さなければなりません。またその手形裏面には譲渡に関する記載を行うので，こうした債権譲渡を**手形の裏書**と言います。

設例7－5
　平成X年11月6日，佐賀商店は商品¥400,000を呉商店から仕入れ，代金としてかねてより所有の福岡商店振出し当店宛の約束手形を裏書譲渡した。

（11月6日）	佐賀商店	（借）仕　　入	400,000	（貸）受取手形	400,000
	呉　商　店	（借）受取手形	400,000	（貸）売　　上	400,000

　ここで佐賀商店はなんらかの取引によって，福岡商店が支払人で佐賀商店が受取人である約束手形を所有していることが前提です。佐賀商店は仕入の代金としてこの手形債権を呉商店に譲渡したのです。そのため佐賀商店は仕入の計上とともに，福岡商店からの手形債権（資産）を手放したことを受取手形勘定に貸方記入せねばなりません。一方，呉商店は譲渡によりこの手形について福岡商店から支払いを受ける権利を得たことになるので，受取手形勘定にこれを借方記入します。満期日前であれば，呉商店も裏書譲渡で受け取ったその手形をさらに裏書譲渡することができます。その場合，先ほど取得した手形債権は失われるので，これを受取手形勘定に貸方記入することになります。しかし呉商店がこのまま満期日までこの手形を所持すれば，呉商店は福岡商店から手形代金の決済を受けます。設例7－1，7－3に示した約束手形や為替手形をみると，それぞれ金額の下に「……またはその指図人……」ということばが出てきます。指図人とは，このように受取人から債権の譲渡を受けた者をいいます。手形では支払人（約束手形であれば振出人，為替手形であれば引受人）は，当初の受取人またはその指図人など，それを満期日に所持している者を手形債権者として手形を決済しなければなりません。

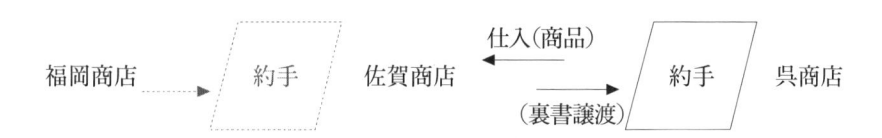

```
福岡商店 ----約手---→ 佐賀商店 ←--仕入(商品)--  約手  呉商店
                              (裏書譲渡)→
```

2．手形の割引

　手形の裏書は取引代金の支払いなどを理由として，手形債権を他者に譲渡するものでした。これにたいして手形債権を換金する目的で金融機関などへ譲渡，すなわち売却することを**手形の割引**と言います。手形を買い取る金融機関は，手形を買い取ることで新たに手形債権の受取人となり，満期日にはその支払人から決済を受けることができます。しかし手形は満期日まで回収することはできないので，金融機関などでは回収のリスクや市場金利を考慮した上で，手形を受け入れ日より手形満期日までの期間に応じた金額（割引料と言います）を手形券面額から差し引いた額で，その手形を買い入れます。手形を売却した側からすれば，券面額よりも低い額で売却が成立したことになります。

設例7－6

　平成X年6月1日，熊本商店は所有の為替手形¥400,000（鹿児島商店振出し，大分商店引受け，満期日X年7月1日）を，阿蘇銀行で割り引き，割引料7.3％を差し引かれ，残額を小切手で受け取った。

　（6月1日）　熊本商店　（借）現　　　金　397,600　（貸）受取手形　400,000
　　　　　　　　　　　　　　　手形売却損　　2,400

熊本商店は手形債権を失ったので，これを受取手形勘定に貸方記入します。同時に手形券面額から，
　　400,000×7.3％×30日／365日＝2,400　……………　割引料
　　400,000－2,400＝397,600
として計算される金額を小切手により受け入れたので，これを現金勘定に借方記入します。さらに¥2,400は，手形を券面額より低く売却譲渡したことによるものなので，費用の発生として手形売却損勘定に借方記入します。

第4節　手形の不渡りと遡及

　手形債権を所有している場合，この手形については①決済を待つ，②裏書譲渡する，③割引に付すという扱いが可能でした。これら全ての扱いは，当初の受取人はもとより，それが裏書ないし割り引かれ順次，他の受取人に債権が移ったとしても，手形の支払人は手形の最終的受取人に対し決済を行うことが前提になっています。しかし実際には支払人が資金繰りや倒産などの理由により，決済を行えないこともあります。こうした状況を**手形の不渡り**と言います。

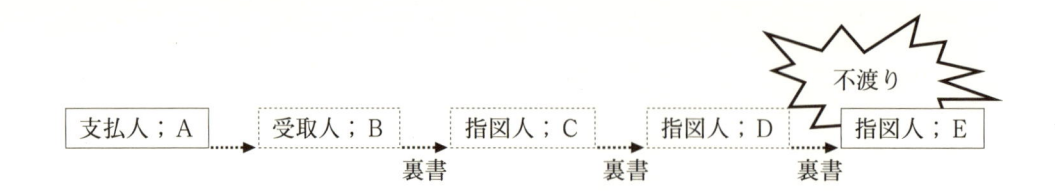

```
  ┌─────────┐     ┌─────────┐     ┌─────────┐     ┌─────────┐     ┌─────────┐ 不渡り
  │支払人；A │┄┄┄▶│受取人；B │────▶│指図人；C │────▶│指図人；D │────▶│指図人；E │
  └─────────┘     └─────────┘     └─────────┘     └─────────┘     └─────────┘
                      裏書            裏書            裏書
```

　上図のようにAを支払人としBを当初の受取人とした手形が，BからCを指図人として裏書譲渡され，以降順次C→D→Eへと裏書され，Eの手元で支払期日をむかえたものの，支払人Aによる決済が履行されず不渡りとなったケースを考えてみます。手形ではEのように裏書や割引によって取得した手形が不渡りとなった場合，直前の裏書人Dに対しその手形代金の償還を求めることができます。またEに償還を求められたDはこれに応じる義務があるとともに，さらに直前のCに対して償還請求することができます。手形は裏書や割引によってその債権を譲渡することができますが，不渡りが起こった場合は最終的な受取人から順次，譲渡を遡ってその償還を求めます。これを**手形の遡及**と言い，遡及に基づく償還請求権を**遡及権**，それに応じる義務を**遡及義務**と言います。

設例7－7

① 平成X年11月4日，佐賀商店は売掛代金として福岡商店より受け取っていた約束手形¥100,000（福岡商店宛て三島商店振出し）が不渡りとなったので，福岡商店に償還請求を行った。なお償還請求の諸費用¥2,000は現金で支払った。

② 平成X年11月10日，佐賀商店は福岡商店より上記の償還請求額および手形支払期日後の利息¥300を同店振出しの小切手で受け取った。また福岡商店は直ちに三島商店にこれを償還請求し，その際の諸費用¥2,000は現金で支払った。

①（11月4日）	佐賀商店	（借）不渡手形	102,000	（貸）受取手形	100,000	
				現　　金	2,000	
②（11月10日）	佐賀商店	（借）現　　金	102,300	（貸）不渡手形	102,000	
				受取利息	300	
	福岡商店	（借）不渡手形	104,300	（貸）当座預金	102,300	
				現　　金	2,000	

　佐賀商店は支払期日において手形の支払人である三島商店から手形決済を受けられませんでした。そのため手形の償還を遡及権に基づいて福岡商店に請求しています。佐賀商店が償還要求できるのは，不渡りを起こした手形券面額と償還に要した諸費用の総額です。佐賀商店はこれを新たな債権（資産）として不渡手形勘定に借方記入する一方で，三島商店に対する手形債権の消滅を受取手形勘定に貸方記入します。

　後日，佐賀商店は福岡商店から償還を受けますが，この際、手形に記載された支払期日から償還

が行われるまでの期間に応じた利息を合わせて受領します。ただし福岡商店はこれを自らの支払利息とはしません。この利息は三島商店の不渡りに起因するものであるため，福岡商店は遡及の諸費用とともに三島商店に遡及し償還を求める債権額の一部とします。

第5節　手形記入帳

手形はその増減を仕訳し仕訳帳や総勘定元帳に記録するだけではなく，債権（受取手形）ないし債務（支払手形）なので，債権・債務の相手である受取人ないし支払人，また決済期日を確認しておきます。

特に裏書で取得した手形が不渡りになった場合は，その支払人ではなく裏書人に遡及して償還をもとめます。手形債権の管理では，手形の支払人だけではなく，誰からそれを裏書譲渡されたのか，つまりもし不渡りが生じた場合に，誰に償還を請求すべきなのかを把握しておかねばなりません。同様に自身が手許の手形を裏書譲渡や割引に付した場合も，誰から遡及されることがありえるのかを知っておく必要があります。

しかし手形取引の仕訳では債権・債務の存在を記録することはできても，そうした詳細を記録管理することができません。そこで補助簿として**受取手形記入帳**が利用されます。

受取手形記入帳

平成X年	摘要	金額	手形種類	手形番号	支払人	振出人または裏書人	振出日	支払期日	支払場所	顛末
月 日							月 日	月 日		月 日 摘要
①	②	③	③	③	④	⑤	⑥	⑥		⑦

受取手形記入帳の各欄への記載内容は以下のとおりです（番号は図に対応）。
① 受取手形という債券を取得した日。
② 手形取得を仕訳した際の相手勘定科目（手形債権を取得した取引内容を推察できる備忘記録となる）。
③⑥ 手形記載事項。手形種類は約束手形を「約手」，為替手形を「為手」と略記する。
④ 手形上の支払人（約手なら振出人，為手なら名宛人＝引受人となる）。
⑤ 所有の手形債権が不渡りとなった場合に誰にたいして遡及できるのかを記す。約手を自分自身が名宛人として受け取っていれば，振出人名（この場合，左記の支払人と同一となる）を記す。しかし裏書譲渡されて取得した手形であれば，ここには直前の裏書人名を記す。
⑦ 決済（回収）・裏書譲渡・割引など，取得した手形の処遇確定した日付とその内容。

支払手形記入帳

平成X年		摘要	金額	手形種類	手形番号	受取人	振出人	振出日		支払期日		支払場所	顛末	
月	日							月	日	月	日		月	日
														摘要
①		②	③			④	⑤	⑥					⑦	

① 支払手形という債務を負った日。
② 手形債務を仕訳した際の相手勘定科目（手形債務を取得した取引内容を推察できる備忘記録となる）。
③⑥ 手形記載事項。手形種類は約束手形を「約手」，為替手形を「為手」と略載。
④ 手形上の受取人（約手なら名宛人，為手なら指図人となる）。
⑤ 手形の作成（振り出した）者を記録。約手の場合は自分自身の名を記すことになる。
⑦ 決済（支払い）した日付とその「決済」または「支払い」などの記載をする。

　記載において特に注意を要する欄は，受取手形記入帳の⑤「振出人または裏書人」欄です。この欄の目的は，債権が予定通りに回収できないような事態が生じたとき，つまり不渡りに際して，訴求対象者を備忘記録しておくことにあります。項目の言葉どおりにいずれかの者を記載すればよいというわけではありません。

第6節　その他の手形を利用した取引

1．自己受為替手形・自己宛為替手形

　為替手形は通常三者の当事者が存在します。つまり支払依頼を目的に為替手形を作成する振出人，およびこの依頼をされる名宛人（同時に引受人となる），そして引受人から手形の決済を受けることになる指図人です。しかしこの三者のうち，振出人がもう一役を兼ねることがあります。つまり一人が二つの役を担って手形が作成されることがあるのです。

通常の為替手形

振出人 —依頼→ 名宛人（振出人の依頼を引き受けることで支払人） —支払い→ 指図人（振出人に指名されることで受取人となる）

— 74 —

自己宛為替手形

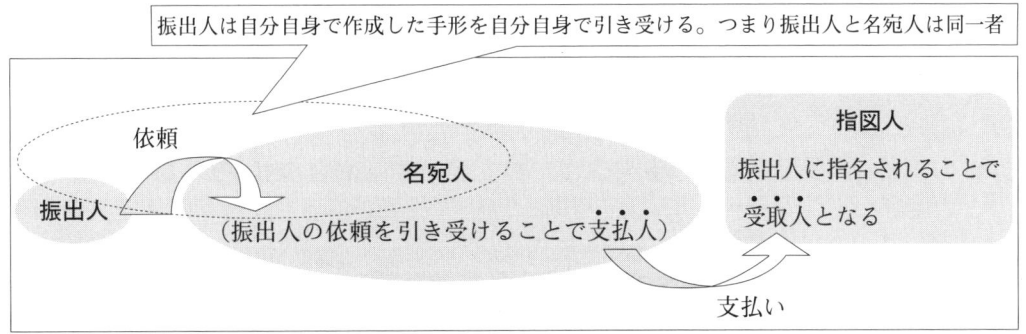

振出人は自分自身で作成した手形を自分自身で引き受ける。つまり振出人と名宛人は同一者

依頼
振出人
名宛人
（振出人の依頼を引き受けることで支払人）
指図人
振出人に指名されることで受取人となる
支払い

※自己宛為替手形では、結果的に振出人本人が指図人へ手形債務を支払うことを約していることになる。

自己受為替手形

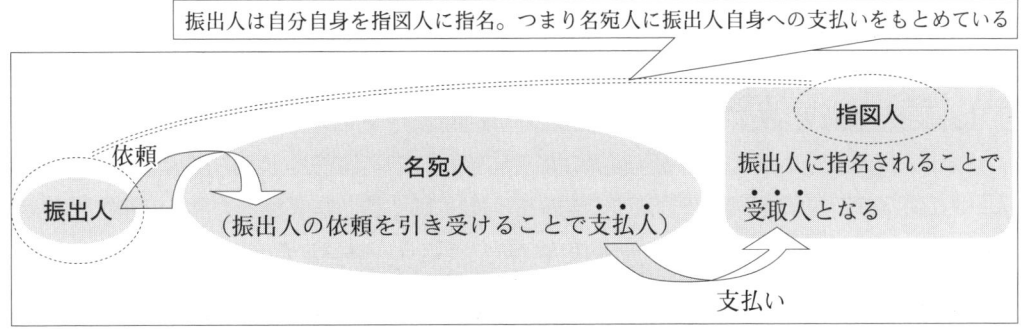

振出人は自分自身を指図人に指名。つまり名宛人に振出人自身への支払いをもとめている

依頼
振出人
名宛人
（振出人の依頼を引き受けることで支払人）
指図人
振出人に指名されることで受取人となる
支払い

※自己受為替手形では、結果的に名宛人は振出人に対する手形債務を負うことを求められていることになる。

　振出人自身が自らその引受をし（振出人が名宛人つまり引受人を兼ねている）為替手形では、振出人は当初より自らが特定の指図人にその支払いを行うつもりでこれを振り出しています。これを**自己宛為替手形**と言います。また振出人が自らを指図人にした（振出人が指図人を兼ねている）為替手形では、振出人は名宛人に、振出人自身への支払いを内容とした手形の引受けを求めていることになります。これを**自己受為替手形**と言います。

　結果的には二者の債権・債務であるならば、約束手形の利用でも代替できそうなこの取引は、なぜ為替手形によって行われるのでしょうか。それは一見、同一者にみえる振出人と指図人（自己受為替手形）あるいは振出人と名宛人（自己宛為替手形）とは、それぞれは同一会社の本店と支店であったり、二つの異なった支店であったりするのです。つまり対外的には同一会社として自己受け・自己宛とみなされますが、たとえば、支店がその得意先に売上代金を直接本店に支払ってもらう場合などに自己受為替手形を利用します。

設例7－8
　平成X年7月1日，富士商店（熊本支店）は広告料の支払いのために，富士商店（本店）を名宛にとする自己宛為替手形￥50,000を振り出し，日田広告代理店に渡した。なお富士商店では本店・支店にかかわらず，全ての取引を本店にて行っている。

　　　　（7月1日）富士商店　（借）広　告　料　50,000　（貸）支払手形　　50,000

2．荷付為替手形
　荷付為替手形はとくに遠隔地同士の取引などに利用されます。ここでは九州商店と北海道商店との取引を例にその利用と会計手続きをみてみましょう。

設例7－9
① 平成X年1月8日，北海道商店は九州商店より商品￥100,000の注文を受け，これを直ちに発送するとともに同店宛の荷為替￥80,000を取り組み，取引銀行でこれを割り引き，割引料￥3,000を差し引かれ残額を当座預金に預け入れた。
② 平成X年1月15日，九州商店は上記の手形を取引銀行より提示され，これを引き受け，貨物代表証券を受け取った。

①　（1月8日）九州商店　　　　　　　　　仕　訳　な　し
　　　　　　　北海道商店　（借）当座預金　　77,000　（貸）売　　上　　100,000
　　　　　　　　　　　　　　　　手形売却損　 3,000
　　　　　　　　　　　　　　　　売　掛　金　20,000
②　（1月15日）九州商店　（借）未着商品　100,000　（貸）支払手形　　80,000
　　　　　　　　　　　　　　　　　　　　　　　　　　　　買　掛　金　20,000
　　　　　　　　北海道商店　　　　　　　　　仕　訳　な　し

　北海道商店は振り出した為替手形を，名宛人による引き受けを得ないうちに，割引のために銀行に持ち込まれています。また取引銀行もこれに応じています。支払人が確定していないこの手形について，銀行がその割引に応じるのは，北海道商店が銀行にこの手形を持ち込む際に，貨物代表証券を担保として添付しているからです。貨物代表証券とは北海道商店が運送会社を通して商品を九州商店に発送依頼したときに，その荷物の受取権利証として運送会社に発行してもらう証券です。船便のときは船荷証券とも呼ばれるこの貨物代表証券がなければ，九州商店は運送会社から荷物を受け取ることができません。北海道商店はその貨物代表証券を担保として為替手形に添え銀行にて手形を割り引きます。銀行は受け取った手形と貨物代表証券とを九州商店に提示し，為替手形の引受けを求めます。九州商店は為替手形の引受けを行い，それと引き換えに銀行から貨物代表証券を受け取ります。このことによって九州商店は商品￥100,000の受取権利を得るのでこれを未着商品

勘定に借方記入し，また手形債務¥80,000が確定したのでこれを支払手形勘定に貸方記入します。商品金額と手形債務との差額は北海道商店に対する買掛金となります。

この例では商品代金の一部にたいして荷為替が取り組まれていますが，商品代金全額に対して荷為替を取り組む場合，これをとくに**丸為替**と呼んでいます。

第7節　手形取引と偶発債務

手形債権は支払期日前であれば，これを裏書譲渡ないし割引に付すことができました。また裏書・割引した手形はそれが不渡りとなった場合，遡及義務に応じこれを償還せねばなりませんでした。このように裏書や割引をし，さらに偶発的に不渡りが生じることで負うかもしれない債務を**偶発債務**と呼び，一般の確定債務と区別しています。偶発債務は現時点では債務ではありませんが，将来一定の条件下で債務になる可能性があるものの総称です。これまで手形債権を裏書譲渡・割引しても，偶発債務の存在を記録しない記帳方法をみてきました。しかしこうした偶発債務は企業の財政状態・経営成績に影響を与える可能性があります。そのため，手形の裏書・割引に際し偶発債務の存在を記帳処理する方法が用いられます。しかし偶発債務が存在しても今はその分の資産・負債が増減するわけではなく，これは簿記上の取引ではありません。

したがってこうした記帳は簿記本来の取引記録とは区別され備忘記録と呼ばれます。なお，ここでは手形の裏書きや割引に際して生じる偶発債務を特に例にとって説明を進めますが，手形に限らず他の債権の譲渡や他者の債務保証人になった場合でも，同様に偶発債務は生じます。これらについてはこの節の末尾で触れることにします。

この備忘記録の特徴は，①裏書・割引した手形の券面額や債務保証額で記帳されること，②決算時に偶発債務に関わる勘定科目は相殺消去され，財務諸表本体にはその内容が計上されないことです。ちなみに備忘記録された偶発債務は確定債務になる確度が中程度までであれば，これを貸借対照表に注記します。また確定債務になる確度が高く結果的に高い確度で偶発損失が発生する可能性があり，かつその偶発損失額を合理的に見積ることが可能であれば，これに引当金を設定しなければなりません。しかし偶発損失の発生の可能性が高くても金額の合理的見積りが不可能ならば，偶発事象として貸借対照表に注記します。

さて偶発債務の備忘記録を行う方法には，**評価勘定法**と**対照勘定法**とがあります。評価勘定法では裏書による偶発債務を**裏書手形勘定**で，割引によるそれを**割引手形勘定**で表します。また対照勘定法では，裏書による偶発債務を**裏書義務勘定**，割引では**割引義務勘定**で表します。裏書・割引した手形が無事決済されれば，偶発債務は消滅したことになるので当該勘定をその都度減額します。また裏書・割引した手形が不渡りとなった場合，それはもはや偶発債務ではなく確定債務となったことになるので，やはり偶発債務に関する当該勘定を減額します（具体的な会計処理は設例6－10以下で説明します）。ここでは裏書・割引による偶発債務は，その処理方法により異なりますが，評価勘定法であれば裏書手形勘定，割引手形勘定の残高として，対照勘定法であれば裏書義務勘定，割引義務勘定の残高として把握されることとその数値の意味をみておきます。上記の各勘定残高は

それぞれ偶発債務の備忘記録残高ですが、これは裏書・割引した手形のうち未だ決済等が確定しない手形の券面総額を表しているにすぎません。実際にその数値額が将来の一定条件のもと確定債務となる偶発債務であるということではありません。そういう意味でこれらの備忘記録は偶発債務の"存在"を券面額により記録していますが、その評価を行い記帳しているわけではありません。

これに対し偶発債務の時価を合理的に見積ることができる場合は、時価で評価した偶発債務を**保証債務**勘定として貸方記入するとともに、同額の偶発損失を**保証債務費用**勘定に借方記入する処理を行います。この方法は金融商品の会計基準の影響の下、近年とくに用いられるようになりました。またこの時価評価による偶発債務の記帳は、それが負債の一部として貸借対照表に表示されることになる記帳ですから、前述の備忘記録とは性質が異なります。

手形債権記帳方法

```
┌ 偶発債務を記帳しない
│                    ┌ 偶発債務の"存在"を備忘記録・・・・・・・・・・┌ 評価勘定法
└ 偶発債務を記帳する ┤                                                └ 対照勘定法
                     └ 偶発債務の"存在"と発生見積高を計上開示・・・・ 保証債務を時価計上する方法
```

設例 7－10

① 平成X年8月8日、宮島商店は萩商店より商品¥200,000を仕入れ、代金はさきに受け取っていた神戸商店振出し、宮島商店受取りの約束手形を裏書譲渡した。なお保証債務を時価で評価する方法による場合、保証債務の時価は¥4,000とする。

② 平成X年9月30日、上記手形が満期日に決済された旨の連絡を受けた。

① （8月8日）宮島商店

偶発債務を記帳しない方法	（借）仕	入	200,000	（貸）受 取 手 形	200,000
評価勘定法	（借）仕	入	200,000	（貸）裏 書 手 形	200,000
対照勘定法	（借）仕	入	200,000	（貸）受 取 手 形	200,000
	裏書義務見返		200,000	裏 書 義 務	200,000
保証債務を時価計上する方法	（借）仕	入	200,000	（貸）受 取 手 形	200,000
	保証債務費用		4,000	（貸）保 証 債 務	4,000

② （9月30日）宮島商店

偶発債務を記帳しない方法		仕 訳 な し		
評価勘定法	（借）裏 書 手 形	200,000	（貸）受 取 手 形	200,000
対照勘定法	（借）裏 書 義 務	200,000	（貸）裏書義務見返	200,000
保証債務を時価計上する方法	保 証 債 務	4,000	保証債務取崩益	4,000

手形の裏書に際して偶発債務を評価勘定法で記帳する場合、受取手形に代えて偶発債務（負債）を表す裏書手形勘定に貸方記入します。また決済が確認される、もしくは不渡りとなった場合でも、

偶発債務は存在しなくなるので，裏書手形勘定へ借方記入してこれを消去するとともに，ここで受取手形も貸方記入によって消去します。ちなみに不渡りになった場合は上記の仕訳に続けて設例6－7で見たように，不渡手形勘定（資産）への借方記入と裏書譲渡した相手に対する償還に要した支出，たとえば現金などの支出事実（資産の減少）または未払い事実（負債の増加）を貸方記入することになります。

対照勘定法では裏書手形義務が偶発債務を，また**裏書手形義務見返**が偶発債権の存在を表しています。そのため決済ないしは不渡りが確定した場合は，上述同様に偶発性の債権・債務は存在しなくなるので，これらをそれぞれそれ相殺し消去します。

評価勘定法および対照勘定法による備忘記録で注意しなければならないのは，これらそれぞれの方法における受取手形勘定に示された金額の意味です。

（偶発債務を備忘記録にしない方法）

　　　　　　　　　受取手形
　　手形債権受入額　｜　回収済み手形額
　　　　　　　　　　｜　裏書譲渡した手形
　　　　　　　　　　｜　割引に付した手形額
　　　　　　　　　　↕　手許に保管された手形

　　　　　　　　　　　　　　　　　　同じ

（評価勘定法）　　　　　　　　　　　（対照勘定法）

　　　受取手形　　　　　　　　　　　　受取手形
手形債権受入額｜回収済み手形額　　手形債権受入額｜回収済み手形額
　　　　　　　｜裏書手形のうち決済された額　　　　｜裏書譲渡した手形
　　　　　　　｜割引手形のうち決済された額　　　　｜割引に付した手形額
　　　　　　　↕決済未完了の手形総額　　　　　　　↕手許に保管された手形
　　　　　　　（手許保管額とは一致しない）

偶発債務を備忘記録しない場合と対照勘定法とでは，勘定口座への記載が同じになります。その残高は保管している手許の手形債権額を表します。しかし評価勘定法での受取手形勘定残高は手許に保管された手形債権総額とは必ずしも一致しません。そこに示されているのは，自身がいったん受け入れた手形債権のうち，いまだ自らが保有していようと既に裏書または割引によって他者に譲渡されていようとにかかわらず，決済がされていない手形の総額を表しています。

次いで保証債務を時価で見積る方法では，合理的に算定した見積りにより相当に発生の可能性のある保証債務額が貸方計上されます。またこの保証債務が現実のものとなった場合に将来において発生する損費を，当該手形を当期所有していたことを理由に借方計上します（第4章第3節参照）。決済ないし不渡りが確定すれば，この場合も偶発債務は借方記入することで相殺消去されます。しかし一度その発生が計上された費用は相殺消去することはできません。合理的算定に基づく保証債

務を免れられたことが**保証債務取崩益**として計上されます。
　手形の割引における偶発債務の会計処理も裏書の場合のそれとほぼ同じです。

設例7－11
① 平成X年6月10日，久留米商店はかねてより所有の八代商店振出し，大牟田商店引受けの為替手形¥300,000を取引銀行で割り引き，割引料¥2,000を差し引かれ残額を当座預金とした。なお保証債務を時価で評価する方法による場合，保証債務の時価は¥6,000とする。
② 平成X年6月30日，上記手形が満期日に決済された旨の連絡を受けた。

① （6月10日）久留米商店
　　偶発債務を記帳しない方法　　（借）当 座 預 金　298,000　（貸）受 取 手 形　300,000
　　　　　　　　　　　　　　　　　　　手 形 売 却 損　　2,000

　　評価勘定法　　　　　　　　　（借）当 座 預 金　298,000　（貸）割 引 手 形　300,000
　　　　　　　　　　　　　　　　　　　手 形 売 却 損　　2,000

　　対照勘定法　　　　　　　　　（借）当 座 預 金　298,000　（貸）受 取 手 形　300,000
　　　　　　　　　　　　　　　　　　　手 形 売 却 損　　2,000　　　　割 引 義 務　300,000
　　　　　　　　　　　　　　　　　　　割引義務見返　300,000

　　保証債務を時価計上する方法　（借）当 座 預 金　298,000　（貸）受 取 手 形　300,000
　　　　　　　　　　　　　　　　　　　手 形 売 却 損　　2,000　　　　保 証 債 務　　6,000
　　　　　　　　　　　　　　　　　　　保証債務費用　　6,000

② （6月30日）久留米商店
　　偶発債務を記帳しない方法　　　　　　　　　　　仕 訳 な し
　　評価勘定法　　　　　　　　　（借）割 引 手 形　300,000　（貸）受 取 手 形　300,000
　　対照勘定法　　　　　　　　　（借）割 引 義 務　300,000　（貸）割引手形見返　300,000
　　保証債務を時価計上する方法　（借）保 証 債 務　　6,000　（貸）保証債務取崩益　6,000

　偶発債務や偶発債権は手形債権に限らず，他の債権の譲渡や保証に際しても生じます。第三者が貸付を受けるにあたって，その依頼によりその債務の保証人になっていた場合の例は以下のとおりです。

設例7－12
① 平成X年4月30日，宮崎商店の銀行からの借入れ¥1,000,000に対し，その連帯保証人となった。
② 平成X年10月1日，上記の借入金を完済した旨の連絡を受けた。

③　平成X年11月1日，連帯保証をしていた静岡商店の借入金¥300,000が返済されなかったとの連絡を銀行より受け，その金額を延滞利息¥3,000とともに当座預金より振り込んだ。

① 　（借）保 証 債 務 見 返　　1,000,000　　（貸）保 証 債 務　　1,000,000
② 　（借）保 証 債 務　　1,000,000　　（貸）保 証 債 務 見 返　　1,000,000
③ 　（借）未 収 金　　303,000　　（貸）当 座 預 金 務　　303,000
　　　　　保 証 債 務　　300,000　　　　　保 証 債 務 見 返　　300,000

練習問題

1．次の取引の仕訳を示しなさい。
　a．長崎商店から商品￥300,000を仕入れ，代金は同店あての約束手形を振り出して支払った。
　b．大分商店に商品￥250,000を売り渡し，代金は同店振り出し，当店宛の約束手形で受け取った。
　c．帯広商店に対する買掛金￥170,000の支払いとして，￥50,000は小切手を振り出し，残額￥120,000は約束手形＃4を振り出した。
　d．大阪商店に対する買掛金￥600,000を，得意先名古屋商店を名宛人とする為替手形（引き受け済み）を振り出して支払った。
　e．名古屋商店に対する買掛代金の支払いとして，同店振出し，当店宛，三重商店受取りの為替手形￥680,000を呈示されて引き受けた。
　f．長崎商店振出し，当店引受けの為替手形￥200,000が，満期になったので，当座預金から支払った。

2．次の取引の仕訳を示しなさい。
　a．約束手形を振り出して取引銀行から￥300,000を借り入れ，利息￥2,800を差し引かれ手取り金は当座預金とした。
　b．東京商店に1ヶ月後返済の約束で￥200,000を貸し付け，同店振り出しの約束手形を受け取り，利息￥6,000を差し引き残額を小切手で渡した。
　c．約束手形を振り出して，取引銀行から借り入れていた￥300,000が本日満期となったので小切手を振り出して返済した。
　d．約束手形を受け取り東京商店に貸し付けていた￥200,000が本日満期となったが，東京商店より返済延期の申し出があり，これを受け入れ利息￥15,000を含めた約束手形を受け取った。

3．次の取引の仕訳を示しなさい。
　a．横浜商店から商品￥600,000を仕入れ，代金は得意先川崎商店宛の為替手形￥600,000を裏書譲渡した。
　b．熊本商店に対する買掛金￥160,000の支払いとして￥100,000は，先に得意先佐賀商店から受け取っていた約束手形を裏書譲渡し，残額は現金で支払った。
　c．取引銀行で，栃木商店振出し，当店宛の約束手形￥500,000を割引き，割引料￥3,800を差し引かれ，手取り金を当座預金とした。

4．次の取引の仕訳を示しなさい。
　　a．広島商店は沖縄商店より商品¥300,000の注文を受けたので，商品を発送するとともに同店引受の為替手形¥240,000を取り組み，貨物代表証券を添えてこれを取引銀行にて割り引き，受取金額は当座預金とした。
　　b．上記aの商品について沖縄商店は銀行より引受を求められ，これに応じるとともに直ちに商品も受け取った。
　　c．姫路商店（支社）は備品¥300,000を購入し，当店（本社）を名宛人とする為替手形を振り出した。

5．次の取引をそれぞれ評価勘定法および対照勘定法で仕訳した場合の「受取手形」勘定口座への転記を示しなさい。また1～4の設問にも解答しなさい。
　《取引》a．鳥取商店に商品¥40,000を売上げ代金は同店振出しの約束手形で受け取った。
　　　　　b．島根商店より売掛金¥50,000の回収として三重商店引受の為替手形を受け取った。
　　　　　c．福岡商店は売掛金¥35,000の回収として大分商店より佐賀商店振出しの約束手形を受け取った。
　　　　　d．上記aの手形を取引銀行で割引料¥1,000を差し引かれ残額を現金で受け取った。
　　　　　e．大阪商店より商品¥60,000を仕入れ，上記cの手形を裏書譲渡するとともに残額は掛けとした。
　　　　　f．dで割引に付した手形が満期日に決済された旨，取引銀行より連絡があった。

評価勘定法の場合　　　　　　　　　　　　対照勘定法の場合
　　　　受取手形　　　　　　　　　　　　　　　受取手形

　設問1　評価勘定法での受取手形残高はいくらか。
　　　2　対照勘定法での受取手形残高はいくらか。
　　　3　手許に保管されている受取手形債権額はいくらか。
　　　4　遡及される可能性のある手形債権額はいくらか。

第8章　その他の債権債務

第1節　貸付金と借入金

　第三者へ金銭を貸し付けた場合，貸した側には債権が発生するので，資産勘定である貸付金勘定に借方記入します。また逆に第三者から金銭を借入れた場合，借りた側には債務が発生するので，負債勘定である借入金勘定に貸方記入します。

設例8－1
　仙台商店は弘前商店に現金¥800,000を貸し付け，借用証書を受け取った。
　　仙台商店の仕訳　　（借）貸　付　金　　800,000　　（貸）現　　　　金　　800,000
　　弘前商店の仕訳　　（借）現　　　　金　　800,000　　（貸）借　入　金　　800,000

　金銭の貸し借りに際しては，通常，**借用証書**を作成します。借用証書とは，借りた側が貸した側のために作成する証書で，債務の存在を証すために作成されます。借用証書は債権として譲渡が可能です。貸し付けや借り入れの際，通常は有利子で行われるので，貸した側には受取利息（収益）が，借りた側には支払利息（費用）が生じます。

設例8－2
　仙台商店は弘前商店から貸付金¥800,000の返済を受け，利息¥10,000とともに同商事振出しの小切手で受け取った。
　　仙台商店の仕訳　　（借）現　　　　金　　810,000　　（貸）貸　付　金　　800,000
　　　　　　　　　　　　　　　　　　　　　　　　　　　　　　受　取　利　息　　 10,000
　　弘前商店の仕訳　　（借）借　入　金　　800,000　　（貸）当　座　預　金　　810,000
　　　　　　　　　　　　　　支　払　利　息　　 10,000

第2節　前払金（前渡金）と前受金

　商品売買における代金決済として，現金・小切手による決済や掛取引での決済，さらには手形による決済を学習し，その際の簿記処理を学習してきました。これらの取引の特徴は，商品受け渡しが先行して，その後に代金決済や掛の認識，手形の振り出しが後続するところにあります。しかしこうした取引とは逆に，商品代金の全部または一部の決済が先に行われ，その後に商品の受け渡し

が行われることもあります。このような場合の簿記処理を考えてみましょう。

　商品の買い手が商品の引取に先立って代金の一部を支払った場合，この支払額を内金と呼びます。このとき商品の買い手が支払った内金は，資産勘定である前払金（前渡金）勘定に借記し，資産が増加したことを記録します。また逆に売り手は，商品の受け渡しをせずに代金の一部を受け取ったために，内金の受け取りを債務の増加と考え，負債勘定である前受金勘定に貸記し，負債増加を記録します。なお前払金勘定は商品の購入のほかに，原材料や貯蔵品の購入においても用いられます。

　また内金と手付金は厳密には異なり，買い手が買取りを拒み，商品受け渡しが成立しない場合でも，買い手側がこれを手付金として支払っていれば，その額は買い手に返還されません。このような性質の違いから**手付金**を支払っている場合は，買い手側はその額を資産勘定である**支払手付金**勘定に記録します。逆に，売り手側が手付金を受け取っているにもかかわらず，買い手側に注文した商品の引き渡しを拒んだ場合，売り手側は買い手側に違約金を支払う商慣行があります。

設例 8 － 3

　仙台商店は，山口商店に対し商品 ¥300,000 を注文した。その際，仙台商店は内金として ¥100,000 を山口商店に現金払いしており，これを山口商店は受け取っている。

仙台商店の仕訳	（借）前　払　金	100,000	（貸）現　　　　金	100,000
山口商店の仕訳	（借）現　　　　金	100,000	（貸）前　受　金	100,000

設例 8 － 4

　仙台商店は，注文していた上記商品 ¥300,000 を山口商店から受け取り，内金を差し引いた残額を掛とした。

仙台商店の仕訳	（借）仕　　　　入	300,000	（貸）前　払　金	100,000
			買　掛　金	200,000
山口商店の仕訳	（借）前　受　金	100,000	（貸）売　　　　上	300,000
	売　掛　金	200,000		

第 3 節　未収金と未払金

　商品売買において，商品の受け渡しが済んでいるにもかかわらず代金決済が未了の場合，掛を認識することは既に学習しました。しかし株式などの有価証券，建物，備品，消耗品といった商品以外の資産の売却・購入の際に代金決済が未了となった場合，売掛金勘定や買掛金勘定で記録しません。その代わりに用いられるのが未収金勘定（資産勘定）と未払金勘定（負債勘定）です。

　代金決済が未了であるという意味では，未収金勘定と売掛金勘定，未払金勘定と買掛金勘定は同じです。しかしこれらを別々に取り扱う必要があるのは，財務会計の役割の中に経営管理目的があり，主たる営業活動で継続的な取引から生じる債権債務と，そうでないものとを区別し，明瞭に表示するためです。このため代金決済が未了であっても，商品売買において生じる代金の未決済は売

掛金・買掛金勘定を用いますが，他方，商品売買以外の取引で生じる代金未決済は未収金・未払金勘定を用います。

設例8－5

仙台商店は，山口商店から中古で営業用車両を買い入れ，代金¥980,000のうち¥400,000は小切手を振り出して支払い，残額は月末に支払うこととした。なお仙台商店および山口商店はともに自動車販売業者ではない。

仙台商店の仕訳	（借）車 両 運 搬 具	980,000	（貸）当 座 預 金	400,000
			未 払 金	580,000
山口商店の仕訳	（借）現 　 　 金	400,000	（貸）車 両 運 搬 具	980,000
	未 収 金	580,000		

設例8－6

月末が到来したため，仙台商店は上記中古営業用車両の代金について残額を小切手を振り出し山口商店に支払った。

仙台商店の仕訳	（借）未 払 金	580,000	（貸）当 座 預 金	580,000
山口商店の仕訳	（借）現 　 　 金	580,000	（貸）未 収 金	580,000

第4節　立替金と預り金

　本来企業の債務ではなく，取引先や従業員のための債務を一時的に立て替え払いすることがあります。このような場合，立て替えた企業は取引先や従業員に対して債権を有することになるので，資産勘定である立替金勘定に借記します。また企業が取引先や従業員から現金などを一時的に預かることがあります。このような場合，預かった金額は企業のお金ではないので，負債勘定である預り金勘定に貸記します。

　ところで立替金・預り金は，共に誰への立て替えであるのか，あるいは誰からの預かりであるのかによって種類ごとに勘定科目を別個に設けるのが通例です。たとえば従業員への立て替え・預かりについては従業員立替金勘定や従業員預り金勘定を用います。

設例8－7

山口商店は，取引先である札幌商店から，自社の従業員が私用で使うパソコンの購入代金¥150,000を立て替え，小切手を振り出して支払った。

山口商店の仕訳	（借）従業員立替金	150,000	（貸）当 座 預 金	150,000
札幌商店の仕訳	（借）現 　 　 金	150,000	（貸）売 　 　 上	150,000

　従業員預り金勘定に関する会計処理としての典型例は，従業員への給料支払いの際に源泉徴収さ

れる所得税や健康保険料の従業員負担分の預かりを記録する取引があげられます。従業員が納めるべき所得税は，源泉徴収義務者である企業が翌月10日までに個々の従業員に代わって税務署にまとめて納付します。この場合，各従業員に代わって納付する所得税額を記録しておく勘定が所得税預り金勘定です。また健康保険料の預かりについては社会保険料預り金勘定を用います。

設例8－8

山口商店は，今月分の従業員の給料¥800,000から，所得税の源泉徴収額¥30,000と健康保険料¥80,000，および立替払いした私用パソコンの購入代金を差し引いて，残額を現金で支払った。

（借）給　　　　料	800,000	（貸）従業員立替金	150,000
		所得税預り金	30,000
		社会保険料預り金	80,000
		現　　　　金	540,000

設例8－9

山口商店は，上記従業員の所得税預り金を翌月10日に税務署に現金で納付した。

（借）所得税預り金　30,000　（貸）現　　　　金　30,000

なお，個人企業の経営者自身が納める所得税は事業所得を計算することで求められますが、それらの計算については本書第15章を参照してください。

第5節　仮払金と仮受金

企業における取引の中には，現金などの収入または支出が実際にあったものの，その収入または支出がいかなる目的でなされたのか不明である場合や金額そのものが確定しない場合があります。そのような収入や支出は，いずれそれらの目的や金額を明らかにしなければなりませんが，その間，一時的な勘定科目として仮払金勘定（資産勘定）または仮受金勘定（負債勘定）で記録しておきます。

企業が計上する仮払金の典型例として，出張前に従業員に渡す旅費概算額があげられます。出張前に従業員へ与えた概算額は仮払金として処理されますが，従業員の帰店後に正確な旅費が報告されることで精算されます。

設例8－10

仙台商店は従業員の出張に際し，旅費の概算額として¥120,000を現金で渡した。また同店の当座預金に¥600,000が振り込まれたが，その内容が不明である。

（借）仮　払　金　120,000　（貸）現　　　　金　120,000
（借）当　座　預　金　600,000　（貸）仮　受　金　600,000

設例 8 －11
　従業員が本日出張から戻り，旅費合計が¥108,000であったとの報告を受け，旅費概算額のうち，残額¥12,000について返金を受けた。またこの出張中に振り込まれた不明の¥600,000は，得意先・東京商店からの売掛金回収であると報告された。

　　　　（借）現　　　　　金　　　12,000　　（貸）仮　払　金　　　120,000
　　　　　　　旅　　　　　費　　　108,000
　　　　　　　仮　受　金　　　600,000　　　　　　売　掛　金　　　600,000

第6節　商品券

　デパートや百貨店，あるいは商店街で共通の商品券を発行する場合があります。商品券の発行は商品の引き渡しに先んじて現金を受け取ることから，通常の商品取引とは異なる簿記処理をせねばなりません。商品券を発行した百貨店等では，いずれ商品が引き渡されるので，商品券発行時点で債務が発生することとなります。このようにみてくると商品券は一種の前受金ですが，商品引渡先が取引業者ではなく，消費者になりますので前受金勘定を用いずに，商品券勘定（負債勘定）に貸記されます。なお，商品券が発行された時点では売上勘定による記録はせずに，商品券による売上げが発生した時点で売上勘定に貸記します。

設例 8 －12
　札幌商店は商品券¥80,000を売り上げ，代金は現金で受け取った。

　　　　（借）現　　　　　金　　　80,000　　（貸）商　品　券　　　80,000

設例 8 －13
　札幌商店は商品¥40,000を売り渡し，代金は同店発行の商品券¥10,000と残額は現金で受け取った。

　　　　（借）商　品　券　　　10,000　　（貸）売　　　　　上　　　40,000
　　　　　　　現　　　　　金　　　30,000

　ところで自店が発行した商品券ではなく，他店が発行した商品券で自店の商品を引き渡す場合，どのような処理になるのでしょうか。

設例 8 －14
　札幌商店は商品¥55,000を売り渡し，代金は同店発行の商品券¥30,000と東京商店発行の商品券¥30,000で受け取り，釣り銭は現金で支払った。

　　　　（借）商　品　券　　　30,000　　（貸）売　　　　　上　　　55,000
　　　　　　　他店商品券　　　30,000　　　　　　現　　　　　金　　　5,000

この取引の場合，札幌商店は商品券を発行した東京商店に対して債権を有することになるので，資産勘定である**他店商品券**勘定に借記し，後日の精算（東京商店からの入金）に備えます。

設例 8 －15

札幌商店は上記取引につき取得した東京商店発行の商品券について，同店から小切手を受け取り，精算した。

| 札幌商店の仕訳 | （借）現　　　　金 | 30,000 | （貸）他店商品券 | 30,000 |
| 東京商店の仕訳 | （借）商　品　券 | 30,000 | （貸）当 座 預 金 | 30,000 |

第7節　未決算項目（火災や盗難など）

建物が火災により焼失した場合や備品や商品が盗難に遭う場合を想定して，企業は各種の保険に加入します。そして実際に火災や盗難が発生し，一定の手続きを経て保険金を獲得することとなりますが，被害額を上回る保険金支払いがなされた場合，収益勘定である「保険差益」勘定に貸記します。

しかし実際には火災等の発生後，被害額の見積もり，確定から保険金支払いまでの間に相当の時間が費やされます。このため一時的に「未決算」勘定で簿記処理をしておき，保険金確定に備えることになります。そこで盗難が発生した沖縄商店の取引例をみてみましょう。

設例 8 －16

沖縄商店は，期首において保有する備品（未償却残高¥450,000）について盗難にあった。この備品には¥900,000の保険が付されている。

（借）盗難未決算　　450,000　　（貸）備　　　品　　450,000

設例 8 －17

上記の盗難に関して保険金¥700,000の支払が決定した。

（借）未　収　金　　700,000　　（貸）盗難未決算　　450,000
　　　　　　　　　　　　　　　　　　　保 険 差 益　　250,000

なお火災などの災害によって破損・滅失した資産について，保険未加入の場合は，帳簿価額を費用勘定の災害損失勘定に借記します。

練習問題

次の取引に関する仕訳を答えなさい。

1．商品陳列台を¥300,000で買い入れ，代金は月末に支払う約束とした。
2．城間商店へ商品¥150,000を注文し，内金として¥50,000を現金で支払った。
3．出張から帰った従業員から出張の報告を受けた。その結果，概算払いの出張旅費として渡した¥180,000では不足が生じており，¥30,000を当該従業員が立て替えている。なお不足分については，後日，給料と共に支払うことにしている。
4．兼田商店は火災により建物（帳簿価額¥2,000,000）を焼失したが保険に未加入であった。焼失した建物は資産価値が無い。

第9章 有価証券

第1節 有価証券の意義と分類方法

1．有価証券の意義

　企業は，株主から出資された資金や銀行などから借入れた資金を主として営業活動のために利用します。しかし資金に余裕がある場合には，利子や配当を得るとともに相場の値上りを期待して国債や地方債，株式や社債などに投資をすることがあります。簿記会計においては，この国債や地方債，株式，社債などを総称して**有価証券**と呼びます。なお，商法では簿記会計における有価証券に加え小切手や手形，貨物引換証券なども含めて有価証券と呼びますが，簿記処理上小切手は**現金**（自己振出しの小切手は当座預金，第2章参照），手形は**受取手形**（第6章参照），貨物引換証券は**未着商品**（第5章参照）としてそれぞれ別々の勘定科目が用いられます。また，株式会社の株式と同じような機能を持つ合名会社，合資会社および合同会社における社員持分証券や協同組合の組合員持分証券などは，簿記会計上有価証券と区別して**出資金**と呼びます。

2．有価証券の種類と会計上の分類方法

　簿記会計上，有価証券は市場価格の有無，購入目的によって使用する勘定科目が異なります。ここで市場価格とは公正な評価額，つまり取引所およびこれに類する市場において形成されている有価証券の取引価格や気配値などのことを言います。東京証券取引所や大阪証券取引所などに代表される証券取引所やこれに類する市場における価格はもちろんのこと，随時有価証券を売買・換金できるシステムがあればそこでの売買・換金価格は市場価格となります。

　市場価格がある有価証券のうち値上り益を得ることを目的として購入する有価証券には売買目的有価証券勘定を使用し，市場価格がある公社債であっても満期日まで保有する目的で購入したものは満期保有目的債券勘定で処理します。その他の目的として市場価格があるなしにかかわらず企業グループ間の関係維持や支配従属目的として株式を保有する場合は関係会社株式勘定および子会社株式勘定で処理します。また，市場価格がなく長期保有目的のものについては満期保有目的債券勘定，それ以外は投資有価証券勘定で処理することになります。

　以上の点をまとめると次のようになります。

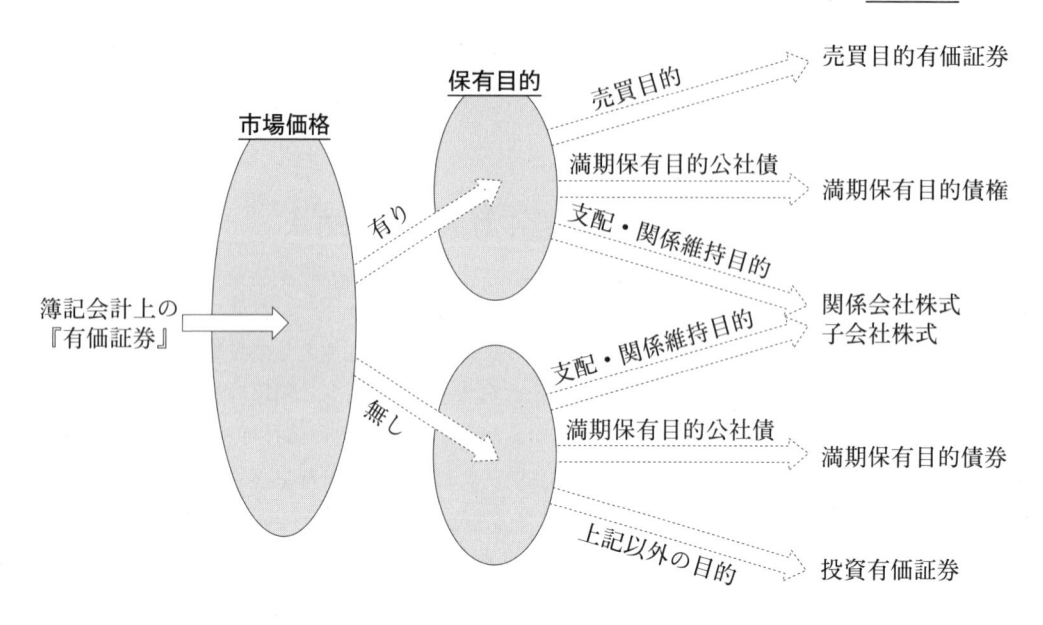

	保有目的		勘定科目
市場価格 有り	売買目的	→	売買目的有価証券
	満期保有目的公社債	→	満期保有目的債権
	支配・関係維持目的	→	関係会社株式 子会社株式
簿記会計上の『有価証券』			
市場価格 無し	支配・関係維持目的	→	関係会社株式 子会社株式
	満期保有目的公社債	→	満期保有目的債券
	上記以外の目的	→	投資有価証券

第2節　有価証券の売買

1．有価証券の購入

　公社債や株式を購入した場合，その取得目的に応じて売買目的有価証券勘定，満期保有目的債券勘定などで処理します。各勘定に付される金額については，原則的に公社債や株式を購入するために支払った資産の金額（購入代価）に，公社債や株式を購入する際に証券会社などに支払った手数料等の付随費用を加えて記入することになります。このように公社債や株式などの資産を取得するために要した金額のことを**取得価額**と言います。

設例 9－1

① 福島商事株式会社の株式を売買目的のため 1 株につき¥1,500で200株購入し，代金は現金で支払った。

　　（借）売買目的有価証券　　300,000　　（貸）現　　　　　　金　　300,000

② 山形商事株式会社の株式を売買する目的で100株を1株につき¥7,000で購入した。なお代金は証券会社に支払う手数料¥5,000とともに小切手を振り出して支払った。

　　（借）売買目的有価証券　　705,000　　（貸）当　座　預　金　　705,000

③ 満期日まで保有する目的で仙台市債（額面¥600,000）を¥100につき¥95で購入し，代金は小切手を振り出して支払った。

　　（借）満期保有目的債券　　570,000　　（貸）当　座　預　金　　570,000

2．有価証券の売却

売買を目的として購入した有価証券はこれを保有し続けることによって配当金や利息などを得ることができます。しかし，市場での価格が大きく上昇した場合には保有し続けるよりも売却することによって大きな利益を得ることができます。反対に市場での価格が大きく下落した場合には有価証券を保有し続けると損失がますます大きくなるので，早めに処分することで損失を最小限に抑えることができます。有価証券の市場価格は政治や経済などの様々な要因によって変動するため，売却時においては有価証券の購入価額と売却価額を比較することによって，売却益または売却損が発生します。

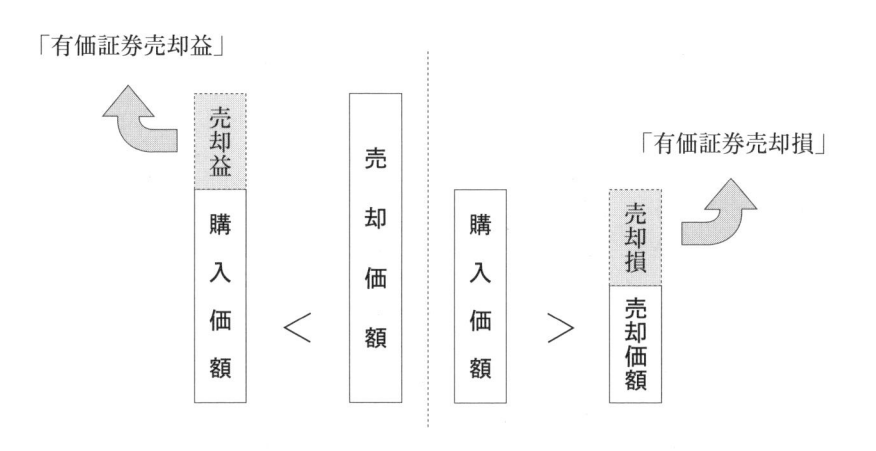

売却価額が購入価額を上まわる場合（上図左のケース）は，売却取引によって差額が利益となるため，これを有価証券売却益勘定で処理します。逆に売却価額が購入価額を下まわる場合（上図右のケース）は売却によって損失を被る取引となるため，差額は有価証券売却損勘定で処理します。

設例9－2

① 先に1株¥80,000で購入した秋田商事株式会社（売買目的）の株式10株を1株¥90,000で売却し，代金は小切手で受け取った。

（借）現　　　　金　　900,000　　（貸）売買目的有価証券　　800,000
　　　　　　　　　　　　　　　　　　　　有価証券売却益　　　100,000

② 売買目的のために1株¥80,000で購入した盛岡商事株式会社の株式10株を1株¥70,000で売却し，代金は証券会社の振り出した小切手で受け取った。

（借）現　　　　金　　700,000　　（貸）売買目的有価証券　　800,000
　　　有価証券売却損　100,000

3．売買目的有価証券の期末評価

売買を目的として購入した有価証券は，決算にあたって決算日における時価によって再評価します。この時有価証券の帳簿価額と時価を比較していずれかが高い場合には，有価証券の売却時と同様に差額を評価損益として認識することになります。

すなわち有価証券の時価が帳簿価額を上回る場合，差額は有価証券評価益（有価証券運用益）勘定の貸方に記入します。逆に有価証券の時価が帳簿価額を下回る場合，差額は有価証券評価損（有価証券運用損）勘定の借方に記入します。

設例9－3

① 1株¥80,000で10株購入した秋田株式会社（売買目的）の決算日の時価は¥90,000であった。
　　　（借）売買目的有価証券　　100,000　　　（貸）有価証券評価益　　100,000
② 期末における売買目的有価証券の取得原価と時価は以下のとおりである。
　　　株式　　取得原価　¥348,000　　時価　¥360,000
　　　社債　　取得原価　¥561,000　　時価　¥523,000
　　　（借）有価証券評価損　　26,000　　　（貸）売買目的有価証券　　26,000

4．満期保有目的債券の期末評価

満期保有目的債券は，満期までの約定利息と元本の受取りを目的として保有しており，満期までの金利変動や価格変動のリスクを考慮する必要がないため，取得原価で評価します。しかし債券の約定利子率が市場の利子率より低い場合には，債券の額面価額より低い価額で発行する割引発行が行われます。この額面価額と発行価額との差額は利子率の差を補うための割引であり実質的には利息と考えられるため，差額のうち一定割合を利息として認識し償還期日まで取得原価に加算していきます。このように債券の額面価額と発行価額との差額を償還期日までの会計期間に配分し，債券の帳簿価額を加減する方法を償却原価法と言います。償却原価法によって取得原価と額面金額の差額の一定割合を帳簿価額に加減した場合，加減分は有価証券利息勘定で処理します。

設例9－4

4月1日　満期保有目的で額面¥10,000,000の社債（利率年2％，3月末と9月末の年2回利払い，償還期限5年）を，発行時に¥100につき¥98で購入し代金は小切手を振り出して支払った。
　　　　4/1　（借）満期保有目的債券　9,800,000　　　（貸）当座預金　9,800,000
3月31日　決算にあたり，上記の社債について償却原価法（定額法）で処理を行った。
　　　　3/31　（借）満期保有目的債券　　40,000　　　（貸）有価証券利息　　40,000※
　　　　※（¥10,000,000－¥9,800,000）÷5年＝¥40,000

第3節　利息と配当

1．利息と配当の意味

　公社債券の所有者は利払い日（通常は半年に1回）においてあらかじめ定められた利率で公社債の利息を得ることができます。公社債には利息を表す利札がついており、支払期日が明記されています。利息の受取りをする場合、券面から利札を切り取って指定の金融機関に持ち込めばただちに換金することができます。このように、支払期日の到来によって公社債の所有者は既定の利息を受け取ることができます。

　株券を所有している場合も、株券を発行している企業の株主総会（中間配当の場合は取締役会）の決議で配当を行うと決定されれば配当金を受け取ることになります。この場合、株式の所有者には直接現金が送られてくるわけではなく、株式配当金領収書が送られてきます。この株式配当金領収書に必要事項を記入し、利札同様指定された金融機関に持ち込むことで直ちに現金化が可能です。

　このように、公社債券や株券の所有者は利息や配当の受取りという形で利得を享受することができます。また、簿記上では問題になりませんが、株券の所有者は現金による配当とは別に当該企業の商品券や割引券などの株主優待券を得ることがあります。

2．利息と配当の処理方法

　公社債券の所有者が利息を受け取った場合、仕訳は収益の獲得すなわち受取利息（有価証券利息）勘定の貸方で処理します。また、株券の所有によって得られた配当金の仕訳も収益を獲得したことになるので、受取配当金勘定の貸方で処理します。なお、配当金を受け取る際所得税分が源泉徴収されますが、簿記処理上この所得税は租税公課勘定で処理します。

設例9－5
① 所有する青森市債の利札¥30,000の支払期日が到来した。

　　　　（借）現　　　　金　　30,000　　（貸）受　取　利　息　　30,000

② 所有する新潟工業株式会社の株式1,000株につき、1株¥10の配当金領収書が送られてきた。なお、源泉所得税として@¥2が控除されている。

　　　　（借）現　　　　金　　　8,000　　（貸）受取配当金　　10,000
　　　　　　　租 税 公 課　　　2,000

3．端数利息の処理

　社債や公債を利払い日以外の日（次ページ図の7/31）に購入した場合、直前の利払日（3/31）の翌日から購入日（7/31）までの経過日数分の利息を購入価額とともに売り手に支払います。この時の利息を端数利息と言い、有価証券利息勘定の借方に記入します。

　逆に、社債や公債を売却した場合（次ページ図の1/31）、その帳簿価額と売却価額との差額は、

有価証券売却益勘定または有価証券売却損勘定で処理しますが，売却日が社債や公債の利払い日以外であれば，端数利息を加えた金額を受け取る事になります。この場合端数利息は有価証券利息勘定の貸方に記入します。なお，社債や公債の売却日が利払い日と同じ場合は，そのまま有価証券利息勘定の貸方に記入します。

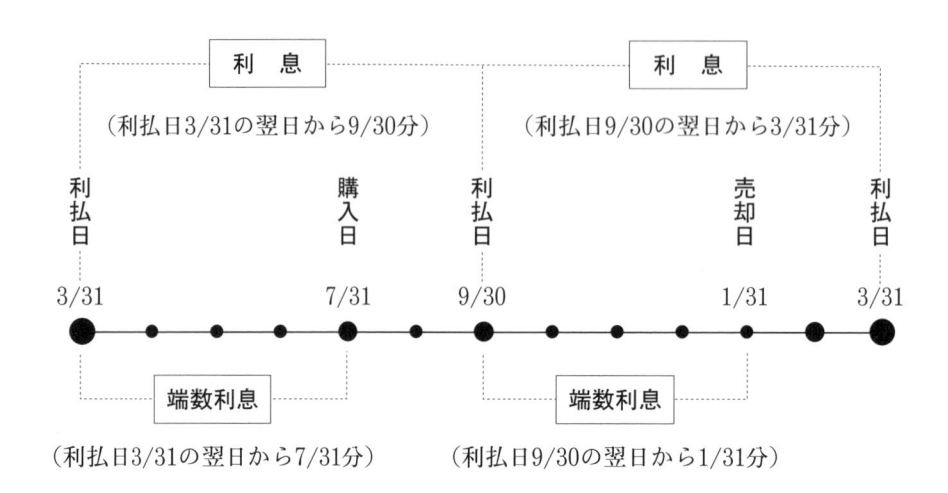

```
                利　息                              利　息
        （利払日3/31の翌日から9/30分）      （利払日9/30の翌日から3/31分）

     利                  購          利          売          利
     払                  入          払          却          払
     日                  日          日          日          日
    3/31                7/31        9/30        1/31        3/31
     ●━━━●━━━●━━━●━━━●━━━●━━━●━━━●━━━●━━━●━━━●

           端数利息               端数利息
   （利払日3/31の翌日から7/31分）  （利払日9/30の翌日から1/31分）
```

設例9－6

6月1日　売買目的のために社債額面¥2,000,000を@¥96で取得し，代金は端数利息とともに小切手で支払った。なお，社債の利率は7.3%で，利払い日は毎年3月末と9月末の年2回である。

　　6/1　（借）売買目的有価証券　1,920,000　（貸）当　座　預　金　1,944,800
　　　　　　　 有 価 証 券 利 息　　 24,800※

　　※　¥2,000,000×7.3%×(30日(4月)＋31日(5月)＋1(6月))／365日

9月30日　利払い日が到来したため，利札を銀行に持ち込み当座預金に預け入れた。

　　9/30　（借）当　座　預　金　　73,200　（貸）有 価 証 券 利 息　　73,200※

　　※　¥2,000,000×7.3%×(30日(4月)＋31日(5月)＋30日(6月)＋31日(7月)＋31日(8月)
　　　　＋30日(9月))／365日

12月18日　6月1日に購入した社債のうち額面¥1,200,000を@¥98で売却し，端数利息とともに現金で受け取った。

　　12/18　（借）現　　　　　金　1,194,960　（貸）売買目的有価証券　1,152,000
　　　　　　　　　　　　　　　　　　　　　　　　　有 価 証 券 売 却 益　　24,000
　　　　　　　　　　　　　　　　　　　　　　　　　有 価 証 券 利 息　　18,960※

　　※　¥1,200,000×7.3%×(30日(10月)＋31日(11月)＋18日(12月))／365日

第4節　有価証券の差入れと貸借

1．有価証券の差入れと預り

　企業は金融機関や取引先などから資金の借入れを行う際，借入れの担保として保有している有価証券を預け入れることがあります。この時，担保として差し入れた有価証券は，企業の手もとからなくなり預入先に引き渡されるものの法的な所有権が移転することはありません。そこで，所有権はあるが手もとにない有価証券を手もとにある有価証券と区別するため，売買目的有価証券勘定から差入れ有価証券勘定へ振り替えます。他方，担保として有価証券を受け入れる側は，備忘記録として保管有価証券勘定の借方と預り有価証券勘定の貸方という対照勘定によって仕訳を行います。なお，保管有価証券勘定および預り有価証券勘定は，担保価値を表すため有価証券の時価で処理します。

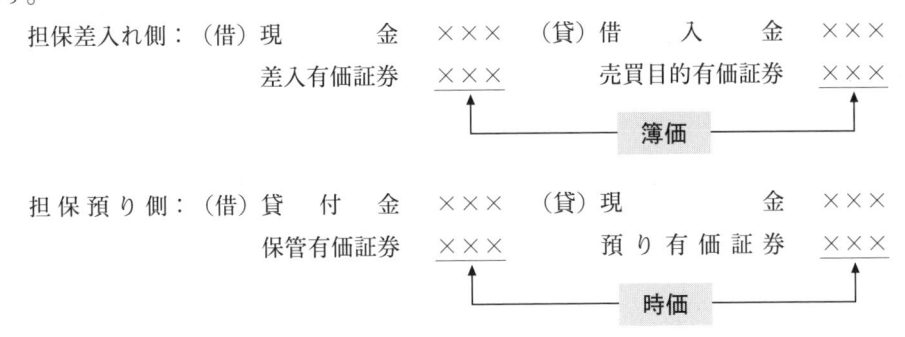

　担保差入れ側：（借）現　　　　金　×××　（貸）借　　入　　金　×××
　　　　　　　　　　　差入有価証券　×××　　　　売買目的有価証券　×××
　　　　　　　　　　　　　　　　　　　↑　簿価　↑

　担保預り側：（借）貸　　付　　金　×××　（貸）現　　　　金　×××
　　　　　　　　　　　保管有価証券　×××　　　　預り有価証券　×××
　　　　　　　　　　　　　　　　　　　↑　時価　↑

設例9－7

　名古屋商事は，取引先の札幌産業から¥700,000の資金援助を小切手で受け取った。なお，貸し付けを受けるにあたり，担保として売買目的で保有している松山商事(株)の株式1,000株（帳簿価額@¥650，時価@¥800）を差入れた。

　名古屋商事（担保差入れ側）：
　　（借）現　　　　　　金　　700,000　　（貸）借　　入　　　金　　700,000
　　　　　差　入　有　価　証　券　　650,000　　　　売買目的有価証券　　650,000

　札幌産業（担保預り側）：
　　（借）貸　　付　　　金　　700,000　　（貸）当　座　預　金　　700,000
　　　　　保　管　有　価　証　券　　800,000　　　　預　り　有　価　証　券　　800,000

2．有価証券の貸付けと借入れ

　企業は他の企業との間で有価証券の貸し借りを行う場合があります。たとえば，A社は売買目的でB社の株券を所有しているとします。そこにA社の取引先C社がB社の株券を一定の手数料を支払うことを条件に借りたいと申し出があったとします。このとき，A社は株券の貸付けによる手数

料収入を得ることができ，またC社も借りた株券をただちに市場で売却しB社株の市場価格が安くなったときに再び買い戻す事で価格下落分の金額を利益として得ることができます。

　この時株券を貸し付けたA社においては，B社の株券が手もとからなくなるため，手もとにある有価証券と区別するための仕訳を行う必要があります。すなわち，貸し付けた有価証券の帳簿価額を売買目的有価証券勘定から貸付有価証券勘定に振り替えます。他方借りる側のC社においては，有価証券の時価で借方は保管有価証券勘定，貸方は借入有価証券勘定で処理します。

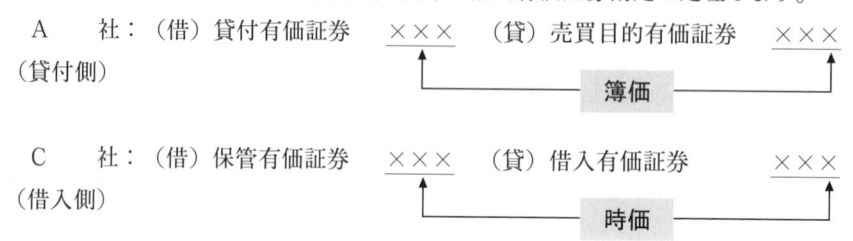

　　　A　社：（借）貸付有価証券　　×××　　（貸）売買目的有価証券　　×××
　（貸付側）　　　　　　　　　　　　　　　　簿価

　　　C　社：（借）保管有価証券　　×××　　（貸）借入有価証券　　×××
　（借入側）　　　　　　　　　　　　　　　　時価

設例 9 － 8

　前橋産業は，取引先横浜商事に対し，売買目的で保有している水戸興産株10,000株（帳簿価額＠¥300，時価＠¥330）を貸し付けた。

　　貸付側（前橋産業）：
　　　（借）貸 付 有 価 証 券　　3,000,000　　（貸）売買目的有価証券　　3,000,000
　　借入側（横浜商事）：
　　　（借）保 管 有 価 証 券　　3,300,000　　（貸）借 入 有 価 証 券　　3,300,000

練習問題

1. 次の各取引について，仕訳しなさい。ただし，勘定科目は，次のなかから最も適当と思われるものを選ぶこと。

現金　当座預金　売掛金　未収金　前払金　売買目的有価証券　満期保有目的債権
投資有価証券　買掛金　未払金　前受金　受取手数料　受取利息　受取配当金　支払手数料
有価証券評価損　有価証券評価益　有価証券売却損　有価証券売却益

(1) 短期に売買処分する目的で仙台物産株式会社の株式@¥770を1,500株購入し，代金は手数料¥8,000とともに月末に支払うことにした。

(2) 当期に売買目的で額面¥100につき¥94.5で買い入れた青森工業株式会社の社債のうち，額面総額¥4,000,000を額面¥100につき¥97で売却し，代金は小切手で受け取った。

(3) 所有している広島商事株式会社の株式3,000株について，同社から配当金領収書¥24,000が郵送されてきた。

(4) 先に売買目的で購入した福岡出版株式会社の株式（@¥1,500, 2,000株所有）のうち半分@¥1,350で売却し，代金は月末に受け取ることにした。

(5) 決算にあたり，先に売買目的で購入した富山工業株式会社の株式800株（@¥2,200）について@¥2,500に評価替した。

(6) 上記（5）富山工業株式会社の株式をすべて@¥2,400で売却し，代金は小切手で受け取り直ちに当座預金とした。

2. 次の各取引について，仕訳しなさい。

(1) 売買目的で当期に3回にわたり購入した長野商事株式会社の株式6,000株のうち4,000株を@¥1,100で売却し，代金は小切手で受け取った。なお，同社の株式は第1回目に1,000株を@¥1,250，第2回目に2,000株を@¥1,100，第3回目に3,000株を@¥900で購入し，平均原価法によって記帳を行っている。

(2) 平成×9年6月20日に，売買目的で鳥取運送株式会社の社債（額面¥3,000,000，利率年7.3%，利払日9月30日と3月31日の年2回）を額面¥100につき¥96.5で買い入れ，購入代金の他手数料¥5,000と前の利払日の翌日から買入日までの端数利息とともに小切手を振り出して支払った。

(3) 平成×9年12月14日に，売買目的で保有している山形商業株式会社の社債（額面総額¥5,000,000，額面¥100につき¥96.5で購入し，利率年7.3%，利払日9月30日と3月31日の年2回）を額面¥100につき¥98で売却し，代金は端数利息とともに月末に受け取ることにした。

(4) 秋田商事から現金¥500,000を借り入れ，担保として売買目的で保有している新潟貿易株式会社の株式（帳簿価額¥300,000，時価¥800,000）を引き渡した。

(5) 和歌山商店より株式3,000株（帳簿価額@¥1,500，時価@¥1,300）を借り入れた。

第10章　固定資産

第1節　有形固定資産

1．有形固定資産の意義

　有形固定資産とは1年を超えて利用することを目的として取得した物的実体のある資産のことを言い，土地や建物，機械設備，構築物，車両運搬具，備品，建設仮勘定などがあります。このうち建設仮勘定は長期にわたり建物や機械装置などを建設する場合，その建設のための支出額を一時的に処理するための勘定であり，完成した時点で建物勘定や機械装置勘定など本来の勘定に振り替えることになります。

　なお，実務上は有形固定資産であっても少額のものは取得した期に消耗品費勘定で処理することも可能であり，すべての有形固定資産が貸借対照表に載っているわけではありません。

2．有形固定資産の取得

　有形固定資産を購入した場合，それを取得するために支払った対価の額が有形固定資産の取得原価になります。ただし他の資産を取得する場合と同様，有形固定資産も取得するために要した付随費用（仲介手数料や引取運賃など）がある場合はこれを取得原価に含めることになります。

設例10-1

① 事務用のパソコン3台を購入し代金¥600,000を現金で支払った。
　　（借）備　　　　品　　　600,000　　（貸）現　　　　金　　　600,000

② 営業用自動車¥2,400,000を購入し，諸費用¥80,000とともに代金は月末に支払うことにした。
　　（借）車両運搬具　　　2,480,000　　（貸）未　払　金　　　2,480,000

③ 京都建設（株）に建物の建築依頼をし，請負代金¥30,000,000のうち第1回目の代金¥6,000,000は小切手を振り出して支払った。
　　（借）建設仮勘定　　　6,000,000　　（貸）当座預金　　　6,000,000

④ 上記③の建物が完成し引渡しを受けた。なおすでに支払ってある代金¥24,000,000を差し引いた残額は現金で支払った。
　　（借）建　　　　物　　30,000,000　　（貸）建設仮勘定　　24,000,000
　　　　　　　　　　　　　　　　　　　　　　　現　　　　金　　6,000,000

3．減価償却の意義

建物や自動車は利用する目的で取得する資産であるため，利用する（時間が経つ）につれてその価値が下がっていくと考えられます。したがって，会計上も資産の価値減少部分だけ費用として処理していくことになります。このような価値の減少は**減価**と呼ばれ，決算において「減価」分を固定資産の各勘定から差し引き，費用（減価償却費）として計上する手続きを**減価償却**と言います。これによって固定資産の価値の費消部分は減価償却費として認識され，価値の未費消部分は帳簿価額として貸借対照表に計上し次期以降の減価償却手続により価値の費消部分が認識されていきます（第11章参照）。このように固定資産は決算日ごとに「減価償却」が行われることになりますが，固定資産の中で唯一土地だけは減価償却を行いません。土地は地価の変動でその価値が変動しますが，土地を利用することで価値が減ることはないので減価償却を行わないのです。

固定資産の減価償却を行う場合，その計算には三つの要素が必要となります。

(1) 取得原価

取得したときの価額ですが，取得するためにかかった付随費用がある場合はそれも含めた価額になります。

(2) 耐用年数

固定資産が利用できる期間のことで，実際にはあらかじめ税法で決められた年数を用います。

(3) 残存価額

耐用年数経過後における固定資産の処分見込額のことです。税法によって残存価額は取得原価の10％とされていましたが，平成19年4月1日以降に取得された有形固定資産の残存価額はゼロとなりました。ただし，耐用年数経過後の備忘記録として耐用年数到来時には残存価額を1円として計算します。

4．減価償却の計算方法

減価償却の具体的な計算方法としては①定額法，②定率法，③生産高比例法の他，級数法があります。これらのどの計算方法を用いるかは法律や基準で決まっているわけではなく各企業の判断で行われますが，企業会計原則における継続性の原則により，一度採用された方法は正当な理由がない限り，みだりに変更することができません。

また，いずれかの計算方法によって計算された減価償却額は直接法または間接法のいずれかの記帳方法で実際の仕訳を行いますが，これについては各計算方法の説明の後で詳しく解説します。

① 定額法

定額法は耐用年数にわたり毎年一定額の減価償却費を計上する計算方法であり，次のような式で求めます。

　　減価償却費 ＝（ 取得原価 － 残存価額 ）÷ 耐用年数

設例10－2

取得原価￥15,000,000，耐用年数30年の建物の各年度の定額法による減価償却費はいくらになるか。なお，残存価額は取得原価の10％とする。

　　　　減価償却費 ＝ （￥15,000,000 － ￥1,500,000）÷ 30年
　　　　　　　　　 ＝ ￥450,000
　　（減価償却費 ＝ ￥15,000,000 × 0.9 ÷ 30年 ＝ ￥450,000）

年度	減価償却費	減価償却累計額	帳簿価額
取得時	－	－	15,000,000
1	450,000	450,000	14,550,000
2	450,000	900,000	14,100,000
3	450,000	1,350,000	13,650,000
4	450,000	1,800,000	13,200,000
5	450,000	2,250,000	12,750,000
⋮	⋮	⋮	⋮
29	450,000	13,050,000	1,950,000
30	450,000	13,500,000	1,500,000

　上の表は設例における各年度の減価償却費，減価償却累計額，帳簿価額を一覧表にしたものですが，これを見てもわかるように定額法では減価償却費が￥450,000で一定になっています。減価償却累計額はこれまで減価償却費として計上してきた額の累計金額であり毎年減価償却費分の￥450,000増加している事がわかります。さらに帳簿価額も毎年減価償却費分の￥450,000だけ減価していき，30年後には残存価額￥1,500,000になることがわかります。このように定額法では常に一定額が減価償却費として計上され，帳簿価額も一定額ずつ減価していくことになります。

② 定率法

　定率法は減価償却を行う資産の未償却残高（取得原価からその時点までの資産の減価償却累計額を差し引いたもの）に償却率を乗じて減価償却費を計上する計算方法で，次のような式で求めます。

　　　減価償却費 ＝ （ 取得原価 － 減価償却累計額 ） × 償却率

　この償却率は耐用年数に応じて税法で定められたもので，耐用年数経過後の未償却残高が残存価額になるように計算された率です。この償却率は設問で必ず与えられるもので，各資産の償却率を暗記する必要はありません。

設例10－3

取得原価￥2,000,000，耐用年数5年（償却率0.369）の車両を定率法で減価償却を行った場合，各年度の減価償却費を求めなさい。

1年目
　減価償却累計額 ＝ ￥0
　（￥2,000,000 － ￥0）× 0.369 ＝ ￥738,000

2年目
　減価償却累計額 ＝ ￥738,000
　（￥2,000,000 － ￥738,000）× 0.369 ＝ ￥465,678

3年目
　減価償却累計額 ＝ ￥738,000 ＋ ￥465,678 ＝ ￥1,203,678
　（￥2,000,000 － ￥1,203,678）× 0.369 ＝ ￥293,843

4年目
　減価償却累計額 ＝ ￥738,000 ＋ ￥465,678 ＋ ￥293,843 ＝ ￥1,497,521
　（￥2,000,000 － ￥1,497,521）× 0.369 ＝ ￥185,415

5年目
　減価償却累計額 ＝ ￥738,000 ＋ ￥465,678 ＋ ￥293,843 ＋ ￥185,415 ＝ ￥1,682,936
　（￥2,000,000 － ￥1,682,936）× 0.369 ＝ ￥116,997

※5年目の償却後
　減価償却累計額 ＝ ￥738,000 ＋ ￥465,678 ＋ ￥293,843 ＋ ￥185,415 ＋ ￥116,997
　　　　　　　　 ＝ ￥1,799,933
　取得価額 ￥2,000,000 － 減価償却累計額 ￥1,799,933 ＝ ￥200,067（≒取得原価の10％）

年度	減価償却費	減価償却累計額	帳簿価額
取得時	－	－	15,000,000
1	738,000	738,000	1,262,000
2	465,678	1,203,678	796,322
3	293,843	1,497,521	502,479
4	185,415	1,682,936	317,064
5	116,997	1,799,933	200,067

　上の表は設例における各年度の減価償却費，減価償却累計額，帳簿価額を一覧表にしたものですが，定率法では初年度の減価償却費が￥738,000と一番多く，その後年々減価償却費が少なくなっ

ていきます。もしこれを定額法で減価償却を行った場合，毎年の減価償却費は¥360,000であるため，定率法では定額法に比べ早期に多額の減価償却費を計上することができます。

③ 生産高比例法
　生産高比例法は資産の利用度に応じて減価償却費を計算する方法で，次のような式で求めます。
　　　　減価償却費 ＝ （ 取得原価 － 残存価額 ） × 当期利用量 ÷ 総利用可能量
　定額法は各会計期間にわたって均等に減価償却費を計上していましたが，生産高比例法による減価償却費は生産量や利用量に応じて減価を均等に配分する方法であるということができます。

設例10－4
　当社は総利用可能時間が4,000時間の機械を所有している（取得原価¥1,000,000，残存価額は取得原価の10％）。当期においてこの機械を利用した時間は600時間と判明した。当期の減価償却費を生産高比例法によって求めなさい。
　　　（ ¥1,000,000 － ¥100,000 ）× 600時間 ÷ 4,000時間 ＝ ¥135,000

5．減価償却の記帳方法

　定額法や定率法，生産高比例法といった方法によって有形固定資産の減価償却費が計算された後帳簿へ仕訳を行うことになりますが，この帳簿への記帳方法についても直接法と間接法のいずれかの方法により記帳することになります。
　直接法とは減価分を有形固定資産の貸方へ記入することによって直接減額する方法です。建物を減価償却した場合を考えてみると，以下のように仕訳されます。
　（借）建物減価償却費　　××××　　（貸）建　　　　物　　××××

```
        建　物                    建物減価償却費
   ┌─────┬─────┐              ┌─────┐
   │     │ 減価分 │ ←──────→ │ 減価分 │
   │     ├─────┘              └─────┘
   │取得原価│
   │     │
   └─────┘
```

　直接法では減価分の減価償却費は建物勘定から差し引かれ，帳簿価額は減価償却費の金額が減額された金額として表示されます。
　一方，間接法では減価償却累計額勘定を設け，資産勘定から直接差し引くことなく各期の減価償却費と同額を減価償却累計額勘定で処理します。なお，減価償却累計額勘定は（設問によっては減価償却費勘定についても）有形固定資産の種類ごとに設けられることもあり，その場合には建物減価償却累計額，備品減価償却累計額というように各有形固定資産名が付された減価償却累計額勘定が使用されます。

（借）建物減価償却費　　××××　　（貸）建物減価償却累計額　　××××

この減価償却累計額勘定は有形固定資産をマイナスする勘定，すなわち有形固定資産を「評価」する勘定という性格を持つため評価勘定と呼ばれます。

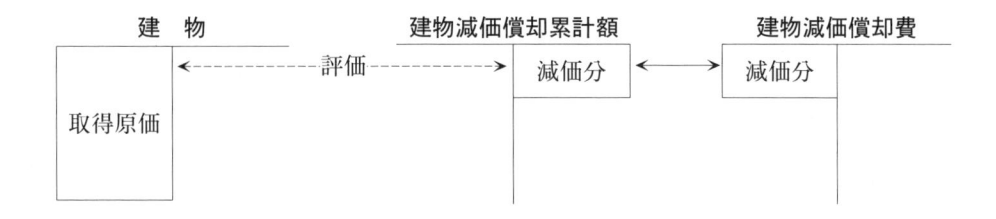

```
       建　物              建物減価償却累計額          建物減価償却費
  ┌─────────┐ ←------評価------→ ┌─────────┐ ←───→ ┌─────────┐
  │         │                   │ 減価分  │       │ 減価分  │
  │ 取得原価 │                   └─────────┘       └─────────┘
  │         │
  └─────────┘
```

設例10−5

取得価額¥500,000，残存価額は10％，耐用年数5年の備品を定額法で減価償却する場合の仕訳を直接法，間接法でそれぞれ示しなさい。

　　直接法
　　　　（借）備品減価償却費　　90,000　　（貸）備　　　　　品　　90,000
　　間接法
　　　　（借）備品減価償却費　　90,000　　（貸）備品減価償却累計額　90,000

6．有形固定資産の売却と除却

　有形固定資産は長期にわたって利用するために取得する資産ですが，企業戦略が変更された場合は途中で不用になり売却することもあります。売却の際，有形固定資産の売却価額と帳簿価額が一致していれば取引によって損益は発生しません。しかし，通常はこの二つの価額が一致していることはまれで損益が発生することになります。有形固定資産の売却価額が帳簿価額を上回っている場合は取引によって売却益が発生することになり，固定資産売却益勘定で処理します。反対に有形固定資産の売却価額が帳簿価額を下回っている場合は取引によって売却損が発生することになり，固定資産売却損勘定で処理します。

　なお，有形固定資産を買い換える際に売却する有形固定資産に下取り価額がある場合，帳簿価額と下取り価額との差額は固定資産売却益勘定ないし固定資産売却損勘定として処理します。すなわち帳簿価額が下取り価額を上回る場合の差額は固定資産売却損，下取り価額が帳簿価額を上回る場合の差額は固定資産売却益として仕訳を行います。

設例10−6

① 営業所を建設する目的で所有していた土地が不用になったので¥12,000,000で売却し，代金は月末に受け取ることにした。なおこの土地の取得価額は¥9,000,000であった。

　　　（借）未　　収　　金　12,000,000　　（貸）土　　　　　地　　9,000,000
　　　　　　　　　　　　　　　　　　　　　　　　固定資産売却益　　3,000,000

② 営業所で利用していた備品一式を¥1,500,000で売却し，代金は小切手で受け取った。なお備品の取得価額は¥1,800,000で減価償却累計額は¥270,000であった。
（借）現　　　　　　金　　1,500,000　　（貸）備　　　　　品　　1,800,000
　　　備品減価償却累計額　　　270,000
　　　固 定 資 産 売 却 損　　　 30,000

③ 旧備品（取得原価¥200,000，減価償却累計額¥120,000）を下取りに出すとともに，新備品を¥300,000で購入した。なお，旧備品の下取り価額は¥60,000あり，代金差額は小切手を振り出して支払った。
（借）備　　　　　　品　　　300,000　　（貸）備　　　　　品　　　200,000
　　　備品減価償却累計額　　　120,000　　　　　当 　座 　預 　金　　　240,000
　　　固 定 資 産 売 却 損　　　 20,000

　また有形固定資産を事業用途から取り外すことを除却と言い，除却された有形固定資産は通常は直ちに廃棄処分されます。この場合，除却された有形固定資産の帳簿価額は損失となるので固定資産除却損勘定で処理します。また除却資産を廃棄しない場合，その時点における有形固定資産の評価額分については貯蔵品勘定で処理し，残りは固定資産除却損勘定で処理することになります。

設例10－7
① 機械（取得価額¥3,000,000，減価償却累計額¥2,700,000）を事業から外し廃棄処分した。
（借）機械減価償却累計額　　2,700,000　　（貸）機　　　　　械　　3,000,000
　　　固 定 資 産 除 却 損　　　300,000

② 営業用の備品（取得価額¥800,000，減価償却累計額¥720,000）を除却し廃棄処分はせず倉庫で保管することとした。なお，この備品の評価額は¥30,000である。
（借）備品減価償却累計額　　　720,000　　（貸）備　　　　　品　　　800,000
　　　貯　　　蔵　　　品　　　 30,000
　　　固 定 資 産 除 却 損　　　 50,000

7．資本的支出・収益的支出

　固定資産を長期間にわたり利用する際，その機能を維持し続けるためには定期的な修繕が必要となります。この修繕が固定資産の機能を維持するためであれば，その修繕にかかる費用は当期の費用として支出されることとなります（収益的支出）。しかし，修繕によって固定資産の生産能力や生産能率が上がり固定資産の価値を高めるようなもの，さらには耐用年数を延長させるものである場合には，資本的支出としてその分の修繕費は固定資産の原価に加算します。

設例9－8
機械の改良および定期的修繕を行い，代金¥1,000,000（このうち，¥800,000は改良費用）は月末に支払うことにした。

　　（借）機　　　械　　800,000　　　（貸）未　払　金　1,000,000
　　　　　修　繕　費　　200,000

第2節　無形固定資産

1．無形固定資産の意義と取得

　無形固定資産とは，特許権や意匠権，商標権，借地権，著作権などのような法律上の権利で長期間にわたり利用する性質の物的実体のない資産，および営業権のように経済的に見て長期間にわたり価値を有する資産を言います。

　無形固定資産のうち，法律上の権利については取得の方法がどのようなものであっても，それを取得するために要したすべての費用（たとえば特許権であれば特許権取得に要した事務手数料や特許出願料など）を取得原価に含めます。他方，営業権については企業の買収や合併において，その買収価格が買収によって取得した純資産額（総資産 － 総負債）を上回る場合にのみ計上されることになります。企業の純資産額は純財産額を示したものですが，人材や組織全体の価値は含まれていません。このように営業権は買収や合併の対象企業が持つ人材や組織全体の価値としての超過収益力（いわゆるブランド）をあらわしており，のれんとも呼ばれます。のれんはあくまで企業の買収や合併においてのみ認められるものであり，自ら創出したブランドについては評価額に客観性がないため資産として計上することは認められません。

設例10－9
① 当期首において商標権を¥800,000で取得し，代金が現金で支払った。
　　（借）商　標　権　　800,000　　　（貸）現　　　金　　800,000
② 当社は金沢商店を¥8,000,000で買収し，代金は小切手を振り出して支払った。なお，金沢商店は資産総額が¥16,000,000，負債総額が¥11,000,000である。
　　（借）諸　資　産　16,000,000　　　（貸）諸　負　債　11,000,000
　　　　　営　業　権　　3,000,000　　　　　　当 座 預 金　 8,000,000

2．無形固定資産の償却

　無形固定資産のうち，法律上の権利は法律で認められた期間以内で償却を行います。たとえば税法では特許権は8年以内，実用新案権は5年以内，意匠権は7年以内，商標権は10年以内で償却を行うこととされています。また営業権については取得後20年以内で毎期均等額以上の償却を行うことになっています。なお，無形固定資産の償却で注意しなければならないことは，有形固定資産とは異なり処分時に売却価額や利用価額はないものと考えられるため残存価額をゼロとして計算を行

うこと、償却方法は定額法であること、および記帳方法は直接法で行うことが一般的であることです。

設例10－10
① 決算にあたり当期首に取得した商標権¥800,000（償却期間：10年）を償却した。
　　　　（借）商標権償却　　80,000　　　（貸）商　標　権　　80,000
② 第18期の決算（決算は年1回）において、16期中に計上した営業権（取得価額¥8,000,000）を償却した。なお、営業権については償却期間を5年としている。
　　　　（借）営業権償却　1,600,000　　　（貸）営　業　権　1,600,000

第3節　投資その他の資産

　固定資産に分類される投資その他の資産とは、営業目的ではなく他の企業を所有または支配するため、もしくは長期的な資産運用を行うために保有する株式や債券などの資産の総称です。そのため、出資金、満期保有目的債券、子会社株式、関係会社株式、子会社社債、関係会社社債、親会社社債など適切な名称の勘定で処理を行います。また投資その他の資産として含められるものに長期前払費用があります。長期前払費用は前払費用のうち、貸借対照表日の翌日から1年以内に費用とならないもので、貸借対照表の固定資産の部のうち「投資等」に表示されます。同様に、貸付金のうち貸借対照表日の翌日から1年以内に返済日が到来しないものも長期貸付金として「投資等」に表示されます。

設例10－11
7月1日　4年分の保険契約を結び、保険料¥480,000について小切手を振り出して支払った。
　　　　7/1　（借）支払保険料　　480,000　　（貸）当座預金　　480,000
12月31日　決算日につき保険料について決算整理を行った。
　　　　12/31　（借）前払保険料　　120,000　　（貸）支払保険料　　420,000
　　　　　　　　　　長期前払保険料　300,000

第4節　繰延資産

1．繰延資産の意義

　繰延資産とは、当期に既に支出した項目のうち、その効果が次期以降にわたると考えられるものを当期の費用ではなく資産としたものであり、①創立費、②開業費、③開発費、④株式交付費、⑤社債発行費のみが認められています。
　繰延資産の本質は①～⑤の項目を見てわかるように当期に支出した費用ですが、その支出額の効果である収益は次期以降にわたって発生すると考えられるものです。そこで期間損益計算の適正化

という観点で次期以降の収益にも対応させるため，繰延資産は固定資産同様，償却という手続きによって費用化されることになります。ただし，償却期間については繰延資産ごとに決められているため，その期間内で償却することになります。

① 創立費

会社を設立する場合，定款の作成費や株式募集広告費，株券の印刷費，発起人への報酬，設立登記にかかる税金などの費用が発生します。このような費用を創立費と言います。創立費は会社の存続期間における収益と対応するものであって，会社創立時にすべて費用化することは適正な期間損益計算の観点で適切な処理とは言えません。そこでこれを繰延資産として計上し，創立後の期間で償却することにより収益と対応させることになります。

② 開業費

会社が設立後，実際に開業にいたるまでにかかる諸費用（土地や建物の賃借料，広告宣伝費，通信費，支払利息，給料，光熱費など）のことを開業費と言い，これも会社の営業が開始した後の収益に対応させることが適切な処理と考えられます。そのため，開業費は繰延資産と考え，会社の営業開始後に償却されます。

③ 開発費

これは新技術または新経営組織の採用，資源の開発，市場の開拓などに支出した費用を言います。これらの費用は支出した期の収益のみに貢献したものではなく，将来の収益増大や費用削減に貢献するものとして支出されたと考えられるため，繰延資産として将来にわたって償却することになります。

④ 株式交付費

会社の設立における株券の印刷費は創立費に含められます。しかし会社設立後に新たな株券を発行し，これにかかる株式募集広告費，金融機関や証券会社の取扱手数料，目論見書や株券等の印刷費，変更登記にかかる税金などの費用は，株式交付費として新株発行後の期間における収益と対応させます。

⑤ 社債発行費

新株の発行の際にかかる諸費用が新株発行費として繰延資産に計上されるのと同様に，会社が社債を発行する際にかかる社債募集広告費，金融機関や証券会社の取扱手数料，目論見書や社債券等の印刷費，社債登記にかかる税金などは社債発行費として処理します。

2．繰延資産の償却

繰延資産は本質的には費用であるため，将来の収益と対応させるために償却を行いますが，その償却期間および償却方法については下表のように種類ごとに定められています。

繰延資産の種類	償却期間	償却方法
①創立費	5年以内	定額法
②開業費		
③開発費		定額法その他の合理的な方法
④株式交付費	3年以内	定額法
⑤社債発行費	社債償還までの期間	利息法 （継続適用を条件に定額法も可）

設例10－12

×1年4月1日　額面総額¥20,000,000（年利2.5%，利払日は3月末日と9月末日の年二回，償還期期限は5年）の社債を発行し，払込金を当座預金とした。なお，社債の発行にかかった諸費用¥120,000は現金で支払った。

4/1　（借）当 座 預 金　20,000,000　（貸）社　　　債　20,000,000
　　　　　社 債 発 行 費　　　120,000　　　　現　　　金　　　120,000

×2年3月31日　決算日につき社債発行費について必要な決算整理を行った。

3/31　（借）社債発行費償却　　24,000　（貸）社債発行費　　24,000

練習問題

1．各取引について，仕訳しなさい。
 (1) 車両¥1,500,000を購入し，代金のうち半額は小切手を振り出して支払い，残額は翌月末に支払うこととした。なお，車両の取得にかかる諸費用¥50,000は現金で支払った。
 (2) 事務用のパソコン（取得原価¥800,000，減価償却の累計額¥500,000）を¥350,000で売却し，代金を小切手で受け取った。なお，減価償却については直接法によって処理している。
 (3) 本店新社屋建設予定地350㎡を1㎡あたり¥15,000で購入し，代金は小切手を振り出して支払った。なお，不動産会社への仲介手数料¥200,000，登記料¥60,000および整地費用¥150,000は現金で支払った。
 (4) 陳列棚@¥50,000を6台購入し，代金のうち¥200,000は小切手で支払い，残額は月末払いとした。なお取付費用¥7,000は現金で支払った。
 (5) 決算日において取得原価¥2,000,000，減価償却累計額¥1,440,000の営業用車両を¥100,000で売却し，代金は現金で受け取った。なお，当期分の減価償却費¥360,000の計上についてもあわせて行った。
 (6) 建物についての固定資産税¥150,000の納税通知書が送付されてきたので，現金で支払った。

2．当期（平成×9年1月1日から平成×9年12月31日）の減価償却に関する資料は以下のとおりである。この資料により決算整理仕訳を行いなさい。なお，備品は当期の10月1日に，車両は当期の4月1日に購入したものである。また，減価償却の記帳方法については建物と備品が間接法，車両は直接法によっており，1年未満のものについては月割計算を行っている。

（資料）
建物：取得原価¥4,500,000
　　　償却方法　定額法　耐用年数　30年　残存価額　取得原価の10%
備品：取得原価¥800,000
　　　償却方法　定率法　償却率0.3
車両：取得原価¥1,600,000
　　　償却方法　生産高比例法　見積総走行距離　80,000km　当期走行距離　5,000km
　　　残存価額　取得原価の10%

3．次の取引について，仕訳しなさい。
 (1) 平成×9年4月1日に車両を買い換え，旧車両は¥800,000で下取りに出し新車両¥2,500,000の頭金とし残金は月末に支払うことにした。なお，旧車両は平成×6年4月1日に購入し取得原価は¥2,000,000，減価償却は定率法（償却率0.3）により間接法で前期末まで適正に処理されている（決算日は3月31日）。
 (2) 大阪商店（決算日：12月31日）は，平成×6年1月1日に取得した機械（取得原価¥1,500,000）を平成×9年12月31日に除却し，除却費¥50,000を現金で支払った。この機械は残存価額が

取得原価の10％，耐用年数が10年で定額法（記帳処理は間接法）によって償却されている。なお，除却した備品の処分価値は¥200,000と見積られた。

(3) 建物について定期修繕と改修を行い，代金¥600,000は小切手を振り出して支払った。なお，費用のうち半額は建物の改良とみなされるものである。

第11章　資本取引

第1節　個人会社における資本

　店主が自らの財産を出資し経営を行ったり，あるいは家族を従業員として雇いながら経営を行うことがあります。この場合，資本主は店主一人のみであることから個人会社といえます。しかし，会社である以上はこれを個人と切り離した形で会計を行う必要があります。つまり，店主の財産を会社に出資した場合は店主個人とは切り離された会社への出資部分として認識し仕訳をする必要があります。また，会社として支払った電話代の中に店主個人の電話代も混ざっている場合には会社として負担すべき電話代のみを費用として計上し，それ以外は店主への出資分の払戻しという認識をしなければなりません。このように個人会社であっても会社の会計と個人の会計は明確に区別する必要があります。店主が自らのために会社の財産を引き出すことを資本の引出しと言います。引出しには店主個人で負担すべき電話代や電気，ガス代などを会社が立て替えて支払う場合や，現金を私用で引出して使うこと，商品を私的に消費することなどがあります。この資本の引出しの処理については，資本の払戻しという性質から資本金勘定で処理する方法と引出し分について**引出金勘定**を設けて処理を行う方法があります。前者は**資本金勘定**一つで処理することから一勘定制，後者を資本金勘定と引出金勘定の二つで処理することから二勘定制と呼ばれます。

設例11－1
① 店主の所得税¥50,000を現金で支払った。
〔一勘定制〕
　　　（借）資　本　金　　50,000　　（貸）現　　　金　　50,000
〔二勘定制〕
　　　（借）引　出　金　　50,000　　（貸）現　　　金　　50,000
② 火災保険料¥230,000について小切手を振り出して支払った。なお，火災保険料には店主個人の自宅に対する火災保険料¥100,000が含まれている。
〔一勘定制〕
　　　（借）支払保険料　　130,000　　（貸）当座預金　　230,000
　　　　　 資　本　金　　100,000
〔二勘定制〕
　　　（借）支払保険料　　130,000　　（貸）当座預金　　230,000
　　　　　 引　出　金　　100,000

③ 決算に際し，①と②に関して必要な仕訳を行った。
〔一勘定制〕
仕訳なし
〔二勘定制〕
　　　（借）資　本　金　　150,000　　（貸）引　出　金　　150,000
④ 当期純利益￥380,000について振替仕訳を行った。
〔一勘定制・二勘定制〕
　　　（借）損　　　益　　380,000　　（貸）資　本　金　　380,000

第2節　株式会社における純資産の意義とその構成

　純資産は資産から負債を差し引いた概念であり，株主資本，評価・換算差額等といった項目により構成されています。貸借対照表の貸方には負債の部として負債の各項目が表示されますが，その下に引き続いて純資産の部が表示されます。純資産の部については下表のような分類で表示を行いますが，各項目の内容については以下詳細に説明していきます。

```
純資産の部
 Ⅰ　株主資本
　　1　資本金
　　2　新株式申込証拠金
　　3　資本剰余金
　　　(1)　資本準備金
　　　(2)　その他資本剰余金
　　4　利益剰余金
　　　(1)　利益準備金
　　　(2)　その他利益剰余金
　　　　　　○×積立金
　　　　　　繰越利益剰余金
 Ⅱ　評価・換算差額等
　　1　その他有価証券評価差額金
　　2　繰延ヘッジ損益
　　3　土地再評価差額金
```

1．株主資本

　株主資本は，株主から出資された資金を表示するものであり，資本金，新株式申込証拠金，資本剰余金，利益剰余金の項目に細分化されます。
　資本金とは会社財産を維持・確保するための基準額であり，会社の設立または新株の発行にあたっ

ては原則として株主から会社に払込みまたは給付された財産の全額が資本金となります。しかし，払込みまたは給付された財産のうち2分の1を超えない額は資本金に組入れない処理を認めています。よってこの資本金に組入れない部分については，株式払込剰余金勘定ないし資本準備金勘定で処理します。

　なお，株主は財産の払込み期日をもって株主となりますが，申込期日経過後に払込みがなされた場合には新株式申込証拠金として，また企業再編時に発生する株式交換差益や株式移転差益，分割差益，合併差益は資本準備金として資本金とは区別し表示します。これら以外の資本剰余金についてはその他資本剰余金とされ，資本金減少差益や資本準備金減少差益などがあります。

　このように資本剰余金が株主から払込みされたものから生じた剰余金であるのに対し，利益剰余金は会社の主として営業活動によって生じた剰余金であり，利益準備金とその他利益剰余金に分類されます。利益準備金は配当により剰余金が減少する際にはその額の10分の1を，資本準備金とあわせて資本金の4分の1に達するまで計上します（第4節1．剰余金の配当参照）。また，その他利益剰余金を利益準備金とすることにより利益準備金を増額させることも認められています。利益準備金以外の利益剰余金はその他利益剰余金と言い，株主総会や取締役会の決議によって設定される任意積立金などのような項目と，これ以外の繰越利益剰余金とに分類表示されます。

2．評価・換算差額等

　評価・換算差額等とは，損益ではあるものの一時的に純資産として計上される性質であるその他有価証券評価差額金，繰延ヘッジ損益，土地再評価差額金から構成されています。

　子会社や関連会社の株式を除いて市場価格のある株式や満期保有目的の債券を除いた債券については，決算日における時価で評価することが認められています。したがって評価差額のうち当期に売却されなかったものがその他有価証券評価差額金となります。また，繰延ヘッジとはヘッジ（回避）手段としてのデリバティブ取引の損益を発生時ではなく実際に認識されるまで遅らせることを言います。これによって生ずる損益が繰延ヘッジ損益であり，その性質は資産や負債として認識することができないため純資産の部で表示します。土地再評価差額金は，事業用土地について法律により1回限りの臨時的・例外的な会計処理として時価による再評価が認められていましたが，その再評価によって簿価を超える差額部分を土地再評価差額金と言います。

3．株式会社の設立

　会社を発起設立する場合の資本金の額は，原則として設立時にその会社に対して払込みまたは給付された財産の額とされ，会社に対して払込みまたは給付された財産の総額から，資本金または資本準備金から減少させるべきと定めた額を差し引いた額を言います。資本金または資本準備金から減少させるべきと定めた額とは，(1)発起人が受け取る報酬等の額，(2)会社負担の設立に関する費用，(3)定款認証手数料，(4)銀行などに支払う手数料・報酬，(5)検査役の報酬，(6)登録免許税，(7)一定の設立費用であり，これらは①当期の費用として処理する方法，②繰延資産として処理する方法，③資本金から控除する方法の3つがあります。

設例11－2

鹿児島商事株式会社は設立に際して100株（1株￥90,000）を発行し，全額当座預金に払込みを受けた。なお，設立に要した諸費用￥80,000は現金で支払った。

① 払込みされた全額を資本金とし，設立に要した諸費用については当期の費用として処理する場合

| （借）当 座 預 金 | 9,000,000 | （貸）資 本 金 | 9,000,000 |
| （借）設 立 費 用 | 80,000 | （貸）現 金 | 80,000 |

② 払込みされた額の1/2を資本金とし，設立に要した諸費用を繰延資産として処理する場合

（借）当 座 預 金	9,000,000	（貸）資 本 金	4,500,000
		株式払込剰余金	4,500,000
（借）創 立 費	80,000	（貸）現 金	80,000

③ 払込みされた全額を資本金とし，設立に要した諸費用を資本金から控除するべきものとして処理する場合

| （借）当 座 預 金 | 9,000,000 | （貸）資 本 金 | 9,000,000 |
| （借）資 本 金 | 80,000 | （貸）現 金 | 80,000 |

第3節 増　資

1．新株発行による増資

　新株の発行に伴う資本金の額は，発行価額を基準とするのではなく，原則として実際の払込金額を基準とします。なお，新株の発行費用の処理については第2節3．で解説した会社の設立費用と同じように，①当期の費用として処理する方法，②繰延資産として処理する方法，③資本金から控除する方法の3つがあります。

設例11－3

　大阪商事は，株式10株（払込金額￥90,000）を新たに発行し，全額当座預金口座に払込みを受けたので，全額を資本金とした。なお，新株の発行に伴う費用￥10,000を小切手で支払い，資本金から控除することとした。

| （借）当 座 預 金 | 890,000 | （貸）資 本 金 | 890,000 |

2．準備金・剰余金の資本金組入れによる増資

　資本準備金と利益準備金は両者をあわせて資本金の4分の1に達するまで積立てなければなりません。また，これは株主総会の決議があればいつでも準備金を減少させることができます。資本金と資本準備金はいずれも会社として維持すべき資本としてとらえられるものであり，配当のための財源として利用することができません。また，資本準備金を減少させてそれを資本金に組入れることは，資本の構成項目が変わるだけで会社として維持すべき金額は変わらないため実質的な増資と

は言えません。
　同じように株主総会の決議があればその他資本剰余金を減少させて資本金を増加させることもできます。その他資本剰余金の資本金への組入れは株主への配当が可能な剰余金から配当不能な資本金への変更であり，会社として維持すべき金額が増加するため実質的な増資と言えます。
　なお，資本金に組入れることができるのは資本剰余金のみであり，資本取引・損益取引区分の原則により資本剰余金と利益剰余金の間での振替は認められないため，利益を源泉とする利益剰余金を会社の資本である資本金へ組入れることは認められません。

設例11－4

① 株主総会において資本準備金¥700,000を資本金に振り替える決議が承認されたので，ただちにこれを振り替えた。

　　（借）資本準備金　　700,000　　（貸）資　本　金　　700,000

② 株主総会において資本金減少差益¥60,000を資本金に振り替える決議を行い，ただちに資本金に組入れた。

　　（借）資本金減少差益　　60,000　　（貸）資　本　金　　60,000

第4節　剰余金の配当・処分と株主資本等変動計算書

1．剰余金の配当

　株式会社では資本剰余金，利益剰余金のいずれについても株主への財産払戻しである配当を行うことができます。株式会社が配当を行う場合，原則として株主総会において剰余金の配当についての決議が必要ですが，定時の株主総会ばかりでなく臨時株主総会を開催しその決議が得られればいつでも配当が行えます。そのため，実質的に株式会社は年に何回でも配当を実施することが可能です。
　剰余金の配当を行う場合，株式会社の財産的な基盤を確保することによって債権者を保護する必要があるため，剰余金の分配可能額を算定しその範囲内で株主へ配当を行わなければなりません。さらに配当によって会社財産が社外に流出する場合，その10分の1の金額を資本準備金と利益準備金の合計が資本金の4分の1に達するまで利益準備金として積立てる必要があります。

設例11－5

6月23日　株主総会で前期末の繰越利益剰余金¥800,000のうち¥500,000を株主配当として処分することを決定した。なお前期末の資本金は¥2,000,000，資本準備金は¥250,000，利益準備金は¥100,000である。

　　6/23　（借）繰越利益剰余金　　550,000　　（貸）利益準備金　　50,000
　　　　　　　　　　　　　　　　　　　　　　　　　　未払配当金　　500,000

6月25日　配当金につき小切手を振り出して支払った。

　　　　6/25　（借）未　払　配　当　金　500,000　　　（貸）当　座　預　金　500,000

2．剰余金の処分

　株式会社では，株主総会の決議により損失の処理，任意積立金の積立て，その他剰余金の処分を行うことができます。当期の営業によって損失が出た場合，損益計算書において当期純損失が計上されますが，これは繰越利益剰余金の借方に振り替えられます。この繰越利益剰余金（当期純損失）は株主総会の決議によって繰越利益剰余金や任意積立金といったその他利益剰余金によって補填されることになります。しかし，その他利益剰余金による補填でもなお足りない場合には繰越されるか，または準備金によって補填することができます。損失を補填するためだけに準備金を減少する場合には，取締役（会）の決定で行うことができます。

設例11－6

①　繰越利益剰余金の借方残高は¥500,000であったが，株主総会において任意積立金の取崩し¥300,000および利益準備金の取崩¥200,000をもって補填することとした。

　　　（借）任　意　積　立　金　300,000　　　（貸）繰越利益剰余金　500,000
　　　　　　利　益　準　備　金　200,000

②　取締役会において繰越利益剰余金の借方残高¥200,000の処理について，利益剰余金がないため資本準備金¥600,000のうちから補填することにした。

　　　（借）資　本　準　備　金　200,000　　　（貸）繰越利益剰余金　200,000

3．株主資本等変動計算書

　資本準備金を資本金としたりその他利益剰余金を利益準備金にするというように資本（純資産）を構成している項目の金額はいつでも変えることができ，また剰余金の配当も常に行うことができます。したがって，資本（純資産）の変動について透明性を確保するために，資本（純資産）の構成項目について変動を示す株主資本等変動計算書を作成します。株主資本等変動計算書は前期末の資本（純資産）の各構成項目の残高に当期の変動額を加減し当期末の資本（純資産）の各構成項目残高を示すという形で表わされます。この意味で株主資本等変動計算書は前期末の資本（純資産）と当期末の資本（純資産）の連結環の役割を担っています。

	株式資本							評価・換算差額等	純資産合計
	資本金	資本剰余金		利益剰余金			株主資本合計	その他有価証券評価差額金	
		資本準備金	その他資本剰余金	利益準備金	その他利益剰余金				
					○×積立金	繰越利益剰余金			
前期末残高	×××	×××	×××	×××	×××	×××	×××	×××	×××
当期変動額									
新株の発行	×××	×××					×××		×××
剰余金の配当				×××		△×××	△×××		△×××
○×積立金の積立て					×××		×××		×××
当期純利益						×××	×××		×××
株主資本以外の項目の当期変動額（純額）								×××	×××
当期変動額合計	×××	×××	－	×××	×××	×××	×××	×××	×××
当期末残高	×××	×××	×××	×××	×××	×××	×××	×××	×××

設例11－7

以下の資料に基づいて，株主資本等変動計算書を作成しなさい。

1．岐阜商事は×7年4月1日に新株発行による増資¥400,000を行い全額当座預金への払込みを受けた。なお，払込み金額のうち資本金は¥300,000とし，残額は資本準備金とした。
2．×7年6月30日の株主総会において繰越利益剰余金から配当金¥10,000の支払いと任意積立金¥10,000および準備金¥2,000の積立てを決議し，配当はただちに現金で支払った。
3．×8年3月31日に当期純利益¥65,000を計上した。
4．×8年3月31日においてその他有価証券の評価益は¥3,000であった。
5．×7年3月31日における貸借対照表の資本（純資産）は以下のとおりである。

貸 借 対 照 表

×7年3月31日　　　　　（単位：円）

純資産の部
- I　株主資本
    - 1　資本金　　　　　　　　　　　　　　　　　　　800,000
    - 2　資本剰余金
        - （1）資本準備金　　　　　　　150,000
        - （2）その他資本剰余金　　　　 70,000　　　220,000
    - 3　利益剰余金
        - （1）利益準備金　　　　　　　 80,000
        - （2）その他利益剰余金
            - 任意積立金　　　　　　　 6,000
            - 繰越利益剰余金　　　　　 40,000　　　126,000
- II　評価・換算差額等
    - 1　その他有価証券評価差額金　　　　　　　　　　　1,000

	株式資本						株主資本合計	評価・換算差額等 その他有価証券評価差額金	純資産合計
	資本金	資本剰余金		利益剰余金					
		資本準備金	その他資本剰余金	利益準備金	その他利益剰余金				
					任意積立金	繰越利益剰余金			
前期末残高	800,000	150,000	70,000	80,000	6,000	40,000	1,146,000	1,000	1,147,000
当期変動額									
新株の発行	300,000	100,000					400,000		400,000
剰余金の配当				2,000		△22,000	△20,000		△20,000
任意積立金の積立て					10,000		10,000		10,000
当期純利益						65,000	65,000		65,000
株主資本以外の項目の当期変動額（純額）								3,000	3,000
当期変動額合計	300,000	100,000	0	2,000	10,000	43,000	455,000	3,000	458,000
当期末残高	1,100,000	250,000	70,000	82,000	16,000	83,000	1,601,000	4,000	1,605,000

補節　株式会社における決算手続きと剰余金の配当

　当期純利益（または当期純損失）は収益勘定と費用勘定の集合勘定である損益勘定の差額として求められ，個人企業の場合には第1節で述べたように資本金勘定へ振り替えます。

当期純利益の場合
　　　　（借）損　　　　益　　×××　　（貸）資　本　金　　×××
当期純損失の場合
　　　　（借）資　本　金　　×××　　（貸）損　　　　益　　×××

　しかしながら，株式会社の場合には次のような流れで処理が行われます。すなわち，株式会社において当期純利益（または当期純損失）は維持すべき元本としての資本と区別し，その処理は株主総会で決定されるため繰越利益剰余金勘定へ振り替えます。そしてこの当期純利益（または当期純損失）を含んだ繰越利益剰余金は，決算日から3ヶ月以内に開催される株主総会の決議によって剰余金の配当や処分の決定がなされます。この株主総会で承認される配当は株主総会後に実際の支払いが行われるため，株主総会で承認された時点での仕訳については未払配当金勘定で処理し，配当金支払い時において配当額を現金勘定または当座預金勘定で仕訳します。同様に中間配当についても取締役会の決議で中間配当額が決定されますが実際の支払いは後日行われます。そのため取締役会決議時における中間配当額は未払中間配当金勘定で処理し，中間配当金支払い時に現金勘定または当座預金勘定で仕訳します。

　以上，株式会社における決算および利益剰余金の配当と処分に関する一連の仕訳をまとめると下図のようになります。

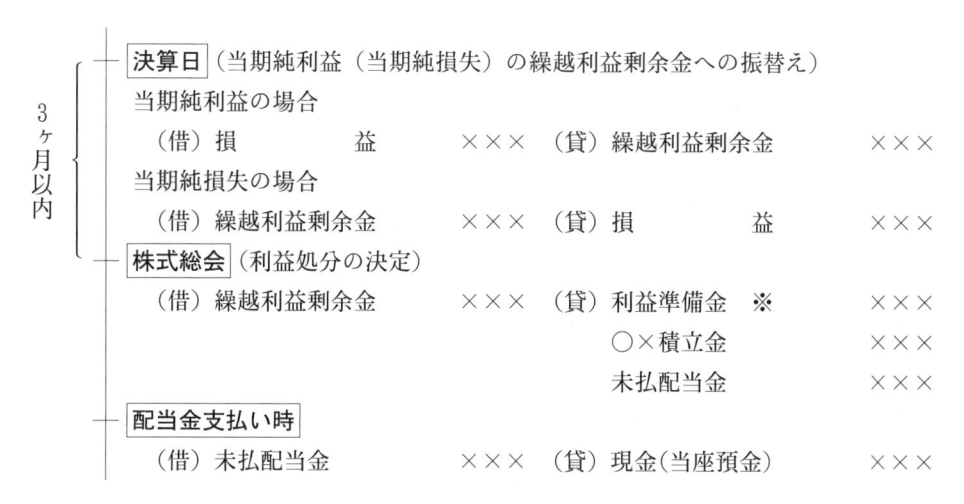

3ヶ月以内
- **決算日**（当期純利益（当期純損失）の繰越利益剰余金への振替え）
  当期純利益の場合
  　　（借）損　　　　益　　　×××　（貸）繰越利益剰余金　　×××
  当期純損失の場合
  　　（借）繰越利益剰余金　　×××　（貸）損　　　　益　　　×××
- **株主総会**（利益処分の決定）
  　　（借）繰越利益剰余金　　×××　（貸）利益準備金　※　　×××
  　　　　　　　　　　　　　　　　　　　　○×積立金　　　　×××
  　　　　　　　　　　　　　　　　　　　　未払配当金　　　　×××
- **配当金支払い時**
  　　（借）未払配当金　　　　×××　（貸）現金（当座預金）　×××

├─ 取締役会 （中間配当の決定）
│　　（借）繰越利益剰余金　　　×××　　（貸）利益準備金　※　　×××
│　　　　　　　　　　　　　　　　　　　　　　　未払中間配当金　　×××
├─ 中間配当金支払い時
│　　（借）未払中間配当金　　　×××　　（借）現金（当座預金）　×××
↓

　　　　　　　　　　　　　　　※法定準備金が資本金の4分の1に達していない場合

練習問題

1．次の各取引について，仕訳しなさい。
 (1) 店主が負担すべき所得税¥400,000と当店の負担すべき固定資産税¥130,000を，小切手を振り出して支払った。
 (2) 店主の損害保険料¥100,000と営業用建物の火災保険料¥200,000を現金で支払った。
 (3) 店主が現金¥50,000を家計費として引き出した。
 (4) 店主が商品¥30,000（原価）を私用のため持ち出した。
 (5) 決算日において店主の持ち出し分について必要な処理を行った。

2．次の各取引について，仕訳しなさい。
 (1) 会社設立に際し株式5,000株を発行価額¥60,000で発行し，払込金額は全額当座預金とした。
 (2) 会社設立に際し株式2,000株を発行価額¥80,000で発行し，払込金額は全額当座預金とした。なお，発行価額のうち資本金は会社法の規定による最低額とした。
 (3) 発行価額¥40,000で1,000株を新株発行して，全額を当座預金とし，払込金額のうち資本金は会社法の規定による最低額とした。なお，新株を発行する際の諸費用¥100,000は現金で支払い，繰延資産として処理することとした。
 (4) 株主総会において，前期末の繰越利益剰余金¥5,000,000のうち，¥2,000,000を配当金，¥1,000,000を任意積立金として処分することを決定した。なお，前期末における資本金は¥40,000,000，資本準備金は¥1,000,000，利益準備金は¥500,000である。
 (5) 決算において，当期純損失¥500,000を計上した。なお，前期末の繰越利益剰余金は¥2,000,000であり，これと相殺処理した。
 (6) 繰越利益剰余金¥3,000,000（借方残）について，任意積立金¥1,500,000と利益準備金¥1,000,000および残額は減資によって処理することが株主総会で承認された。

3．次の各取引について，仕訳しなさい。
 (1) 高知商事株式会社は，香川商事株式会社を吸収合併して，株式300株（発行価額¥30,000）を交付した。なお，この合併は高知商事株式会社による取得と見なされ，合併によって引き継いだ香川商事株式会社の資産総額は¥12,000,000（時価¥16,000,000），負債総額は¥6,000,000（時価¥800,000），資本金は¥4,000,000，資本剰余金は¥2,000,000であった。
 (2) 神戸商事株式会社は，岡山商事株式会社を吸収合併して，株式100株（発行価額¥40,000）を交付した。なお，この合併は神戸商事株式会社による取得と見なされ，合併によって引き継いだ岡山商事株式会社の資産総額は¥10,000,000（時価¥13,000,000），負債総額は¥6,000,000（時価¥7,000,000），資本金は¥3,000,000，資本剰余金は¥1,000,000であった。

第12章 決算

第1節 決算とは

1．決算とは

　簿記による経理業務には**日常業務**と**決算業務**とがあります。日常業務では，日々の取引を取引ごとに仕訳帳に記録する「**仕訳**」，それを勘定科目別に総勘定元帳に整理する「**転記**」を行い，更にその仕訳・転記の確認検算のために「**試算表**」を定期的に作成します。一方，決算業務ではその会計期間の末に，その期の損益を計算し，当該会計期間の経営成績と財政状態を明かにするための手続きを行います。

　決算手続きは決算予備手続きと**決算本手続き**，繰越試算表作成，報告書としての**財務諸表**（損益計算書,貸借対照表等）の作成に行程分類されます。しかし実務的・実質的にはこの決算手続きに入る直前の試算表作成以降を決算作業だと意識する向きもあります。それは決算業務に取り掛かる直前に日常取引の仕訳記帳の終了を示すために仕訳帳を締め切り，試算表を作成するからです。試算表には，**合計試算表**，**残高試算表**，**合計残高試算表**がありますが，決算直前に作成する試算表は，残高試算表ないし合計残高試算表です。決算手続きのなかで精算表を作成しますが，やはり精算表には各勘定の残高情報が必要です（第2章参照）。決算直前に作成される試算表には，これまでの記帳検算だけではなく，決算直前時点の各勘定の残高情報確認の目的があります。そのため残高試算表，合計残高試算表のいずれかが作成されます。こうしたことから，実務的・実質的には決算整理前残高試算表作成以降を決算とする意識があります。

2．決算予備手続きと決算本手続き

　決算のうち主要簿上で行う作業を**決算本手続き**と呼び，それ以前に行う手続きを**決算予備手続き**と呼びます。本手続きは決算内容を主要簿である仕訳帳と総勘定元帳に記帳するわけですから，これが簿記上の正式な決算記録となります。これに対して，決算予備手続きは，本手続きに先立ち会計担当者が決算の内容を把握し，主要簿上での作業ミスを軽減するために行います。

第2節 決算予備手続き

1．決算整理事項

　決算整理事項には2種類あります。一つは仕訳や転記などの誤りや漏れに起因するものです。これらは**付記事項**と呼ばれることもあります。一方，人為的ミスに起因するものではありませんが，

適正な損益算定のためにこれまでの記帳数値を修正・調整せねばならない簿記システム上の項目があります。簿記では通常の日常取引記録だけでは当該期間のすべての費用や収益を適正に補捉することはできません。そのため修正をせずそのまま損益計算に取り掛かってしまえば誤った損益が算定されます。決算では，それまでの記帳に対して誤りの訂正だけではなく，簿記システム上必要となる一定の修正・整理を行います。

ここでは決算時のミス訂正はともかく，簿記システム上必要となる整理事項について説明します。簿記では金銭収支や財貨・サービスの授受また債権・債務の確定（日時や金額）に基づいて，日常取引の記録である仕訳が行われます。こうした収支事実に基づく記帳は，取引の存在を見極めやすく，客観的です。これを一般に**収支主義**と呼びます。収支主義に基づく記録は客観性が高く記帳のタイミングを判断しやすいという利点があります。一方で，（a）必ずしも簿記上の取引すべてを記帳対象として捕捉できるわけではなく，また（b）仕訳記帳された収支額が必ずしもそのまま当期発生した収益・費用の額であるとも限らないなどの問題もあります。

前者（a）には，時間の経過とともに資産が自然風化したり，あるいは技術進歩に伴って陳腐化しその価値を下げていく現象，すなわち評価損や減価償却の計上があります。これは当該会計期間中に資産（建物や備品など）が減少し，費用（減価償却費）が発生する簿記上の取引です。しかし実際の収支を伴わない経済事象であるため，収支主義ではこれを記録対象として捕捉できません。

また後者（b）には，収益費用の見越繰延があります。継続して契約が成立している賃貸物件について，たとえば本年の11月および12月分の家賃を未だ受取っていないとします。収支事実による記帳数値に基づけば賃貸事実（収益の発生事実）額よりも2ヶ月分少ない受取家賃総額で当期の損益計算を進めることになります。これは不適切な損益算定です。適正な損益計算を行うために，期中の収支主義に基づく収益の記帳によって，当期発生の適正額を表すように決算修正します。主な決算整理事項を下に示します。

≪主な決算整理事項≫
- 売上原価の算定（第4章参照）
- 貸倒れの見積り（第5章参照）
- 有形固定資産の減価償却（第10章参照）
- 有価証券の評価替え（第9章参照）
- 収益・費用の見越繰延
- 現金過不足の処理（第3章参照）
- 消耗品ないし消耗品費の処理
- 引出金の整理（第11章参照）

上記のほとんどは前章までに解説されています。ここでは前章までに出てこなかった費用収益の見越繰延および消耗品の決算整理を見ていきます。

(a) 収益費用の見越繰延

以下，すべて会計期間は1月1日から12月31日までとします。

当社は継続した契約に基づいて家屋を賃貸しています。また家賃は10月分までしか受領していないとします。11, 12月は賃貸事実に基づく受取家賃（収益）が発生しています。しかし収支がなかったので, その記帳はありません。そのためこの未収の家賃を受取家賃勘定に貸方記入し収益を計上します。同時に同額を未収家賃勘定（資産）に借方記入します。これを**収益の見越**と言います。また未収家賃勘定のような未収収益全般を**見越収益**と呼びます。

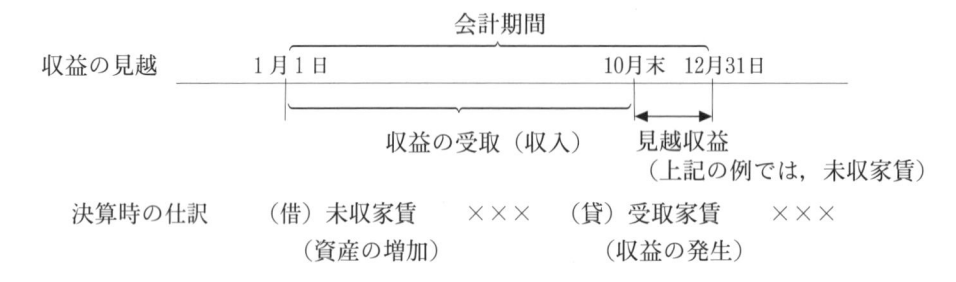

```
                        会計期間
収益の見越   1月1日          10月末 12月31日
             |————————————————|——————|
                 収益の受取（収入）  見越収益
                                   （上記の例では, 未収家賃）

決算時の仕訳    （借）未収家賃  ×××  （貸）受取家賃  ×××
                   （資産の増加）       （収益の発生）
```

　今度は反対に家屋賃貸で家賃を翌年の2月分まで受領している場合です。収支主義で家賃を受領した時にこれを記帳しているので, 受取家賃勘定には翌年2月分までが記帳されています。しかし2月分を算入したまま損益計算を進めるのは不適切です。そのため1から2月分家賃相当額を受取家賃勘定に借方記入し収益を取り消します。同時に同額を前受家賃勘定（負債）に貸方記入します。これを**収益の繰延**と言います。また前受家賃勘定のような前受収益全般を**繰延収益**と呼びます。

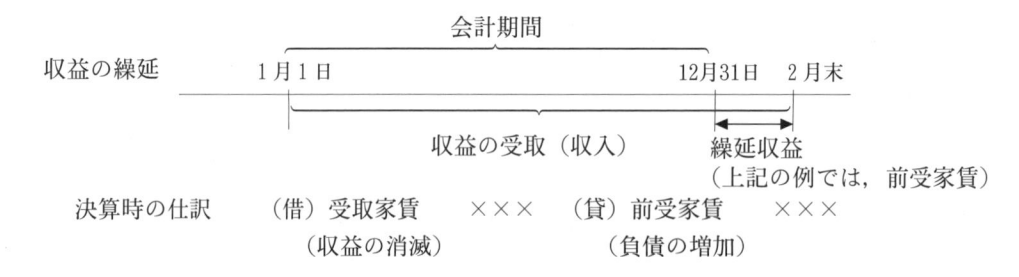

```
                        会計期間
収益の繰延   1月1日              12月31日 2月末
             |————————————————————|——————|
                 収益の受取（収入）    繰延収益
                                   （上記の例では, 前受家賃）

決算時の仕訳    （借）受取家賃  ×××  （貸）前受家賃  ×××
                   （収益の消滅）       （負債の増加）
```

　つぎは継続して金銭貸借を受けているとします。また利息は6月分までしか支払っていないとします。7月から12月までの間も金銭貸借事実に基づく支払利息（費用）は発生しています。しかし収支がなかったのでその記帳はありません。そのためこの未払の支払利息を支払利息勘定に借方記入し費用計上します。同時に同額を未払利息勘定（負債）に貸方記入します。これを**費用の見越**と言います。また未払利息勘定のような未払費用全般を**見越費用**と言います。

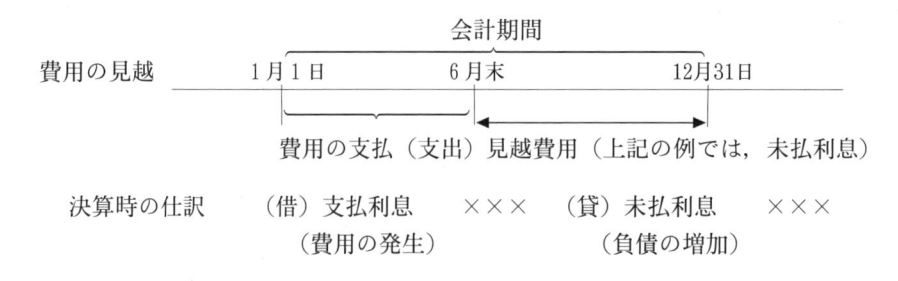

```
                        会計期間
費用の見越   1月1日    6月末       12月31日
             |————————|——————————————|
               費用の支払（支出）見越費用（上記の例では, 未払利息）

決算時の仕訳    （借）支払利息  ×××  （貸）未払利息  ×××
                   （費用の発生）       （負債の増加）
```

同様の金銭貸借で，今度は逆に利息を既に翌年3月分まで支払っているとします。翌年1月から3月までの利息はこれを支払った際に既に記帳されています。しかしこの時期に対応した金銭貸借は未だ実施されてはいないので，これは当期費用とすべきではありません。そのため1から3月分相当額を支払利息勘定に貸方記入し費用を取り消します。同時に同額を前払利息勘定（資産）に借方記入します。これを**費用の繰延**と言います。また前払利息勘定のような前払費用全般を**繰延費用**と言います。

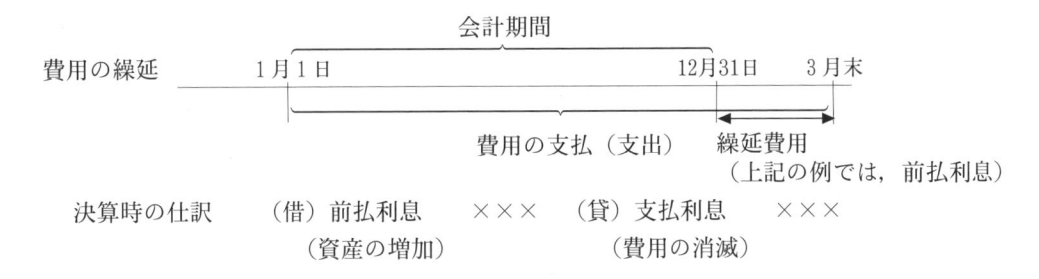

```
                           会計期間
費用の繰延    1月1日                    12月31日   3月末
              ├─────────────────────────┼─────────┤
                    費用の支払（支出）    繰延費用
                                        （上記の例では，前払利息）

決算時の仕訳    （借）前払利息  ×××    （貸）支払利息  ×××
                    （資産の増加）          （費用の消滅）
```

　決算時に収益費用の見越繰延を行った結果，計上される未収収益（資産）・前受収益（負債）・未払費用（負債）・前払費用（資産）の4つの勘定科目を**経過勘定科目**と呼びます。

(b) 消耗品の決算整理

　消耗品とは筆記用具やコピー用紙など概ね一年以内で消費してしまうことが前提とされる金額的にも軽微な資産を言います。これらを購入した時は資産ですから，

　　　　　（借）　消　耗　品　×××　　（貸）　現　金　等　×××

とすることが原則ですが，これらは概ね1年以内に費消されることが想定されるうえ，金額価値的にも重要性の軽微なものですから，資産として管理するまでもないため，購入時に

　　　　　（借）　消　耗　品　費　×××　　（貸）　現　金　等　×××

と，処理することが認められています。以下ではこのことを踏まえて，決算時における消耗品ないし消耗品費勘定の決算処理をみておきます。

設例12－1

　当期は消耗品を¥100,000購入している。決算時の消耗品の未使用高は¥26,000であった。以下二つの場合について決算時の仕訳を示しなさい。

① 消耗品の購入時に，これを全額消耗品勘定で処理している。
　　　（借）　消耗品費　　74,000　　（貸）　消耗品　　74,000
② 消耗品の購入時に，これを全額消耗品費勘定で処理している。
　　　（借）　消耗品　　26,000　　（貸）　消耗品費　　26,000

　購入時に消耗品勘定で処理している①の場合は，決算時に購入額（¥100,000）から未使用高（¥

26,000）を差し引き，費消額（76,000＝100,000－24,000）を算定し，これを消耗品費勘定に費用の発生として振り替えます。一方，購入時にその費消を前提として消耗品費勘定で処理している②の場合は，決算時に確認した未使用高を，消耗品費の取消しとして貸方記入するとともに消耗品勘定にその未使用額分を振り替えます。

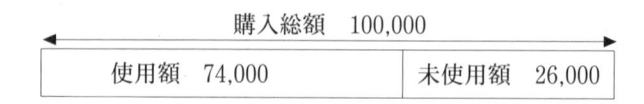

```
        ←――――― 購入総額 100,000 ―――――→
        |   使用額 74,000   |   未使用額 26,000   |
```

2．精算表作成

　精算表にはいくつかの種類があります。ここでは6桁精算表と8桁精算表とを取り上げ，精算表を作成する意義についてみていきます。

　6桁精算表は総勘定元帳に開設された全ての勘定口座を精算表の上で損益計算書項目と貸借対照表項目に分離し，損益（当期純利益または当期純損失）算定を精算表の上で行う機能を持っています。但し，この6桁精算表は，決算整理すべき事項は何一つない，つまり各勘定残高数値からそのまま損益算定をしても不適切はないという前提に立ちます。実際に決算において決算整理事項がないという例は現実的ではありません。6桁精算表は実際のところ決算で使用されるのではなく，期中にその時点の各勘定残高から，その時点での損益状況を暫定的に把握したい場合などに利用されます。

　次に8桁精算表です。実際の決算では，適正な損益計算を行うためにいくつもの勘定に対して決算整理が必要です。この決算整理に関する事項を記載する欄が整理記入欄（修正記入欄）です。8桁精算表では残高試算表欄の右隣に配置しています。決算整理事項の一例を仕訳で示すと以下のようになります。

① 期末商品棚卸高が¥40,000ある。
　　　（借）　繰　越　商　品　　40,000　　（貸）　仕　　　　　入　　40,000
② 備品建物それぞれに¥13,500と¥45,000の減価償却を行う。
　　　（借）　減　価　償　却　費　58,500　　（貸）　備　　　　　品　　13,500
　　　　　　　　　　　　　　　　　　　　　　　　　建　　　　　物　　45,000
③ 翌会計期間において受取るべき1月の家賃支払いを受けた。
　　　（借）　受　取　家　賃　　50,000　　（貸）　前　受　家　賃　　50,000
④ 翌会計期間において支払うべき2ヶ月分の保険料を納めている。
　　　（借）　前　払　保　険　料　30,000　　（貸）　保　　険　　料　　30,000

　この仕訳数値それぞれを，該当の勘定科目行（横）と整理記入欄の借方もしくは貸方（縦）の交わったマス目に記入します。すべての数値を記入し終えたら，整理記入欄の縦列の合計を出します。次いで勘定科目欄の上から順に精算します。各科目の残高試算表欄数値に整理記入欄の数値を加減し，その結果を科目の属性に応じて貸借対照表欄ないし損益計算書欄に記入していきます。

　全科目の数値記入後，損益計算書欄の借方・貸方，貸借対照表欄の借方・貸方それぞれの列の合

計を計算します。ここで仮計算した損益計算書欄の借方計と貸方計は同額とはなりません。また貸借対照表欄の借方計と貸方計も同額とはなりません。しかし損益計算書における貸借差額と貸借対照表における貸借差額とは同額となります。

　損益計算書欄の貸借差額は決算整理後の当期収益総額と当期費用総額の差額を意味します。つまり損益計算書欄の貸借差額は当期の純利益または純損失を意味します。一方，貸借対照表欄の借方は決算（期末）時点での資産総額を，貸方は決算（期末）時点での負債総額と期首時点当初から保有していた資本（純資産）額の合計を表します。そのため貸借対照表欄の貸借差額は資本（純資産）が期首から期末にかけて増減した額を意味します。損益計算書欄で算定される損益額（当期純利益ないし当期純損失）と貸借対照表欄で算定される資本（純資産）の増減額は一致します。勘定科目欄に「当期純利益」ないし「当期純損失」と記し，損益計算書欄および貸借対照表欄に上記の額を記入し，最終的な各列の計を再計算して合計値を記入します。

　精算表作成では決算整理事項の仕訳を考慮しながら作業しますが，その仕訳を仕訳帳に記帳することはしません。精算表作成はあくまでも仕訳帳や総勘定元帳といった正式な記録としての意味を持つ主要簿への記帳に先立って，損益算定をシュミレーションするものなので，メモとしての仕訳と正規の記録としての仕訳帳への仕訳とは，決算手順として混同がないように峻別しなくてはなりません。

設例12－2

　以下の取引及び決算整理事項に基づき，日常取引の仕訳から決算における精算表作成までを行いなさい。また期首資本金，期末資本金，当期純損益の額はいくらか。なお，会計期間は12月1日から12月31日であった。

　12月1日　現金¥1,000,000と建物¥3,000,000を元入れ，開業。

　12月4日　商品¥100,000を掛けで仕入れた。

　12月8日　商品¥50,000を仕入れ，¥20,000は現金で支払い，残額は掛けとした。

　12月14日　備品¥300,000を現金で購入。

　12月19日　商品¥80,000で売上げ，代金は掛けとした。

　12月21日　商品¥110,000で売上げ，代金は¥20,000を現金で受け取り，残額を掛けとした。

　12月25日　商品販売の代行を行い，手数料として現金¥80,000を受け取った。

　12月28日　家賃として¥100,000を現金で受け取った。

　12月30日　保険料として¥70,000を現金で支払った。

整理事項

　12月31日　期末商品棚卸高は¥40,000である。

　12月31日　備品は取得原価¥300,000。残存価額は取得原価の1/10。耐用年数10年として減価償却を定額法で行う。但し，1ヶ月間しか使用していない。

　　　　　　建物は取得原価¥3,000,000。残存価額は取得原価の1/10。耐用年数30年として減価

償却を定額法で行う。但し，1ヶ月間しか使用していない。
12月31日　受取家賃のうち¥50,000は来年1月分である。
12月31日　保険料のうち¥30,000は来年1月及び2月分である。

①仕訳帳へ日常取引記帳

```
12月1日    現    金    1,000,000    資 本 金    4,000,000
           建    物    3,000,000
12月4日    仕    入      100,000    買 掛 金      100,000
12月8日    仕    入       50,000    現    金       20,000
                                    買 掛 金       30,000
12月14日   備    品      300,000    現    金      300,000
12月19日   売 掛 金       80,000    売    上       80,000
12月21日   現    金       20,000    売    上      110,000
           売 掛 金       90,000
12月25日   現    金       80,000    受取手数料     80,000
12月28日   現    金      100,000    受 取 家 賃   100,000
12月30日   保 険 料       70,000    現    金       70,000
```

②総勘定元帳へ日常取引の仕訳を転記

```
            現    金               1               売 掛 金             2
12/1 資本金  1,000,000 |12/8 仕 入     20,000    12/19 売 上   80,000 |
 /21 売 上     20,000 | /14 備 品    300,000     /21 売 上    90,000 |
 /25 受取手数料 80,000 | /30 保険料    70,000
 /28 受取家賃  100,000 |

            備    品               3               建    物             4
12/14 現 金   300,000 |                         12/1 資本金 3,000,000 |

            買 掛 金              5               資 本 金             6
                      |12/4 仕 入    100,000                         |12/1 諸 口 4,000,000
                      | /8 仕 入     30,000

            売    上               7               受取手数料            8
                      |12/19 売掛金   80,000                         |12/25 現 金   80,000
                      | /21 諸 口   110,000

            受取家賃              9               仕    入            10
                      |12/28 現 金   100,000    12/4 買掛金  100,000 |
                                                /8 諸 口    50,000 |

            保 険 料             11
12/30 現 金    70,000 |
```

③試算表作成

試算表　　　　　12月31日

借方残高	借方合計	勘定科目	貸方合計	貸方残高
810,000	1,200,000	現　　　金	390,000	
170,000	170,000	売　掛　金		
300,000	300,000	備　　　品		
3,000,000	3,000,000	建　　　物		
		買　掛　金	130,000	130,000
		資　本　金	4,000,000	4,000,000
		売　　　上	190,000	190,000
		受取手数料	80,000	80,000
		受 取 家 賃	100,000	100,000
150,000	150,000	仕　　　入		
70,000	70,000	保　険　料		
4,500,000	4,890,000		4,890,000	4,500,000

④精算表作成

精算表　　　　　12月31日

勘定科目	元丁	残高試算表欄 借方	残高試算表欄 貸方	整理記入欄 借方	整理記入欄 貸方	損益計算書欄 借方	損益計算書欄 貸方	貸借対照表欄 借方	貸借対照表欄 貸方
現　　金	1	810,000						810,000	
売 掛 金	2	170,000						170,000	
備　　品	3	300,000			2,250			297,750	
建　　物	4	3,000,000			7,500			2,992,500	
買 掛 金	5		130,000						130,000
資 本 金	6		4,000,000						4,000,000
売　　上	7		190,000				190,000		
受取手数料	8		80,000				80,000		
受取家賃	9		100,000	50,000			50,000		
仕　　入	10	150,000			40,000	110,000			
保 険 料	11	70,000			30,000	40,000			
繰越商品	12			40,000				40,000	
減価償却費	13			9,750		9,750			
前受家賃	14				50,000				50,000
前払保険料	15			30,000				30,000	
当期純利益						160,250			160,250
		4,500,000	4,500,000	129,750	129,750	320,000	320,000	4,340,250	4,340,250

期首資本金の額	（¥	4,000,000 ）
期末資本金の額	（¥	4,160,250 ）
当期純利益の額（当期純利益）	（¥	160,250 ）

　この設例では，①日常取引の仕訳 → ②その転記 → ③決算整理前試算表作成 → 棚卸表作成（設例では棚卸表作成は割愛）→ ④精算表作成までを要求しています。精算表作成段階では決算整理事項に関する仕訳を仕訳帳に記帳しません。棚卸表・精算表作成は，決算のリハーサルに過ぎないのです。

第3節　決算本手続き

1．決算仕訳とその転記

　決算本手続きとは，予備手続きで把握した決算内容を，正規の記録に残すための手続きです。正規の記録とは主要簿である仕訳帳と総勘定元帳とに記帳することです。決算に際し行われる仕訳は日常取引の仕訳と区別して**決算仕訳**と呼ばれます。この決算仕訳のうち下記①に該当する仕訳を**決算整理仕訳**，②に該当する仕訳を**決算振替仕訳**と呼びます。

```
①　決算整理                    ②　決算振替
　・仕訳帳への仕訳      ⇒       ・仕訳帳への仕訳
　・総勘定元帳への転記          ・総勘定元帳への転記
```

　決算整理に関する仕訳を仕訳帳に記載，次いでそれを総勘定元帳に転記します。この作業で各勘定口座の修正が完了したことになります。しかしこのままでは各勘定が適正な記録になっているというだけです。損益算定の根拠となる当期の収益総額や費用総額も，また総収益・総費用の差額として算定される当期純利益ないしは当期純損失額も把握・記帳されていません。そこで，これらを記録に残すために，決算振替に関する仕訳・転記が行われます。これは3段階の作業となります。

・各収益勘定の残高を集計し，総収益額を算定・記帳　（各収益勘定の損益振替）
・各費用勘定の残高を集計し，総費用額を算定・記帳　（各費用勘定の損益振替）
・収益総額と費用総額の差額である当期損益を算定・記帳

　　　　　　　　　　　　　　　　　　（損益勘定残高の純資産（資本金勘定）振替）

　収益・費用の集計やその差額を把握する作業場所として，総勘定元帳に新たに損益という勘定口座を開設します。売上や受取家賃など全ての収益勘定残高を損益勘定の貸方に，また給料や支払利息などの全ての費用勘定残高を損益勘定の借方に移し替えます。各収益・費用の残高を損益勘定に移動することで，この段階での損益勘定の貸方合計は収益総額を，損益勘定の借方合計は費用総額を示すことになります。このように記録場所をある勘定口座から他の勘定口座へ移動することを振替えと言いましたが，決算時に行われる損益への振替を特に**決算振替**と言います。

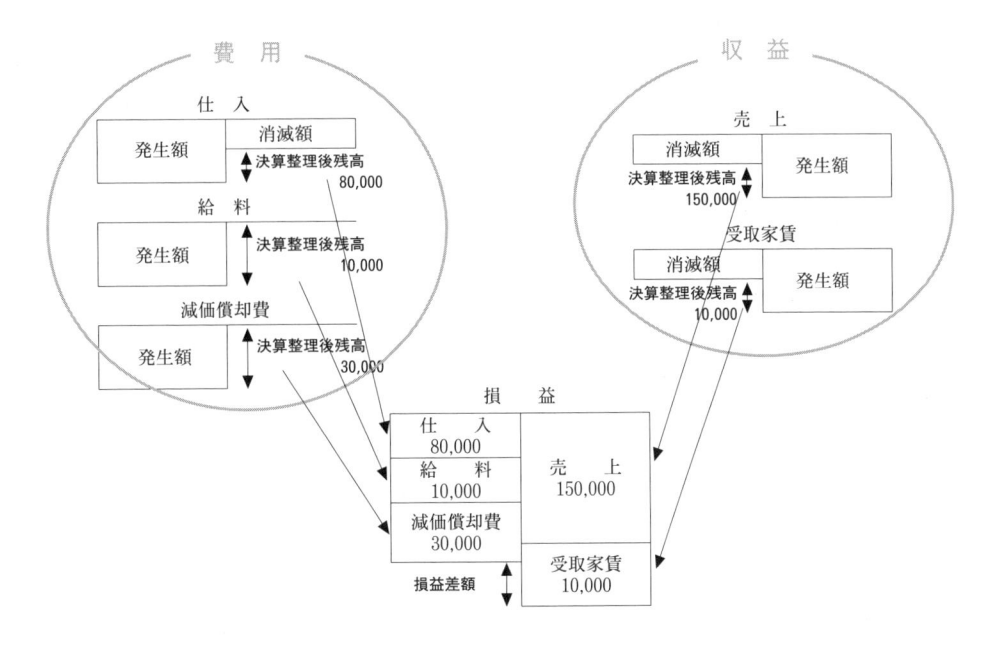

　売上勘定の残高¥150,000と受取家賃勘定の残高¥10,000を損益勘定に振り替える場合の仕訳は以下のようになります。

　　　（借）　売　　上　　150,000　　　（貸）　損　　益　　160,000
　　　　　　　受取家賃　　 10,000
　　　　　　　（収益の消滅）　　　　　　　　　　（収益の発生）

　これは売上勘定に記録されている¥150,000を消滅させ，同額を損益勘定の貸方に収益の発生として記録しなおす仕訳であり，受取家賃勘定についても同様です。このように各々の収益勘定の残高記録を消滅させ，逐次，損益勘定貸方に振り替えます。この決算振替仕訳を転記処理することによって損益勘定貸方には全ての収益額が集計されます。

　同様に，費用を損益勘定借方に振り替えます。仕入勘定の残高¥80,000，給料勘定の残高¥10,000，減価償却費勘定の残高¥30,000の損益振替えを一つの仕訳で示すと以下のようになります。

　　　（借）　損　　益　　120,000　　　（貸）　仕　　入　　 80,000
　　　　　　　（費用の発生）　　　　　　　　　　給　　料　　 10,000
　　　　　　　　　　　　　　　　　　　　　　　　減価償却費　 30,000
　　　　　　　　　　　　　　　　　　　　　　　　（費用の消滅）

　これは仕入，給料，減価償却費勘定の残高として把握されている当期発生額分の記録をそれぞれ当該勘定口座から消滅させ，同額を損益勘定借方に費用の発生として記録し直す仕訳です。各々の費用勘定残高を損益勘定借方に振り替えることで損益勘定借方にはすべての費用額が集計されます。

　ところで仕訳の貸方勘定¥160,000を損益勘定の貸方に転記する場合も，また借方損益¥120,000を損益勘定の借方に転記する場合も，通常の転記であれば¥160,000や¥120,000は複数種類の相手

科目勘定によって構成されているので特定の相手科目名を金額に付すのではなく「諸口　120,000」と記載することになっていました。しかし決算振替仕訳では諸口を使用しません。相手勘定科目が複数種で構成されている場合は，その内容を内訳として個別に転記します。例えば「諸口　120,000」に替えて，借方には「仕入　80,000」「給料　10,000」「減価償却費　30,000」と一行ずつ3行にわたり記載します。そのため決算振替をまとめて仕訳しても，損益の勘定口座には一つ一つの収益・費用勘定とその金額が一覧化されます。

　決算振替を転記した後の損益勘定では，貸方は総収益額，借方は総費用額，また残高は総収益と総費用の差額つまり当期の純利益または損失を表します。損益勘定に貸方残高があれば当期純利益，借方残高があれば当期純損失が算定されたことになります。

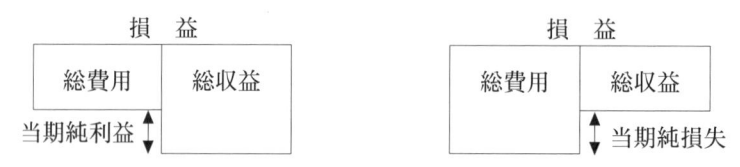

損　益	損　益
総費用　総収益	総費用　総収益
当期純利益	当期純損失

　損益勘定の残高として確認された損益額（当期純利益または当期純損失）は，当期の営業活動の成果でありこれは純資産（資本金）の増減に帰結します。そこで決算の最後の仕訳は損益勘定残高を資本金勘定へ振り替えます。この場合は当期利益が40,000となりますので，

　　　（借）　損　　益　　40,000　　（貸）　資　本　金　　40,000

となります。損益勘定に貸方残高として記帳されている記録を消滅させるとともに，その額を資本金勘定の増加として貸方記入します。

第4節　仕訳帳および総勘定元帳の締切り

　損益勘定残高を純資産に振り替える仕訳とその転記をもって当期の仕訳帳および総勘定元帳への記帳は終了です。仕訳帳および総勘定元帳において当期の記帳がすべて終了したことを明示するために，それぞれの**帳簿の締切り**を行います。仕訳帳の締切りは，金額欄の借方・貸方それぞれの列の総計額を最終行に記載し，それが合計値であることを示す合計線（二重線）を数値の下に付して完了です。一方，総勘定元帳の締切りは，勘定口座ごとに残高があればその額を次期繰越額として数値とともに，残高が存在する反対側に記載していきます。たとえば現金勘定であれば借方に残高が存在するので，「次期繰越」とその額を貸方に記します。更に借方・貸方の各総計を算出・記載します。次期繰越額を含めた総計値なので，貸借額は必ず一致します。ここでも総計値には合計値であることを示す合計線を付します。また次期繰越という文字およびその数値は朱書（赤書）にします。これは勘定口座内の他の項目・数値がいずれも仕訳の転記に基づくものであるのに対し，この次期繰越は貸借差額から求めた数値であることを示しています。

　帳簿の締切りはこれで終了です。しかし帳簿の締切りに際し，併せて開始記入を行うことがあります。開始記入は，本来，翌期首日の当期取引記帳前に，各勘定の前期からの繰越額残高を記載していく作業です。つまり決算業務ではありません。しかし決算において次期に繰り越す額は必ずそ

のままその勘定口座にとって前期からの繰越額すなわち「前期繰越」になるので，一連の決算作業の流れの中でこれを行うことがあります。

第5節　繰越資産表作成

日常取引の仕訳・転記の検算行為として試算表作成が実施されることは前述しました。一連の決算が誤りなく行われているのかを確認する目的で決算仕訳・転記のあとにも試算表を作成します。この試算表は総勘定元帳の次期繰越額を集計して作成するので，**繰越試算表**と呼ばれます。

	繰越試算表	
700,000	現金	
1,100,000	売掛金	
150,000	繰越商品	
9,100,000	建物	
	買掛金	700,000
	借入金	4,000,000
	資本金	6,325,000
30,000	前払保険料	
	前受家賃	40,000
	支払利息	5,000
11,080,000		11,080,000

繰越試算表の一例を上の通り示しましたが，同表は通常の試算表と異なり収益や費用に関する科目がありません。決算振替仕訳で，収益・費用の勘定残高はすべて損益に振り替えたので，これらの勘定口座には残高は存在せず，また次期繰越もありません。したがって繰越試算表には収益・費用の科目はなく，資産・負債・純資産の科目のみで構成されます。

第6節　損益計算書および貸借対照表の作成

決算が終了するとその内容を財務諸表にまとめます。ここで財務諸表作成の資料となるのが，正式な記録である総勘定元帳です。損益計算書は総勘定元帳の損益勘定を参照しながら作成します。両者は非常に似通った体裁をしています。損益勘定には決算振替仕訳の転記によって，仕訳の相手勘定科目名として記載した費用ないし収益の各科目名とその金額が並んでいます。損益計算書ではそれらをそのまま書き写します。ついで収益総額と費用総額の差額に当たる部分を書き写す作業に入ります。しかしここは損益勘定をそのまま書き写すことはしません。損益勘定ではこの部分を資本金勘定などの純資産に振り替えたので，相手勘定科目として「資本金」という科目名が付されています。しかし損益計算書ではこの金額に「資本金」とは付さずに，「当期純利益」または「当期純損失」と付記します。なお，ここでの当期純利益ないし当期純損失の項目とその金額表示は朱書（赤書）です。

ついで貸借対照表を作成します。貸借対照表には期末時点の資産・負債・純資産の額を記載します。資料は総勘定元帳の資産・負債・純資産の勘定口座の「次期繰越」です。しかしこの次期繰越は総勘定元帳のそれぞれの口座に分散して記載されていますから，これらを一つ一つ拾い上げていくのは大変です。そのため資料の信憑性を損なわず，かつ作業効率を上げるため，総勘定元帳の「次期繰越」ではなく，それらから作成した繰越試算表を実際には参照します。まず貸借対照表の各資産・負債項目を繰越試算表から書き写します。ついで純資産（資本金勘定）を参照します。繰越試算表では期首の資本金に当期の純損益（当期利益または当期損失）が加減された期末時点の額が記されています。しかし貸借対照表ではこれを書き写すのではなく，この期末時点の資本金を，期首時点から存在していた資本金と期中に当期利益ないし当期純損失として増減した額とに区分して表示します。期首の資本金を貸方に記載した後，当期純利益があれば，（期首）資本金の下「当期純利益」と表示してこの額を記します。また当期純損失の場合は，期首資本金の表示は同じですが，当期純損失は借方に赤（朱）書で記載します。

補節　大陸式決算と英米式決算

　決算の方法には大陸式と英米式があります。上記では英米式を紹介しました。ここでは大陸式の手続き詳細を紹介することはしませんが，その概要に触れておきます。上記で解説した英米式決算の手続きに，決算振替がありました。これは各収益および各費用の勘定残高を損益勘定に振り替える手続きでした。この手続きによって各収益勘定・各費用勘定は残高内容を失い，一方，損益勘定にその内容が引き継がれました。この手続きの意義は各収益・費用の残高状況の一覧性確保すること，および損益勘定の残高として当期純損益（当期純利益ないし当期純損失）を把握ができることです。

　大陸式決算でも同様に，収益・費用を損益に振り替えます。しかし収益・費用だけでなく，資産・負債・純資産も，「決算残高」という勘定を開設しそこへ振り替えます。そのため決算残高勘定に期末資産・期末負債，そして当期純利益ないし当期純損失の影響を受けて増減変化する前の純資産（ここでは資本金勘定）が一覧化されます。また決算残高勘定の貸借差額は，損益勘定同様，当期の純損益を表わします。大陸式決算では損益勘定だけではなく，決算残高勘定でも当期純損益を確認できます。損益勘定によって算定される当期純損益額も，決算残高勘定によって算定される当期純損益額も同額のはずですから，両者に不一致があれば何らかの作業ミスがあったことになります。この点，大陸式決算は手間はかかりますが検証性の高い決算方法と言えます。

　しかしミスさえ犯さなければ英米式でも大陸式でも算定される純損益額は同じです。そのため大陸式の簡略法として英米式は広く利用されています。なおここで英米とはアングロ・アメリカン型，大陸とはフランコ・ジャーマン型のことで，「大陸式」とはフランス，ドイツでかつて一般に行われていた方法に由来する名称です。

練習問題

以下の勘定記入面により合計試算表を作成し，棚卸表によって，精算表を決算振替仕訳・その転記までを行いなさい。また尚，決算日は×2年12月31日。

総勘定元帳（日常取引を記帳済み）

現　金　　1
1/1 前期繰越	500,000	9/5 仕入	500,000
8/6 受取家賃	520,000	10/4 保険料	100,000
10/2 売掛金	700,000	12/2 支払利息	120,000
		12/3 買掛金	300,000

売掛金　　2
1/1 前期繰越	300,000	10/2 現金	700,000
10/1 売上	900,000		
11/3 売上	600,000		

繰越商品　　3
1/1 前期繰越	200,000		

建　物　　4
1/1 前期繰越	9,400,000		

買掛金　　5
12/3 現金	300,000	1/1 前期繰越	200,000
		9/5 仕入	500,000
		10/4 仕入	300,000

借入金　　6
		1/1 前期繰越	4,000,000

資本金　　7
		前期繰越	6,200,000

売　上　　8
		10/1 売掛金	900,000
		11/3 売掛金	600,000

受取家賃　　9
		8/6 現金	520,000

仕　入　　10
9/5 諸口	1,000,000		
10/4 買掛金	300,000		

保険料　　11
10/4 現金	100,000		

支払利息　　12
12/2 現金	120,000		

（　　　）　　13

（　　　）　　14

（　　　）　　15

（　　　）　　16

（　　　）　　17

棚　卸　表

福岡商店	平成12年12月31日		(単位：円)
勘定科目	適　用	内　容	金　額
売上原価	期末商品棚卸高		150,000
建　物	木造3階建店舗　1棟		
	平成×0年1月1日取得		
	取得原価　10,000,000		
	帳簿価額　9,400,000	9,400,000	
	残存価額　取得原価の1/10		
	償却方法　定額法	300,000	9,100,000
	記帳方法　直接法		
前払保険料	火災保険料　13年1～3月分（3ヶ月）		30,000
前受家賃	賃貸アパート1月分（1ヶ月）		40,000
未払利息	借入金に対する12月分（1ヶ月）		15,000

合計残高試算表

借方		勘定科目	貸方	
残高	合計		残高	合計
		現　　　金		
		売　掛　金		
		繰 越 商 品		
		建　　　物		
		買　掛　金		
		借　入　金		
		資　本　金		
		売　　　上		
		受 取 家 賃		
		仕　　　入		
		保　険　料		
		支 払 利 息		

福岡商店　　　　　　　精　算　表（8桁）　　　　　　12月31日

勘定科目	残高試算表欄		整理記入欄		損益計算書欄		貸借対照表	
	借方	貸方	借方	貸方	借方	貸方	借方	貸方
現　　　金								
売　掛　金								
繰 越 商 品								
建　　　物								
買　掛　金								
借　入　金								
資　本　金								
売　　　上								
受 取 家 賃								
仕　　　入								
保　険　料								
支 払 利 息								

当期純（利益・損失）の額はいくらか。　　Ans.

期首資本の額はいくらか。　　Ans.

期末資本の額はいくらか。　　Ans.

当期売上原価はいくらか。　　Ans.

売上総利益はいくらか。　　Ans.

第13章　本支店会計

第1節　支店会計の独立

　1つの店舗だけで営業していた会社が事業規模を拡大し，複数の支店を設けるようになった場合，本店と支店という関係ができます。本店，支店と区別されても同じ会社なので，本店と支店の利益などは最終的には通算され，会社全体の利益となります。しかしながら，支店の会計処理を本店で記帳するよりも支店ごとに帳簿を設け，会計処理をシェアさせた方が効率的に良いとも言えます。そうすることにより，支店そのものの資金の流れや，利益の状況を把握することができ，ひいては経営管理上および支店スタッフの業績評価にも役立ちます。

　このように，支店が支店独自の帳簿を持ち，本店から独立して会計処理を行う制度を支店独立会計制度と言います。また，支店独立会計制度に対して本店のみで帳簿を設け，本店でのみ会計処理を行う会計制度を本店集中会計制度と呼び区別されます。

　本章では支店独立会計制度について説明します。

第2節　本店勘定と支店勘定

　支店独立会計制度は，支店を会計上独立したものとして支店独自の会計処理を行います。このように支店独自の会計処理が行われるようになると，支店と本店間で発生する取引をどのように処理するかが問題になります。このような場合には，支店は，本店に対する債権・債務に関して本店勘定を用いて処理します。逆に，本店では支店に対する債権・債務に対しては支店勘定を設けて処理します。支店勘定と本店勘定は，たとえば，支店の本店に対する債権は本店にとっては債務となるなど，下記の勘定にもあるように各々の残高は貸借逆で必ず一致することとなります。

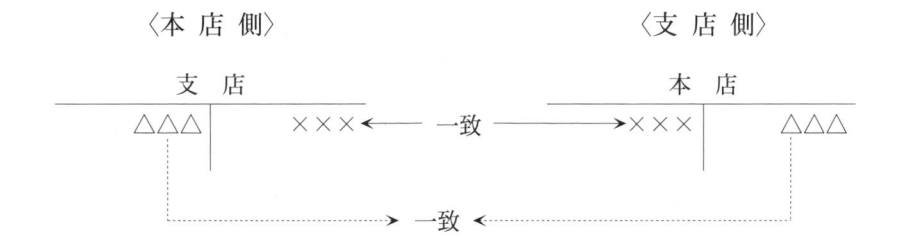

```
      〈本 店 側〉              〈支 店 側〉
         支　店                    本　店
    △△△ │ ×××  ←─一致─→ ×××  │ △△△
        └─────────一致─────────┘
```

設例13－1

盛岡商事は支店を開設し，本店にて記帳していた以下の債権債務を支店の帳簿に移すことになった。支店開設に伴う仕訳を本店，支店の両方行いなさい。なお，支店の開設に当たっては支店独立会計制度を採用している。

現金￥50,000，売掛金￥25,000　備品15,000　借入金￥20,000

本店：	（借）	支　店	70,000	（貸）	現　金	50,000
		借入金	20,000		売掛金	25,000
					備　品	15,000
支店：	（借）	現　金	50,000	（貸）	本　店	70,000
		売掛金	25,000		借入金	20,000
		備　品	15,000			

　設例からもわかるように支店独立会計制度においては，本店と支店との間に形式上，債権債務関係が生じるような仕訳になります。

第3節　本支店間取引

　支店を持ち，支店独立会計制度を採用している会社では，第2節のように支店に移転させるような処理を行った後，実際にそれぞれ営業が営まれ，本店および支店での記帳・仕訳が行われていくことになります。そして，本店および支店間の取引も支店独立会計制度においては発生することになります。この本支店間の取引には，下記の本店の支店勘定と支店の本店勘定にあるように，本支店間の送金取引，商品の積送取引，他店の債権および債務の受取・支払をする取引，他店の営業費用を収益および費用を立て替えるような取引があります。

〈本　店　側〉　　　　　　　　　　　　〈支　店　側〉

支　店			本　店	
支店への貸し　○○	支店からの借り　××	本店への貸し　××	本店からの借り　○○

1．本支店間の送金取引

　本店および支店の間で手持資金の供給をしあうことがあります。これが，本支店間の送金取引です。この場合，本店が現金を支店に送金した場合は，本店においては借方が支店勘定，貸方が現金勘定に記入されます。逆に資金の提供を受けた支店においては，借方が現金勘定，貸方が本店勘定となります。

設例13－2
本店は支店へ現金¥45,000を送金した。
　　　本店：（借）支　　　店　　45,000　　（貸）現　　　金　　45,000
　　　支店：（借）現　　　金　　45,000　　（貸）本　　　店　　45,000

2．本支店間での商品の積送取引

　本店で仕入れた商品または支店で仕入れた商品を支店または本店で販売することがあります。この場合，本支店間で商品が振り替えられ，積送されることになります。
　このような本支店間で商品を積送する際の価格は(1)原価で積送される場合，(2)原価に一定の利益を加算して積送される場合があります。また，本支店間で商品を積送する際の価格を振替価格と言います。

(1) 原価で積送する場合

　（仕入）原価で商品を積送する場合には，商品を積送する側は仕入勘定の貸方に記入します。また，借方には本店が支店に積送した場合は，支店勘定に記入し，支店が本店に積送した場合には本店勘定に記入されます。

設例13－3
本店は商品¥35,000を原価で支店に積送した。
　　　本店：（借）支　　　店　　35,000　　（貸）仕　　　入　　35,000
　　　支店：（借）仕　　　入　　35,000　　（貸）本　　　店　　35,000

(2) 原価に一定の利益を加算して積送する場合

　次に，原価に一定の利益を加えて商品を積送する場合です。この場合，本店が支店へ積送した場合は，本店側の仕訳は会社外部への通常の売上勘定と区別するために，**支店へ売上**勘定の貸方に記入します。借方は支店勘定に記入します。また，支店側の仕訳は，会社外部からの仕入と区別するため**本店より仕入**勘定に借方記入し，貸方は本店勘定に記入します。逆に，支店が本店へ積送した場合は，本店側は借方**支店より仕入**勘定，貸方支店勘定となり，支店側は借方本店勘定，貸方**本店へ売上**勘定となります。

設例13－4
① 本店は仕入原価¥100,000の商品を原価に20%の利益を加算して支店に積送した。
　　　本店：（借）支　　　店　　120,000　　（貸）支 店 へ 売 上　120,000
　　　支店：（借）本店より仕入　120,000　　（貸）本　　　店　　120,000
② 支店は仕入原価¥50,000の商品を原価に10%の利益を加算して本店に積送した。
　　　本店：（借）支店より仕入　55,000　　（貸）支　　　店　　55,000

　　　　支店：（借）本　　　　店　　　55,000　　　（貸）本店へ売上　　　55,000

3．本支店間での債権債務の決済取引

　本店で記帳していた会社外の顧客取引先の債権・債務を支店が回収・返済することがあります。また逆に，支店で記帳していた会社外の顧客取引先の債権・債務を本店が回収・返済することもあります。これは，会社外の顧客にとっては，本店も支店も同じ会社であり，本店または支店どちらから債権を回収したり債務を返済することには関係ないからです。とはいえ，支店独立会計制度を採用している会社では制度上，本店または支店の債権・債務を他店が回収・返済することになりますので，この点を区別して仕訳，記帳する必要があります。

設例13－5
①　本店は支店の売掛金¥25,000を小切手で回収した。また，その旨支店に連絡した。
　　　　本店：（借）現　　　　金　　　25,000　　　（貸）支　　　　店　　　25,000
　　　　支店：（借）本　　　　店　　　25,000　　　（貸）売　　掛　　金　　25,000

②　支店は本店の買掛金¥17,000を現金で返済し本店に連絡した。
　　　　本店：（借）買　　掛　　金　　17,000　　　（貸）支　　　　店　　　17,000
　　　　支店：（借）本　　　　店　　　17,000　　　（貸）現　　　　金　　　17,000

4．その他の本支店間の立替

　1から3以外の本支店間の振替えには，他店の費用の立替払や収益の受取りに関する記帳などがあります。また，決算時に支店の損益勘定で純損益が計上された場合，支店には独自に資本（金）勘定が設けてない場合が多いため，この純損益を本店勘定に振り替えます。本店では会社全体の損益を計算するため本店の損益勘定（総合損益勘定を設ける場合もある）に振り替える処理を行います。

設例13－6
①　本店は支店の地代¥5,000を現金で支払い，その旨支店に連絡した。
　　　　本店：（借）支　　　　店　　　5,000　　　（貸）現　　　　金　　　5,000
　　　　支店：（借）支　払　地　代　　5,000　　　（貸）本　　　　店　　　5,000

②　本店は支店の手数料¥3,000を現金で受け取り，その旨本店に連絡した。
　　　　本店：（借）現　　　　金　　　3,000　　　（貸）支　　　　店　　　3,000
　　　　支店：（借）本　　　　店　　　3,000　　　（貸）受　取　手　数　料　3,000

③　決算になり，支店は¥34,000の純利益を計上し，その旨本店に連絡した。

| 本店：（借）支　　　店 | 34,000 | （貸）損　　　益 | 34,000 |
| 支店：（借）損　　　益 | 34,000 | （貸）本　　　店 | 34,000 |

第4節　支店相互間の取引

　事業を拡大し支店が2支店以上開設される場合，その支店相互間で行われる取引の記帳も必要になります。この場合の取引の記帳方法は，支店分散計算制度または本店集中計算制度の2つがあります。

　支店分散計算制度では，各支店間の取引を他の支店勘定の名称（支店名など）をつけた勘定で記帳する方法です。この制度のもとでは，本店は各支店間の取引をその都度把握できないので支店の活動を管理するには不都合な制度となります。本店集中計算制度は，支店間の取引をすべて本店との取引であるとみなして記帳する方法です。この場合，各支店は相手先の支店との取引を本店勘定に記入し，その報告を受けた本店ではそれぞれの名称（支店名など）をつけた支店勘定に記入します。この制度の場合支店間の取引も本店で把握できるため支店の活動を管理することができます。

設例13－7

　秋田商店は本店の他に大館支店と花輪支店で営業活動を行っている。以下の取引について支店分散計算制度および本店集中計算制度のもとでの各支店および本店の仕訳をしなさい。
① 大館支店は花輪支店に現金¥90,000を送金した。
② 花輪支店は仕入原価¥40,000の商品を原価に10%の利益を加算して大館支店に積送した。

＜支店分散計算制度＞
① 大館支店：（借）花輪支店　　90,000　　（貸）現　　　金　　90,000
　　花輪支店：（借）現　　　金　　90,000　　（貸）大館支店　　90,000
　　本　　店：　仕訳なし
② 大館支店：（借）支店より仕入　44,000　　（貸）花輪支店　　44,000
　　花輪支店：（借）大館支店　　44,000　　（貸）支店へ売上　44,000
　　本　　店：　仕訳なし

＜本店集中計算制度＞
① 大館支店：（借）本　　　店　　90,000　　（貸）現　　　金　　90,000
　　花輪支店：（借）現　　　金　　90,000　　（貸）本　　　店　　90,000
　　本　　店：（借）花輪支店　　90,000　　（貸）大館支店　　90,000
② 大館支店：（借）本店より仕入　44,000　　（貸）本　　　店　　44,000
　　花輪支店：（借）本　　　店　　44,000　　（貸）本店へ売上　44,000
　　本　　店：（借）大館支店　　44,000　　（貸）花輪支店　　44,000

第5節　未達取引の処理

　本支店間の取引では，連絡漏れや時間のズレなどが原因で，一方の店が記帳していて他方が記帳していない場合が生じることがあります。これを未達取引と言います。第2節でも述べたように，本店勘定と支店勘定の残高は貸借逆で一致するようになっていますが未達取引がある場合には残高の不一致がおこります。未達は決算日までに修正しなければなりませんが，未達になる原因としては，商品取引に対する未達，送金に対する未達，債権債務の他店決済に伴う未達，費用収益の他店決済に対する未達取引があります。
　この未達取引に関してはその取引を処理していない側で仕訳を行い本支店の貸借を一致させます。

設例13－8
　次の未達取引に関する修正の仕訳をしなさい。
　①　本店から支店に送金した現金¥10,000が支店に未達であった。
　②　支店で本店の売掛金¥20,000を回収したが，本店に未達であった。
　③　本店で支店の広告費¥15,000を立替払いしたが，支店に未達であった。

　　①　＜支店＞（借）未達現金　　10,000　　（貸）本　　店　　10,000
　　②　＜本店＞（借）支　　店　　20,000　　（貸）売　掛　金　20,000
　　③　＜支店＞（借）広　告　費　15,000　　（貸）本　　店　　15,000

設例13－9
　決算になり本店勘定と支店勘定が一致しなかったため調査したところ次のことがわかった。本店，支店勘定に関する修正の仕訳をしなさい。なお，勘定の数値は残高を表します。

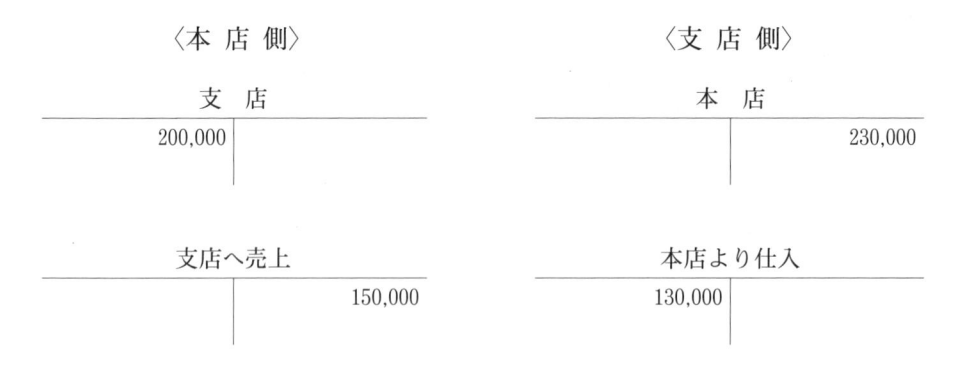

〈本店側〉

　　　　　支　店
　　200,000　｜

　　　　支店へ売上
　　　　　　　｜　150,000

〈支店側〉

　　　　　本　店
　　　　　　　｜　230,000

　　　　本店より仕入
　　130,000　｜

　①　本店から支店に商品¥20,000を送付したが支店に未達であった。
　②　支店から本店に現金¥10,000を送金したが本店に未達であった。
　③　本店は支店の売掛金¥60,000を相手振り出しの小切手で回収したが，支店に未達であった。

① ＜支店＞（借）本店より仕入　20,000　　（貸）本　　店　20,000
② ＜本店＞（借）現　　金　　10,000　　（貸）支　　店　10,000
③ ＜支店＞（借）本　　店　　60,000　　（貸）売　掛　金　60,000

※　①の仕訳に関しては未達取引事項を未仕訳だった支店が仕訳を行います。
　　②では，未仕訳の本店が仕訳を行い，③では支店が売掛金を減少させる仕訳をします。
　　未達取引を修正仕訳すると下記の勘定のように貸借が一致します。（太字部分が修正仕訳）

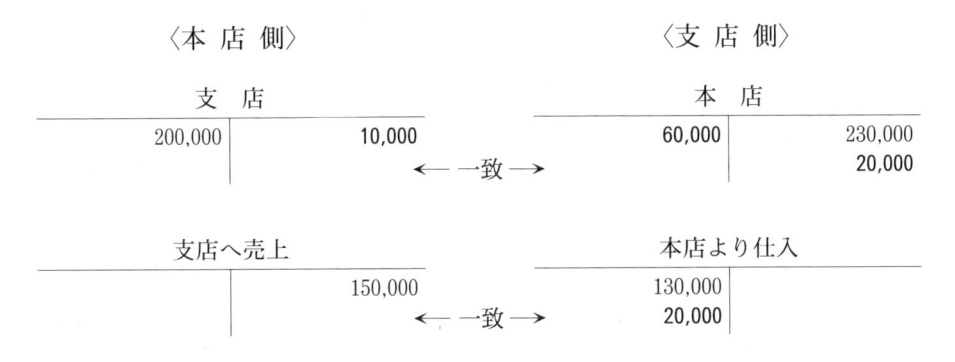

〈本店側〉　　　　　　　　　　　　〈支店側〉

支　店			本　店	
200,000	10,000		60,000	230,000
	←一致→			20,000

支店へ売上			本店より仕入	
	150,000		130,000	
	←一致→		20,000	

第6節　内部利益の控除

　本支店間では商品の積送において取引原価に一定の利益を加算して積送する場合があります。この利益は内部利益と呼ばれ，後節でも扱いますが決算時には内部利益を控除する処理を行わなければなりません。

　すなわち，内部利益を加算して本店または支店に商品を積送している場合に，決算日時点でその商品がまだ売れずに，残っていれば，その商品に含まれている利益は未実現の利益なので，決算時に本支店合併の財務諸表を作成する際などに控除しなければなりません。期末時点で下図のように本店から支店へ内部利益を加えて積送された商品が販売されず在庫として残れば未実現の利益が発生することがわかります。これを未実現利益と言います。

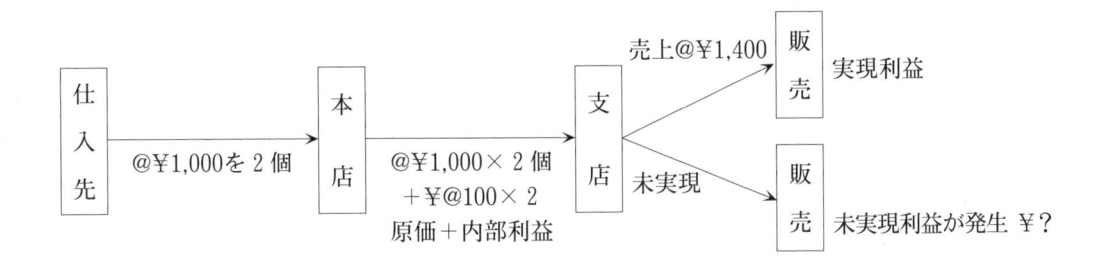

```
                              売上＠¥1,400   ┌──┐
                          ┌──────────────→│販売│ 実現利益
┌──┐ ＠¥1,000を2個 ┌──┐ ＠¥1,000×2個  ┌──┐          └──┘
│仕入│─────────→│本店│＋¥＠100×2 →│支店│
│先 │               └──┘ 原価＋内部利益 └──┘   未実現   ┌──┐
└──┘                                          └──────→│販売│ 未実現利益が発生　¥？
                                                          └──┘
```

　未実現利益の計算方法に関しては次のように計算します。上図のように仕入先から仕入原価＠¥1,000で仕入れた商品に内部利益10％で＠¥100の利益を加えて支店に積送した商品が期末時点で

在庫として売れ残っている場合を考えます。ここで，支店の本店からの仕入原価は¥1,100でこの¥1,100に含まれる内部利益は次のように計算されます。

$$内部利益＝¥1,100×0.1/1.1＝¥100$$

設例13−10

当期の本店から支店への商品積送額は¥300,000である。また，本店から支店へ商品を積送する際に，原価に10%の利益を加算している。期末になり支店に在庫として¥33,000分残っている。内部利益額を求めなさい。

$$内部利益＝¥33,000×0.1/1.1　＝¥3,000$$

設例13−11

次の資料をもとに控除すべき内部利益の金額を計算しなさい。なお，本店から支店への商品の積送分においては仕入原価に20%の利益が加えられている。

[資料] 支店期末商品棚卸高¥190,000（本店より仕入分¥110,000）
　　　　支店への未達商品　¥40,000

$$内部利益＝（¥110,000＋¥40,000）×0.2/1.2＝¥25,000$$

第7節　本支店合併財務諸表の作成

　本店支店がある会社では，決算手続きの後，本店において本支店合併財務諸表すなわち会社全体の財政状態を示す合併貸借対照表と経営成績を示す合併損益計算書を作成しなければなりません。本支店合併財務諸表の作成には，未達取引事項および決算修正事項について処理するとともに以下の手続きが必要になります。
- 本店勘定と支店勘定は本支店間の内部の取引を処理するために設けられた勘定です。そのため，合併財務諸表には記載されない勘定なのでこれらを相殺消去します。
- 本店より仕入（支店より仕入）勘定と支店へ売上（本店へ売上）勘定も上記と同様な理由で相殺消去します。
- 本支店合併損益計算書では，期首商品棚卸高に含まれる内部利益を控除するとともに期末商品棚卸高に含まれる内部利益を控除する。
- 　本支店における同一勘定科目の金額を合算する。

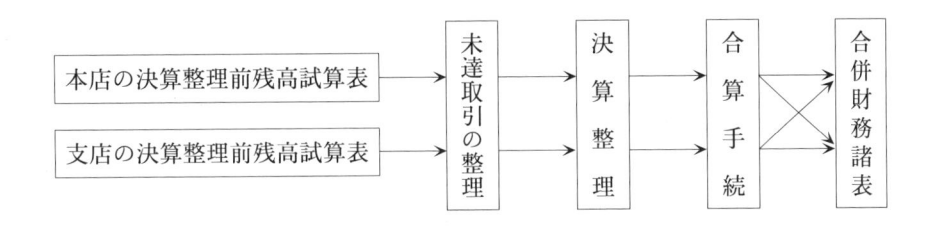

```
本店の決算整理前残高試算表 ┐
                         ├→ 未達取引の整理 → 決算整理 → 合算手続 →╳→ 合併財務諸表
支店の決算整理前残高試算表 ┘
```

設例13－12

以下の本店と支店の貸借対照表資料および未達取引に関する資料に基づき合併貸借対照表を作成しなさい。

本店貸借対照表
平成○年3月31日

現　　　金	400,000	買　掛　金	470,000
売　掛　金	350,000	借　入　金	390,000
商　　　品	250,000	貸倒引当金	30,000
備　　　品	900,000	備品減価償却累計額	300,000
車　　　両	600,000	車両減価償却累計額	200,000
支　　　店	620,000	資　本　金	1,500,000
		当期純利益	230,000
	3,120,000		3,120,000

支店貸借対照表
平成○年3月31日

現　　　金	230,000	買　掛　金	740,000
売　掛　金	180,000	貸倒引当金	10,000
商　　　品	250,000	備品減価償却累計額	250,000
備　　　品	700,000	車両減価償却累計額	170,000
車　　　両	400,000	本　　　店	500,000
		当期純利益	90,000
	1,760,000		1,760,000

未達取引

① 本店から支店に積送した商品￥40,000（原価）が支店に未達であった。
② 本店が支店の売掛金￥90,000を回収したが，支店に未達であった。
③ 支店から本店に現金￥160,000を送金したが本店に未達であった。
④ 支店が本店の支払手数料￥10,000を支払ったが，本店に未達であった。

[解答欄]

合併貸借対照表
平成○年3月31日

現　　　金		買　　掛　　金	
売　掛　金		借　　入　　金	
商　　　品		貸倒引当金	
備　　　品		備品減価償却累計額	
車　　　両		車両減価償却累計額	
		資　　本　　金	
		当期純利益	

[解答]

合併貸借対照表
平成○年3月31日

現　　　金	790,000	買　　掛　　金	1,210,000
売　掛　金	440,000	借　　入　　金	390,000
商　　　品	540,000	貸倒引当金	40,000
備　　　品	1,600,000	備品減価償却累計額	550,000
車　　　両	1,000,000	車両減価償却累計額	370,000
		資　　本　　金	1,500,000
		当期純利益	310,000
	4,370,000		4,370,000

[解説]

(1) 本店と支店の貸借対照表における同一勘定科目の金額を合算します。

　現　金　勘　定 ＝ ¥400,000（本店）＋ ¥230,000（支店）＝ ¥630,000

　売掛金勘定 ＝ ¥350,000（本店）＋ ¥180,000（支店）＝ ¥530,000

　　　　　　　⋮

そうすると，

現　　　金	630,000	買　　掛　　金	1,210,000
売　掛　金	530,000	借　　入　　金	390,000
商　　　品	500,000	貸倒引当金	40,000
備　　　品	1,600,000	備品減価償却累計額	550,000
車　　　両	1,000,000	車両減価償却累計額	370,000
		資　　本　　金	1,500,000
		当期純利益	320,000
	4,260,000		4,380,000

となり，¥120,000の不一致があることがわかります。そこで，

(2) 未達取引の修正をします。
　① ＜支店＞（借）未 達 商 品　　40,000　　（貸）本　　　店　　40,000
　② ＜支店＞（借）本　　　店　　90,000　　（貸）売 掛 金　　90,000
　③ ＜本店＞（借）未 達 現 金　160,000　　（貸）支　　　店　160,000
　④ ＜本店＞（借）支払手数料　　10,000　　（貸）支　　　店　　10,000
　　　ここで支払手数料は費用項目で損益取引になるので，当期純利益が¥10,000減少するように修正します。

(3) 本店の支店勘定の残高と支店の本店勘定の残高が貸借逆に一致するかを確認した上で相殺消去します。

〈本　店　側〉			〈支　店　側〉	
支　　店			本　　店	
620,000	160,000		90,000	500,000
	10,000			40,000
（残高）	450,000	←一致→ （残高）	450,000	

本店勘定と支店勘定の相殺仕訳
　　（借）支　　　店　450,000　　（貸）本　　　店　450,000

(4) 合併後の貸借対照表では，未達現金は現金勘定に，未達商品は商品勘定に含めて記載します。

練習問題

次の (1) 残高試算表, (2) 未達事項, (3) 期末修正事項によって, 本支店合併の損益計算書と貸借対照表を作成しなさい。なお, 作成にあたって本支店間の内部取引は相殺消去し, 未実現の内部利益は商品棚卸高から直接控除すること。また, 未達商品は期末商品に含めることとする。

(1) 残高試算表

残高試算表

借　　　方	本　店	支　店	貸　　　方	本　店	支　店
現 金 預 金	160,000	140,000	買　掛　金	90,000	80,000
売　掛　金	320,000	230,000	貸 倒 引 当 金	4,000	2,000
受 取 手 形	20,000	10,000	減価償却累計額	120,000	80,000
繰 越 商 品	140,000	110,000	本　　　店		350,000
支　　　店	400,000		資　本　金	500,000	
建　　　物	300,000	200,000	利 益 剰 余 金	80,000	
仕　　　入	1,940,000	590,000	売　　　上	2,450,000	1,298,000
本店より仕入		310,000	支店へ売上	376,000	
営　業　費	340,000	220,000			
	3,620,000	1,810,000		3,620,000	1,810,000

(2) 未達事項

① 本店から支店に積送した商品 ¥66,000 が支店に未達であった。

② 本店が支店の売掛金 ¥20,000 を回収したが, 支店に未達であった。

③ 支店が本店の営業費 ¥4,000 を支払ったが, 本店に未達であった。

(3) 期末修正事項

① 期末商品棚卸高　　本店　¥160,000
　　　　　　　　　　　支店　¥ 60,000 (うち本店より仕入 ¥22,000)

なお, 本年度より本店から支店へ商品を積送する際には原価に対し10%の利益が加算されている。

② 売掛金および受取手形期末残高に対し, 本支店ともに2%の貸倒を見積もる (差額補充法による)。

③ 建物に対し, 本支店ともに減価償却を行う (償却方法は定率法で償却率は25%)。

④ 支店において営業費の未払い分 ¥20,000 がある。

⑤ 本店において売上 ¥21,000 があり現金で受け取っていたのが記入されていなかったので修正する。

[解答欄]

損 益 計 算 書

資　　産	金　額	負債および純資産	金　額
仕　　　　　入 期首商品棚卸高 営　業　費 貸倒引当金繰入 減 価 償 却 費 当 期 純 利 益		期末商品棚卸高 売　　　　　上	

貸 借 対 照 表

資　　産	金　額	負債および純資産	金　額
現　金　預　金 売　　掛　　金 受　取　手　形 商　　　　品 建　　　　物		買　　掛　　金 未　払　営　業　費 貸　倒　引　当　金 減価償却累計額 資　　本　　金 利　益　剰　余　金	

— 151 —

第14章　帳簿組織と伝票式会計

　これまでは，各種取引についての基本的な処理方法や決算手続きなどについて説明してきました。しかし，企業の規模が大きくなってくると，取引量が増え，日々の記帳や転記業務の量が膨大になると想定されます。したがって，これらの諸手続きをいかにして軽減するかは，企業にとっての重要課題となります。本章では，**特殊仕訳帳制**や**伝票式会計**など，記帳手続きの簡略化や合理化をはかるために考えられた様々な工夫について説明します。

第1節　帳簿組織

1．帳簿体系

　帳簿と帳簿記録は不可分の関係にあり，企業の経済活動を記録し，計算するために，多種の帳簿が設けられています。これらの帳簿は有機的に統合されたひとつの体系を構成しており，次のようにまとめることができます。

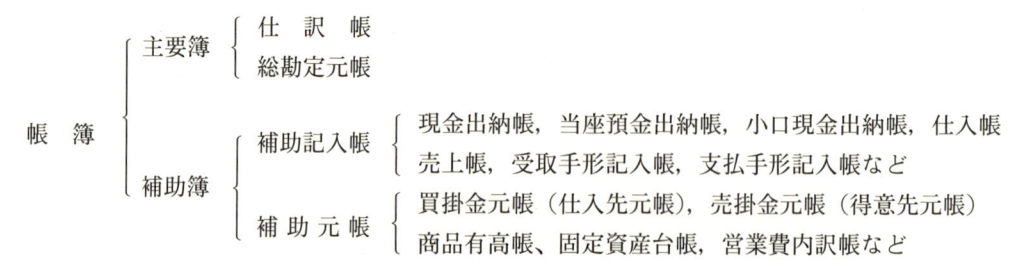

```
         ┌ 主要簿 ┌ 仕 訳 帳
         │       └ 総勘定元帳
帳 簿 ┤
         │       ┌ 補助記入帳 ┌ 現金出納帳，当座預金出納帳，小口現金出納帳，仕入帳
         └ 補助簿 ┤            └ 売上帳，受取手形記入帳，支払手形記入帳など
                  │
                  └ 補助元帳  ┌ 買掛金元帳（仕入先元帳），売掛金元帳（得意先元帳）
                              └ 商品有高帳，固定資産台帳，営業費内訳帳など
```

　この帳簿体系では，すべての取引を**主要簿**である**仕訳帳**に記帳し，その仕訳記録を勘定科目ごとに整理し，**総勘定元帳**の各勘定に転記します。それと同時に，その取引に該当する**補助簿**があれば，その補助簿にも取引内容を詳細に記帳します。ちなみに，補助簿は，特定の取引についての明細を発生順に記入する**補助記入帳**と，特定の勘定または事柄についての明細を口座別に記入する**補助元帳**に分類されます。

　このような，相互関連性を持った諸帳簿の体系を**帳簿組織**と言い，企業においてどんな帳簿組織をつくり，どの部門にどのような手順で記帳させるかを決めることを**帳簿組織の立案**と言います。

2．単一仕訳帳制と複合仕訳帳制

　帳簿組織には，**単一仕訳帳制**と**複合仕訳帳制**（または複数仕訳帳制，特殊仕訳帳制，分割仕訳帳制とも言う）があります。**単一仕訳帳制**とは，すべての取引を1冊の仕訳帳に記入し，それを総勘定元帳に転記するという方法で，複式簿記の基本的な帳簿組織です。必要に応じて現金出納帳，当

座預金出納帳，仕入帳，売上帳などを補助記入帳として，また買掛金元帳，売掛金元帳を補助元帳として用い，取引内容を詳細に記帳することもあります。

しかし，企業の規模が大きくなり，取引が増えてくると単一仕訳帳制では業務に支障が出てくることもあります。なぜなら，単一仕訳帳制では1冊の仕訳帳に記入するため，記帳の作業を分割することができないからです。つまり複数人数で記帳作業を分担して行うことができないということです。またこの方法ではひとつの取引に対して数種類の帳簿に記帳するため，記帳ミスをしやすくなります。そこで用いられるのが**複合仕訳帳制**です。

これは，従来の仕訳帳から総勘定元帳への転記とともに，企業の取引のうち頻繁に行われる取引の補助記入帳（現金出納帳，当座預金出納帳，仕入帳，売上帳など）にも仕訳帳としての機能を持たせ，補助記入帳からも総勘定元帳に転記を行う方法です。この仕訳帳としての機能を持つ補助記入帳は**特殊仕訳帳**と言われ，それに対し，従来の仕訳帳は**普通仕訳帳**と言われています。

3．特殊仕訳帳の記帳

特殊仕訳帳とした補助記入帳は，実際にはどのように使われているのでしょうか。

（1）現金出納帳

現金出納帳を特殊仕訳帳として用いる場合には，その仕訳帳としての役割を十分に果たすように，**勘定科目欄**と**元丁欄**を加えます。その様式には残高式と標準式があり，実務でよく用いられるのは**残高式**ですが，**標準式**はわかりやすいため，しばしば簿記の学習で用いられます。

【残高式】

現　金　出　納　帳

平成〇年	勘定科目 借方 貸方	摘要	元丁	収入（借方）	支出（貸方）	残高

【標準式】

現　金　出　納　帳

平成〇年	勘定科目	摘要	元丁	借方	平成〇年	勘定科目	摘要	元丁	貸方

勘定科目欄……現金の相手勘定を記入する。

元丁欄……相手勘定が特別欄でない場合は**個別転記**（仕訳帳へ記入する度に総勘定元帳に転記する）をするため，総勘定元帳の丁数を記入する。相手勘定が特別欄である場合は個別転記を行わないので，「✓（チェック・マーク）」を記入する。言い換えれば，「✓」されたものは**合計転記**（定期的に合計額を算出してその額を総勘定元帳に転記する）されることになる。

また，現金収入の多くが売掛金の入金額であり，現金支出の多くが買掛金の出金額である場合は，**標準式**の様式をベースに，借方に売掛金欄，貸方に買掛金欄という**特別欄**を設けることがあります。売掛金と買掛金以外の入金と出金については，**諸口欄**を設けて記入します。このような特別欄と諸口欄を設けた現金出納帳を**多欄式現金出納帳**と言います。以下では，多欄式現金出納帳を用いた例題をみてみましょう。

設例14－1

次の取引について，売掛金と買掛金の二つの特別欄を設けた現金出納帳に記帳して締め切り，総勘定元帳および補助元帳の各勘定に転記しなさい。なお，当店では現金出納帳のみを特殊仕訳帳として用いている。

4月1日　現金の前月繰越高は￥100,000である。
　　4日　札幌商店に対する買掛金￥30,000を現金で支払った。
　　7日　秋田商店の商品売買の仲介を行い，手数料￥10,000を現金で受け取った。
　　9日　大阪商店から商品￥50,000を仕入れ，代金は現金で支払った。
　　15日　東京商店から売掛金￥70,000を現金で受け取った。
　　17日　神戸商店に対する買掛金のうち，￥110,000は現金で支払った。
　　19日　京都商店に商品￥140,000を売り渡し，代金は現金で受け取った。
　　22日　奈良商店に対する売掛金のうち，￥60,000を現金で受け取った。
　　25日　従業員の本月分の給料￥80,000を現金で支払った。

現　金　出　納　帳

平成○年		勘定科目	摘　　要	元丁	売掛金	諸　口	平成○年		勘定科目	摘　　要	元丁	買掛金	諸　口
4	7	受取手数料	秋田商店	32		10,000	4	4	買　掛　金	札幌商店	買1	30,000	
	15	売　掛　金	東京商店	売1	70,000			9	仕　　　入	大阪商店	42		50,000
	19	売　　　上	京都商店	31		140,000		17	買　掛　金	神戸商店	買2	110,000	
	22	売　掛　金	奈良商店	売2	60,000			25	給　　　料	本月分支払	49		80,000
					130,000	150,000						140,000	130,000
	30		売　掛　金	3		130,000		30		買　掛　金	13		140,000
	〃		（現　金）	1		280,000		〃		（現　金）	1		270,000
			前月繰越	✓		100,000				次月繰越	✓		110,000
						380,000							380,000

総　勘　定　元　帳

```
          現          金              1                   売   掛   金          3
4/1 前月繰越 100,000 |4/30 現金出納帳 270,000   4/1 前月繰越 ×××|4/30 現金出納帳 130,000
  30 現金出納帳 280,000|

          買   掛   金             13                   売      上           31
4/30 現金出納帳 140,000|4/1 前月繰越 ×××                          |4/19 現金出納帳 140,000

          受 取 手 数 料           32                   仕      入           42
                    |4/7 現金出納帳 10,000    4/9 現金出納帳 50,000|

          給        料             49
4/25 現金出納帳 80,000|
```

― 154 ―

売 掛 金 元 帳

東 京 商 店	1		奈 良 商 店	2
4/1 前月繰越 ×××	4/15 現金受取り 70,000		4/1 前月繰越 ×××	4/22 現金受取り 60,000

買 掛 金 元 帳

札 幌 商 店	1		神 戸 商 店	2
4/4 現金支払い 30,000	4/1 前月繰越 ×××		4/17 現金支払い 110,000	4/1 前月繰越 ×××

- 現金出納帳の締め切り
  ① 借方現金収入合計額に前月繰越高を加える。
  ② 借方現金収入合計額と貸方現金支出合計額の差額で次月繰越高を算出し，貸方に赤記して貸借を一致させる。
- 転記の方法
  ① 売掛金欄と買掛金欄に記入した金額を，売掛金元帳と買掛金元帳の該当する各人名勘定に個別転記すると同時に，元丁欄には「売1」や「買1」などそれぞれに記入する。なお，総勘定元帳の売掛金勘定と買掛金勘定には個別転記をしない。ただし，売掛金元帳を用いない場合は，元丁欄に「✓」を記入する。
  ② 諸口欄に記入した金額は，総勘定元帳の該当する勘定に個別転記し，元丁欄には転記先の口座の丁数を記入する。
  ③ 月末に各金額欄の合計額を算出する。売掛金欄の合計額は売掛金勘定の貸方に，買掛金欄の合計額は買掛金勘定の借方に，それぞれ合計転記する。また，借方現金収入合計額と貸方現金支出合計額は現金勘定の借方と貸方にそれぞれ合計転記する。
- (2) 当座預金出納帳

当座預金出納帳を特殊仕訳帳として用いる場合，その様式や記帳方法，転記の仕方は，上述した現金出納帳の場合と基本的には同じです。

当 座 預 金 出 納 帳

平成○年	勘定科目	摘　要	元丁	売掛金	諸　口	平成○年	勘定科目	摘　要	元丁	買掛金	諸　口

(3) 仕入帳

仕入帳を特殊仕訳帳として用いる場合は，勘定科目欄，諸口欄，元丁欄を設けます。

仕　入　帳

平成○年	勘定科目	摘　要	元丁	買掛金	諸　口

(4) 売上帳

売上帳を特殊仕訳帳として用いる場合は，仕入帳の場合と同じく，勘定科目欄，諸口欄，元丁欄を設けます。

売　上　帳

平成○年	勘定科目	摘　要	元丁	売掛金	諸　口

(5) 普通仕訳帳

特殊仕訳帳を用いる場合，ほとんどの取引が各種の特殊仕訳帳に記入されるため，通常，普通仕訳帳には，これらの特殊仕訳帳に記入されなかった取引のみが記帳されます。たとえば，特殊仕訳帳として，現金出納帳や当座預金出納帳，売上帳ならびに仕入帳などを用いる場合であれば，以下のようなものが普通仕訳帳に記帳されます。

- 開始仕訳：営業開始のとき，前期繰越高の記入
- 営業取引：特殊仕訳帳に記帳されない営業取引の仕訳の記入
- 訂正仕訳：勘定科目や金額などを誤記入したときの訂正仕訳の記入
- 合計仕訳：特殊仕訳帳から総勘定元帳へ合計転記をするときの記入
- 決算仕訳：決算における決算整理仕訳および決算振替仕訳の記入

普　通　仕　訳　帳

平成○年	摘　要	元丁	借　方	貸　方

4．特殊仕訳帳からの転記

(1) 個別転記と合計転記

特殊仕訳帳はそもそも，企業の転記業務の省力化のために考案された手法であることから，これを用いると，当然ながら転記の回数が減り，さらに特別欄を設けることでいっそう転記業務の軽減がはかられます。特殊仕訳帳から総勘定元帳への転記には，**個別転記**と**合計転記**があり，その転記方法は，次の表のようにまとめられます。

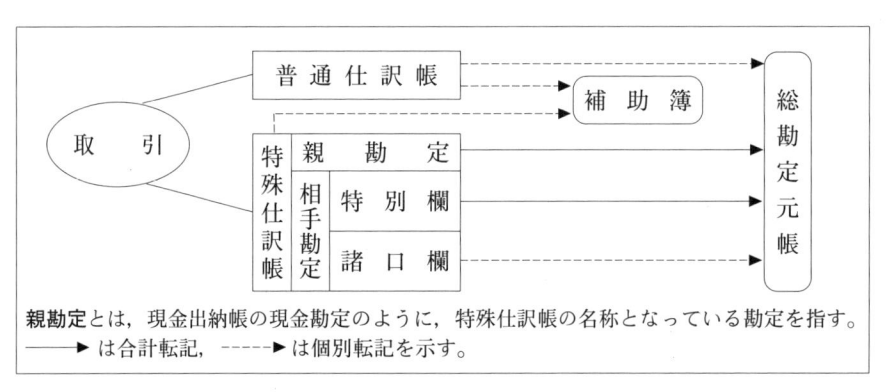

親勘定とは，現金出納帳の現金勘定のように，特殊仕訳帳の名称となっている勘定を指す。
──▶ は合計転記，-----▶ は個別転記を示す。

— 156 —

（2）二重転記の防止

特殊仕訳帳として複数の補助簿を用いる場合，ひとつの取引が複数の特殊仕訳帳に記帳されるため，**二重仕訳**となります。たとえば，現金出納帳と仕入帳を特殊仕訳帳として使用した場合，現金仕入の取引は二つの特殊仕訳帳のそれぞれに記入されます。しかし，このまま特殊仕訳帳から転記すれば，総勘定元帳への転記も重複してしまいます。この重複転記を**二重転記**と言います。このような二重転記を防止するために，特殊仕訳帳で相手勘定も特殊仕訳帳へ記入される場合は，その取引の相手勘定科目は個別転記せず，元丁欄に「✓」マークをつけます。

設例14－2

次の取引について，特殊仕訳帳として設定されている当座預金出納帳，売上帳および仕入帳に記入しなさい。なお，当座預金の前月繰越高は¥100,000で，総勘定元帳の各元帳の丁数は，当座預金は2，売掛金は3，受取手形は5，買掛金は13，売上は31，仕入は42とする。

5月4日　山形商店に次の商品を売り渡し，代金は同店振出しの小切手で受け取り，ただちに当座預金とした。

　　　　　A商品　200個　@¥2,000　　¥400,000

　9日　埼玉商店から次の商品を仕入れ，代金は小切手を振り出して支払った。

　　　　　B商品　200個　@¥1,500　　¥300,000

　10日　長野商店から次の商品を仕入れ，代金は掛けとした。

　　　　　C商品　300個　@¥2,000　　¥600,000

　12日　長野商店から10日に仕入れた商品のうち，20個は品違いのため返品し，代金は買掛金と相殺した。

　15日　受取手形¥150,000が決済され，当座預金に振り込まれた。

　17日　滋賀商店に次の商品を売り渡し，代金は掛けとした。

　　　　　C商品　200個　@¥2,500　　¥500,000

　19日　17日に滋賀商店に売り渡した商品のうち一部に傷があったため，¥50,000の値引きをし，売掛金と相殺した。

　20日　島根商店に対する買掛金¥450,000は小切手を振り出して支払った。

　22日　山口商店に対する売掛金のうち，¥250,000を小切手で受け取り，ただちに当座預金とした。

当座預金出納帳

平成○年		勘定科目	摘要	元丁	売掛金	諸口	平成○年		勘定科目	摘要	元丁	買掛金	諸口
5	4	売　　上	山形商店	✓		400,000	5	9	仕　　入	埼玉商店	✓		300,000
	15	受取手形		5		150,000		20	買　掛　金	島根商店	✓	450,000	
	22	売　掛　金	山口商店	✓	250,000								
					250,000	550,000						450,000	300,000
	31		売　掛　金	3		250,000		31		買　掛　金	13		450,000
	〃		（当座預金）	2		800,000		〃		（当座預金）	2		750,000
			前月繰越	✓		100,000				次月繰越	✓		150,000
						900,000							900,000

仕　　入　　帳

平成○年		勘定科目	摘要	元丁	買掛金	諸口
5	9	当座預金	埼玉商店　　　　小切手	✓		300,000
			B商品　200個　@¥1,500			
	10	買　掛　金	長野商店　　　　掛け	✓	600,000	
			C商品　300個　@¥2,000			
	12	買　掛　金	長野商店　　　　掛戻し	✓	40,000	
			C商品　20個　@¥2,000			
					600,000	300,000
	31		（買掛金）	13		600,000
	〃		総仕入高	42		900,000
	〃		仕入戻し高	13/42		40,000
			純仕入高			860,000

売　　上　　帳

平成○年		勘定科目	摘要	元丁	売掛金	諸口
5	4	当座預金	山形商店　　　　小切手	✓		400,000
			A商品　200個　@¥2,000			
	17	売　掛　金	滋賀商店　　　　掛け	✓	500,000	
			C商品　200個　@¥2,500			
	19	売　掛　金	滋賀商店　　　　掛値引	✓	50,000	
					500,000	400,000
	31		（売掛金）	3		500,000
	〃		総売上高	31		900,000
	〃		売上値引高	3/31		50,000
			純売上高			850,000

第2節　伝票式会計

　これまでは、取引を仕訳して、各種主要簿と補助簿に記帳する方法についてみてきましたが、実務においては、記帳するにあたり、まず取引そのものに信憑性があるかどうかを確かめる必要があり、そのための証明資料として納品書や領収証、小切手控えなどが用いられます。取引の事実を証明するためのこれらの資料を**証憑**（しょうひょう）と言い、補助簿の代用とされることもあります。また、取引内容を企業内の関係部署に簡潔に伝達し、記帳作業の効率化をはかるためなどの理由から、証憑などに基づいて、一定の様式を備えた紙片に取引内容を記入するという実務的手法も一般的に用いられています。この紙片のことを**伝票**と言い、伝票に記入することを**起票**と言います。証憑は、個々の取引ごとに作成され、受け渡しが行われているため、伝票と結び付けて処理されると、記帳の合理化に大いに貢献します。また、どのような伝票を使うかによって、**1伝票制**、**3伝票制**および**5伝票制**の三つの方法があります。

1．1伝票制

　1伝票制とは、取引を仕訳の形式で記入する仕訳伝票を用いて、1取引ごとに伝票1枚を作成し、総勘定元帳や補助簿に記入する伝票制度です。また、仕訳は仕訳帳に記入することによって行われるのが原則ですが、仕訳伝票を日付順に綴り込むことで仕訳帳の代用とすることができます。もっとも、現在の実務では、仕訳帳はほとんど使用されておらず、簿記教育上だけに残されています。

設例14－3

次の取引を仕訳伝票に起票しなさい。

5月24日　青森商店から次の商品を仕入れ、代金のうち¥30,000を現金で支払い、残額は掛けとした。（伝票番号No.43）

　　　　　D商品　100個　@¥800　¥80,000

仕訳伝票　No.43　平成○年5月24日	主任印	記帳印	係印

勘定科目	元丁	借方	勘定科目	元丁	貸方
仕　入	42	80,000	現　金	1	30,000
			買掛金	13	50,000
合　計		¥80,000	合　計		¥80,000
摘要	青森商店　D商品　100個　@¥800　¥80,000					

なお，上記伝票の**主任印欄**には会計責任者，**記帳印欄**には元帳記入者，そして**係印欄**には起票者がそれぞれ確認の上，押印します。

2．3伝票制

企業にとって最も頻発する取引は現金収支取引です。そこでそれらに対しては，仕訳伝票の借方または貸方科目欄への「現金」の記入を省いた専用伝票を用いることで，さらに起票の合理化をはかった方法が3伝票制です。この方法では現金の入金に使用される**入金伝票**（一般に赤色で印刷されているところから，**赤伝**とも呼ばれる），現金の出金に使用される**出金伝票**（一般に青色で印刷されているところから，**青伝**とも呼ばれる），現金の入出金以外に使用される**振替伝票**（一般に黒色で印刷されているところから，**黒伝**とも呼ばれる）が用いられます。なお，3伝票制において，ひとつの取引のなかに，現金取引とそれ以外の振替取引が混在している場合，この取引を**一部現金取引**または**一部振替取引**と言います。

設例14－4

次の取引について仕訳し，3伝票制による伝票記入をしなさい。

6月6日 札幌商店へ次の商品を売り渡し，代金のうち¥40,000は現金で受け取り，残額は掛けとした。（振替伝票番号No.73，入金伝票番号No.20）

E商品 200個 @¥2,000 ¥400,000

このときの伝票の書き方には二つの方法があります。
① 取引を分割する方法
現金と現金以外のものに分割し，現金で入金された分を入金伝票で起票し，残りの現金以外のもの（この設例の場合は売掛金）を振替伝票で起票します。

6／6 （借）現　　　金　40,000 　（貸）売　　　上　40,000
　　　　　　売　掛　金　360,000　　　　売　　　上　360,000

入金伝票　　No.20	振替伝票　　No.73
平成○年6月6日	平成○年6月6日
売　上　40,000	売掛金（札幌商店）360,000　売　上　360,000

② 取引を擬制する方法
取引を擬制して，全額をいったん掛け取引として処理する。そのためにまず振替伝票で起票し，次に現金を入金伝票で起票します。

6／6 （借）売　掛　金　400,000　（貸）売　　　上　400,000
　　　　　　現　　　金　40,000　　　　売　掛　金　40,000

振替伝票　　　　　　No.73	入金伝票　　　　　　No.20
平成○年6月6日	平成○年6月6日
売掛金（札幌商店）400,000　売　上　400,000	売掛金（札幌商店）40,000

3．5伝票制

　先に学んだ3伝票制の三つの伝票に加え，売上取引には**売上伝票**，仕入取引には**仕入伝票**という5種類の伝票による記入方法を**5伝票制**と言います。売上伝票と仕入伝票を用いることで，売上取引・仕入取引が入・出金伝票に分散化されることはなくなり，両伝票を集計すれば，全売上・仕入額を把握することもできます。また，二重転記を避け，伝票の集計手続きを簡単にするために，現金，小切手，手形など代金のいかんに関係なく，すべていったん掛取引として処理し，同時にその掛代金を支払または回収したという起票処理を行います。なお，返品および値引きについては，売上伝票または仕入伝票に赤字で記入します。

設例14－5

次の取引について仕訳し，5伝票制による伝票記入をしなさい。

6月16日　青森商店から次の商品を仕入れ，代金のうち¥150,000は現金で支払い，残額は掛けとした。（仕入伝票番号No.41，出金伝票番号No.30）
　　　　　F商品　100個　@¥2,400　¥240,000

26日　秋田商店へ次の商品を売り渡し，代金のうち¥50,000は現金で受け取り，残額は掛けとした。（売上伝票番号No.53，入金伝票番号No.24）
　　　　　G商品　100個　@¥3,000　¥300,000

6／16　（借）仕　　　　入　　240,000　　　（貸）現　　　　金　　150,000
　　　　　　　　　　　　　　　　　　　　　　　　買　　掛　　金　　 90,000

仕入伝票　　　　　　No.41	出金伝票　　　　　　No.30
平成○年6月16日	平成○年6月16日
青森商店　240,000	買掛金（青森商店）150,000

6／26　（借）現　　　　金　　 50,000　　　（貸）売　　　　上　　300,000
　　　　　　　売　　掛　　金　　250,000

売上伝票　　　　　　No.53	入金伝票　　　　　　No.24
平成○年6月26日	平成○年6月26日
秋田商店　300,000	売掛金（秋田商店）50,000

4．仕訳集計表作成と合計転記

　先に述べたとおり，伝票制度は記帳の合理化のために，実務的には広く採用されている制度です。しかし，伝票そのものが小紙片であるため紛失しやすく，取引の量が増加してくると，かえって転記事務を煩雑にさせる恐れさえあります。

　伝票の枚数が少ない場合は，伝票1枚ごとに行う方式（**個別転記**）によることもできますが，枚数が多い場合は，手間とミスを軽減させるために，1日または一定期間ごとに伝票をまとめ，**仕訳集計表**を作成し，これによって**合計転記**を行います。このとき，1日分の伝票を集計する表を**仕訳日計表**と言い，1週間の伝票を集計する表を**仕訳週計表**，1ヶ月の伝票を集計する表を**仕訳月計表**と言います。

　なお，仕訳集計表から総勘定元帳に合計転記する場合は，仕訳集計表の元丁欄に総勘定元帳の勘定口座番号またはページ数を記入し，総勘定元帳の各勘定口座の摘要欄に「仕訳集計表」と記入します。また，補助元帳へは，伝票から直接に個別転記します。その場合，総勘定元帳の各勘定口座の摘要欄には伝票の種類，仕丁欄には伝票番号を記入します。

設例14－6

　7月1日の取引について起票した次の各伝票により，仕訳集計表を作成し，総勘定元帳への転記を示しなさい。なお，当店は5伝票制をとっている。

入金伝票 No.111
平成○年7月1日
売掛金（松江商店） 50,000

入金伝票 No.112
平成○年7月1日
当座預金 35,000

入金伝票 No.113
平成○年7月1日
売掛金（下関商店） 60,000

出金伝票 No.211
平成○年7月1日
買掛金（鳥取商店） 20,000

出金伝票 No.212
平成○年7月1日
買掛金（岡山商店） 75,000

出金伝票 No.213
平成○年7月1日
支払手数料 30,000

仕入伝票 No.311
平成○年7月1日
鳥取商店 200,000

仕入伝票 No.312
平成○年7月1日
岡山商店 100,000

仕入伝票 No.313
平成○年7月1日
熊本商店 150,000

売上伝票 No.411
平成○年7月1日
松江商店 230,000

売上伝票 No.412
平成○年7月1日
下関商店 300,000

売上伝票 No.413
平成○年7月1日
佐賀商店 250,000

振替伝票 No.511
平成○年7月1日
当座預金 55,000　売掛金（佐賀商店）55,000

振替伝票 No.512
平成○年7月1日
受取手形 110,000　売掛金（大分商店）110,000

振替伝票 No.513
平成○年7月1日
買掛金（熊本商店）90,000　支払手形 90,000

解答

仕 訳 集 計 表 No. 7 − 1
平成○年 7 月 1 日

借　方	元丁	勘定科目	元丁	貸　方
145,000	1	現　　　金	1	125,000
55,000	2	当 座 預 金	2	35,000
110,000	3	受 取 手 形		
780,000	7	売 掛 金	7	275,000
		支 払 手 形	12	90,000
185,000	13	買 掛 金	13	450,000
		売　　　上	23	780,000
450,000	37	仕　　　入		
30,000	39	支 払 手 数 料		
1,755,000				1,755,000

総 勘 定 元 帳

現　金　　　　　1
7/1 前月繰越 ×××｜7/1 仕訳集計表 125,000
 〃 仕訳集計表 145,000｜

当 座 預 金　　　2
7/1 前月繰越 ×××｜7/1 仕訳集計表 35,000
 〃 仕訳集計表 55,000｜

受 取 手 形　　　3
7/1 仕訳集計表 110,000｜

売 掛 金　　　　7
7/1 前月繰越 ×××｜7/1 仕訳集計表 275,000
 〃 仕訳集計表 780,000｜

支 払 手 形　　　12
｜7/1 仕訳集計表 90,000

買 掛 金　　　　13
7/1 仕訳集計表 185,000｜7/1 前月繰越 ×××
｜ 〃 仕訳集計表 450,000

売　　　上　　　23
｜7/1 仕訳集計表 780,000

仕　　　入　　　37
7/1 仕訳集計表 450,000｜

支 払 手 数 料　　39
7/1 仕訳集計表 30,000｜

練習問題

1. 本章設例14－2の特殊仕訳帳（当座預金出納帳，仕入帳および売上帳）について，下記普通仕訳帳に合計転記を行いなさい。ただし，合計転記は月末に行うものとし，総勘定元帳は省略する。

普 通 仕 訳 帳

平成○年		摘　　　　　要		元丁	借　方	貸　方
5	31	（当座預金）	諸口	2	（　　　）	
			（売掛金）	3		（　　　）
			（諸　口）	✓		（　　　）
		当座預金出納帳借方より				
	〃	諸口	（当座預金）	2		（　　　）
		（買掛金）		13	（　　　）	
		（諸　口）		✓	（　　　）	
		当座預金出納帳貸方より				
	〃	（仕　入）	諸口	42	（　　　）	
			（買掛金）	13		（　　　）
			（諸　口）	✓		（　　　）
		仕入帳総仕入高より				
	〃	（買掛金）		13	（　　　）	
			（仕　入）	42		（　　　）
		仕入帳仕入戻し高より				
	〃	諸口	（売　上）	31		（　　　）
		（売掛金）		3	（　　　）	
		（諸　口）		✓	（　　　）	
		売上帳総売上高より				
	〃	（売　上）		31	（　　　）	
			（売掛金）	3		（　　　）
		売上帳売上値引高より				

— 165 —

2．次の各伝票に記入されている内容から元となる取引を推定し，その取引の仕訳をしなさい。
なお，当店は3伝票制をとっている。

(1)
入金伝票
平成○年12月20日
売掛金　100,000

振替伝票
平成○年12月20日
売　掛　金 400,000　売　　　上 400,000

(2)
入金伝票
平成○年12月22日
売　上　100,000

振替伝票
平成○年12月22日
売　掛　金 300,000　売　　　上 300,000

出金伝票
平成○年12月22日
発送費　　10,000

(3)
出金伝票
平成○年12月23日
買掛金　10,000

振替伝票
平成○年12月23日
仕　　　入 400,000　買掛金 400,000

振替伝票
平成○年12月23日
買　掛　金 100,000　当座預金 100,000

仕　訳

	借方科目	金　額	貸方科目	金　額
(1)				
(2)				
(3)				

第15章　所得税の計算

　本テキストではこれまで簿記初級程度の学習をしてきましたが，その学習の範囲は会計処理が比較的簡単な個人企業の計算を中心としてきました。また簿記中級程度では株式会社会計が学習の範囲となり，その分，個人企業の会計処理に比べて複雑になります。このように簿記初級程度の学習が前提とする個人企業と中級程度が前提とする法人企業の間に会計処理の差が認められるように，税金計算にも違いが現れてきます。具体的にいうと個人企業は所得税法によって納税額を計算しますが，法人企業は法人税法によって納税額を計算するということになります。そこで本章では，個人企業における納税額計算の一巡の流れについて学習することにします。まず第1節では所得税の概要と10種類の所得や14種類の所得控除について触れますが，それらの詳しい内容については改めて第2節・第3節で学習するという流れでみてゆきます。

第1節　所得税の概要

1．納税義務者

　わが国所得税法における納税義務者は，居住者と非居住者になります。居住者とは日本国内に住所または居所を有する者を言いますが，これに対して非居住者は日本国内に住所を有しない，または現在までに引き続き1年以上居所を有しない者を言います。さらに居住者は一般の居住者と非永住者に分類されます。前者は国内に住所を有するか，または現在まで引き続いて1年以上居所を有する個人のうち永住する者を言います。後者は国内に永住する意思がないこと，かつ居所や住所を有したとしても現在まで引き続いて5年以下となる個人を指します。一般の居住者の課税所得の範囲は，国内外で生じた全ての所得となり，納税方法は申告納税または源泉徴収によります。したがって個人企業の経営者が継続して事業を行う場合，一般の居住者に該当し，所得税を納める義務が生じるのです。

2．青色申告とその特典

　法人成りしていない個人企業は，所得税法に基づいて納税額を計算します。その際，納税者が所定の帳簿書類を備え付け，全ての取引を正規の簿記の原則に従って記録し，これに基づいて貸借対照表および損益計算書を作成し，申告書に添付すれば，青色申告者として数々の課税上の特典を享受することができます。納税者に帳簿を備え付けさせ，財務諸表を作成させることで課税側に生じる利点とは，納税者に不正処理を起こさせないようにする目的があります。完璧に租税回避を防止するためには納税者の数だけ税務署職員を増やせば良いのですが，徴税コストを考えると現実的ではありません。そのため次善の策として財務諸表を作成させる代わりに，青色申告による特典を

「ご褒美」として納税者に与えることで，不正の防止と徴税コストをバランスさせているのです。このような仕組みがあって，個人企業においても簿記を行おうとする動機付けがなされます。

所得税法では事業所得・不動産所得・山林所得を生ずる青色申告者に対して，主に次に掲げる特典を認めています。なお，事業所得などの各所得については後で詳しく解説します。

①一括評価貸金に対する貸倒引当金・返品調整引当金の設定
②減価償却資産の耐用年数の短縮・特別償却
③純損失の繰越控除
④更正の制限と理由の付記
⑤青色専従者給与の必要経費化
⑥65万円と10万円の青色申告特別控除
⑦棚卸資産の低価法による評価
⑧小規模事業所得と不動産所得における現金の収入・支出による課税所得の算定
⑨家事関連費の一部必要経費化

居住者が青色申告の承認を受けようとすれば，原則としてその年の3月15日までに納税地の所轄税務署長に青色申告の承認申請書を提出しなければなりません。

3．所得の種類，収入と必要経費

わが国の所得税法では所得が，利子所得・配当所得・不動産所得・事業所得・給与所得・退職所得・山林所得・譲渡所得・一時所得・雑所得の10種類に分類され，いかなる経済的利益も択一的に所得分類を行い，税額が計算されます。つぎの図表のとおり，利子所得を除いてそれぞれの所得には収入と必要経費があり，その差額が所得となります。

所得の種類		収入金額	必要経費
利子所得		預貯金・公社債等の利子等	－
配当所得		株式又は出資の配当等	借入金利子
不動産所得		地代・家賃等	必要経費
事業所得		事業による収入	必要経費
給与所得		俸給，給料等	給与所得控除・特定支出控除
退職所得		退職金，一時恩給等	退職所得控除
山林所得		5年経過後の山林伐採・譲渡収入	必要経費・特別控除
譲渡所得	土地建物	土地等の譲渡収入	譲渡物件の取得費等
	株式等	株式等の譲渡収入	株式等の取得費等
	その他	上記資産以外の譲渡収入	譲渡物件の取得費等と特別控除
一時所得		法人からの贈与・ギャンブル収入等の収入	収入を得るために支出した費用と特別控除
雑所得		公的年金等の収入	必要経費と公的年金等控除額

上記の所得のうち不動産所得・事業所得・山林所得・雑所得の計算では，売上や減価償却費，人件費などを計上します。そしてこれら4つの所得の収入金額は，それぞれにその年において収入す

べきことが確定した金額となります。また必要経費とは収入から控除される金額であり，家事関連費を含みません。必要経費は減価償却費や引当金などを除いて，その年において債務の確定した金額に限られます（**債務確定主義**）。なお，資本等取引に関する収入と支出は，所得計算上の収入金額と必要経費に含まれません。

4．所得控除

　所得計算を行う際，たとえば事業主自身やその家族にかかった医療費や，事業主が生命保険に加入した場合の保険料，小規模企業共済等掛金控除のように事業主の退職金の積み立て額が，どの所得の必要経費になるのかという問題が生じます。納税者に一つの所得しか生じない場合はその所得を獲得するために医療費や保険料が発生したと考えれば良いので対応関係は簡単な話です。しかし，たとえば雑貨屋を営む店主（事業所得）が保有する上場株式から配当を得て（配当所得），またアパート経営をしているので家賃収入があり（不動産所得），時々は別会社で仕事をしてきてお給金をもらい（給与所得），骨董品収集を趣味としていて壺や掛け軸の他，ゴルフ会員権が高値で売れたり（譲渡所得），競馬をすれば万馬券が当たり（一時所得），趣味の天体観測に関する原稿を雑誌に投稿して印税をもらった（雑所得）場合，これらの経済活動を支えた医療費や保険料，退職金の掛金は，どの所得の必要経費になるのか問題が生じます。さらに子供の多寡によって納税者の生活費負担が変わってきます。このように納税者の個人的事情による担税力の相違を総合課税の計算において適正化させる必要があります。

　わが国所得税法に規定する所得控除は，雑損控除・医療費控除・社会保険料控除・小規模企業共済等掛金控除・生命保険料控除・地震保険料控除・寄付金控除・障害者控除・寡婦（寡夫）控除・勤労学生控除・配偶者控除・配偶者特別控除・扶養控除・基礎控除が挙げられますが，これらは課税標準のうち総所得金額から控除します。したがって配当・不動産・事業・給与・譲渡（総合）・一時・雑の各所得をひとまとめにした総所得金額全体に対して，医療費や雑損などの所得控除を必要経費とみなすと考えます。なお本章では，個人企業の簡単な所得税額計算をする目的から，所得控除のうち一部のものについて後段で解説します。

5．損益通算と総合課税，分離課税

　各所得金額の算出方法は上記3．において解説しました。そこでは，配当・不動産・事業・給与・譲渡（総合）・一時・雑の各所得に損失が発生していないという前提でした。しかしながら利子所得と退職所得を除いた8つの所得には損失が発生する可能性があります。そこで不動産所得・事業所得・山林所得・譲渡所得（総合）において損失が発生した場合，経常所得（配当所得・不動産所得・事業所得・給与所得・雑所得の合計）からそれらの損失を控除することが可能です。このように一部の所得の損失を他の所得が吸収する仕組みを損益通算と言います。ただし，配当・給与・一時・雑所得に生じた損失は損益通算できません。このように損益通算を通じて算定された総所得金額から所得控除を差し引き，課税総所得金額とします。課税総所得金額が算定されれば下の税額速算表によって税額が算定されます。

課税総所得金額	税率(%)	控除額
1,950,000円以下	5	－ 円
1,950,000円超　3,300,000円以下	10	97,500 円
3,300,000円超　6,950,000円以下	20	427,500 円
6,950,000円超　9,000,000円以下	23	636,000 円
9,000,000円超　18,000,000円以下	33	1,536,000 円
18,000,000円超	40	2,796,000 円

　他方，総合課税とならない所得の税額計算をみてみましょう。利子所得・配当所得の一部・退職所得・山林所得・譲渡所得（分離）・雑所得のうち公的年金による所得は，上記の総合課税とは別に税額が算定されます。分離課税となる所得に対しては，定率課税が適用されるもの（利子所得・配当所得・株式の譲渡所得），所得金額の多寡によって上記税額速算表を用いるもの（退職所得・山林所得）や保有年数によって税率が決定するもの（不動産売却による譲渡所得）に区分されます。
　なお，所得税は原則として暦年課税の原則を取っていますが，他方で数年に渡る所得を平準化する要請のため例外的に諸規定が設けられており，この代表的な規定が損失の繰越控除です。損失の繰越控除には，純損失の繰越控除・雑損失の繰越控除・その他の繰越控除があります。
　純損失の金額とは，損益通算をしてもなお控除しきれない部分の金額を言い，過年度（その年の前年以前3年内の各年）に発生したこの純損失の金額を一定の順序で控除します。雑損失の金額とは，雑損失の金額のうち，雑損控除をしてもなお控除しきれない部分の金額を言い（後述の雑損控除参照），雑損失の繰越控除とは，過年度（その年の前年以前3年内の各年）に発生したこの雑損失の金額を，総所得金額から控除するものです。

6．税額控除と源泉徴収税額

　税額控除には配当控除・住宅借入金等特別税額控除・外国税額控除などがありますが，ここでは配当控除について説明しておきます。企業より受け取る配当は配当所得として課税されますが，その支払い側の企業では一度法人税が課税された後の留保利益を源泉として配当しています。したがって，これを配当所得として課税すると二重課税となるため，ここで一定額を税額控除として控除します。ただし，確定申告不要制度を選択した場合は配当控除の対象となりません。なお，控除額は，「課税総所得金額等」（課税総所得金額・課税短期所得金額・課税長期所得金額・株式等に係わる課税譲渡所得等の金額・先物取引に係わる課税雑所得等の金額の合計額）が1,000万円以下の場合で10％となり，1,000万円を超える場合で5％の控除率となります。
　また源泉徴収制度により，受け取る給与や報酬から所得税が強制的に天引され，いわば所得税が前払いされています。この徴収された所得税を源泉徴収税額と言いますが，この金額は納付すべき所得税から差し引きます。

7．所得税の計算期間と予定納税

　所得の計算期間は1月1日から12月31日までの暦年基準に基づきます。また所得税の納税を円滑かつ確実に行うために，予定納税という前払制度があります。予定納税基準額および予定納税額の通知は税務署長から書面により6月15日までになされます。予定納税では前年の所得金額を基にその3分の1ずつを7月と11月に納税します。したがって確定申告で決定する納付税額は，申告納税額から予定納税額を差し引いた残額となります。

8．個人所得課税の特殊性

　企業会計においては受取利息や受取配当は営業外収益となり，経常利益を構成します。つまり，企業会計では商品の売上も受取利息や配当も利益としてひとまとめにする考え方がありますが，個人企業の税金計算，つまり所得税法では受取利息は利子所得となり，受取配当は配当所得と分類され，別々に税額が計算されます。

　また物品販売業を営んでいて売上が発生すれば事業所得の収入額となります。そして事業の用に供した償却資産を売却した場合，企業会計や法人課税計算では固定資産売却益（損）として，当期純利益や法人所得に含めてしまいますが，個人企業の税額計算では譲渡所得（総合）として認識します。これと同じく，法人が保有する有価証券を売却した場合，有価証券売却益として営業外損益に計上し，法人課税では法人所得を構成しますが，個人企業では納税者の譲渡所得とします。

　この他，個人企業の性質上，非業務用資産を業務用に転用する場合が考えられますが，この場合の償却費の計算方法は所得税法においてのみ規定されており，法人税法規定には存在しません。

第2節　所得の計算

　前節「3．所得の種類，収入と必要経費」と「4．所得控除」ではそれぞれの内容について概要を解説しました。そこで本節ではそれらについて少し詳しくみてゆきます。本章では個人企業の所得税計算について学習しますが，とりわけ不動産・事業・山林の各所得の計算では，本書第11章までに学んだ簿記や会計の知識が必要となります。また配当・給与・退職・譲渡・一時・雑の各所得は本節後段でまとめて解説することにします。

1．不動産所得

（1）不動産所得の概要と計算式

　不動産所得とは不動産や不動産の上に存する権利の貸し付け，船舶（20t以上）または航空機の貸付による所得を言います。通常船舶や航空機は動産と考えられますが，これらの所有権が移転する場合に登記が必要となる点や，抵当権が設定され，強制執行時には不動産手続きが必要となることから，税法上はこれらを不動産として扱います。

$$\text{不動産所得}＝（\text{総収入金額}－\text{必要経費}）－\text{青色申告特別控除}［65万円］$$

（2）不動産所得の収入金額

不動産所得の収入金額金額には次のものが含まれます。

①契約などによってその支払期日が定められている家賃や地代などの未収金額

②不動産貸付による権利金，更新料などのうち，返還を要しない額

③不動産貸付による敷金や保証金のうち，返還を要しない額

④広告宣伝用看板の設置料

例えば食事付きのアパートや下宿などの家賃収入は不動産所得ではなく，事業所得か雑所得に分類されます。食事付きのアパート賃貸業は，単なる不動産の賃貸を超えて食材を仕入れて食事を提供することが事業とみなされるため，不動産所得になりません。しかしながらこの場合，食事付きのアパートの賃貸業は，雑所得に分類される可能性も出てきます。つまり，食事付きのアパート賃貸業が事業であると認められるためには，看板を出していたのかとか，電話帳に下宿業として電話番号を記載しているのかなどの事業のあり方が判定の基準になると思われます。逆に独立家屋においてその一室を賃貸し，食事を提供しているなどの場合や，その他に生計をたてる所得がある場合は，片手間に下宿業を営んでいるとみなされ，雑所得になるでしょう。同様に駐車場出入口に管理人を配置するなどのように保管責任のある駐車場の貸付収入は，単に駐車場を貸すことに加えて，管理（役務提供）を行っていると考え，事業所得となります。

また借地権等（建物または構築物の所有を目的とする権利金）で当該土地の時価の2分の1を超えて設定される権利金を取得した場合には不動産所得となりません。なぜなら時価の半分を超えると貸し付けというより実質的に譲渡したと考えるからです。

この他，夏期のみ設置されるバンガローの貸付収入などは不動産所得に含まれません。さらに広告宣伝用看板の設置料は不動産収入となりますが，たとえば物品販売業用店舗内に設けられた広告板に広告用の張り紙（ビラ）を掲示させることで収入が生じた場合は事業収入となります。

（3）不動産所得の収入金額から差し引かれるもの（必要経費）

不動産所得の収入金額から差し引かれるものには，①貸付業務に関する固定資産税，②修繕料，③減価償却費，④保険料，⑤確定債務の未払分，⑥仲介手数料，⑦借入金の利子などが含まれます。しかしながら借入金の利子であれば全てが必要経費になるとは限りません。不動産所得に損失が生じている状況下では，土地購入に係る借入利子分は，損益通算ができません。

また地代についてですが，たとえば妻名義の土地にアパートを建設し，それを賃貸した場合に，妻に支払う地代は必要経費になりません。事業所得の専従者給与でもふれますが，同一生計親族への給与など支払対価は原則必要経費になりません。

ところで不動産所得で青色事業専従者給与が必要経費として認められるには，アパート賃貸業が事業的規模で行われている必要があります。その目安として独立家屋では5棟以上，また貸間やアパートでは独立室数が10室以上ある場合に事業的規模とし，それに満たない場合を業務的規模としています。また不動産所得しか無い場合に青色申告特別控除が適用されるか否かの判定も，原則的には5棟10室を超える場合に限り認められます。

2．事業所得

（1）事業所得の概要と計算式

次の事業から生じる所得を事業所得と言います。

①農業　②林業及び狩猟業　③漁業及び水産養殖業　④鉱業（土砂採取業を含む）　⑤建設業　⑥製造業　⑦卸売業及び小売業（飲食店業及び料理店業を含む）　⑧金融業及び保険業　⑨不動産業　⑩運輸通信業　⑪医療保険業，著述業そのほかのサービス業　⑫上記のもののほか対価を得て継続的に行う事業

継続的に不動産を売買したり，土地を取得し宅地造成を行い，これを分譲する場合などは，事業所得に分類されます。これらの所得は，単に不動産の貸し付けを行い家賃収入を得るだけの不動産所得と区別されます。また継続的に不動産などを売買した場合でも，事業に至らない場合は雑所得となります。事業所得の計算式はつぎのとおりとなります。

$$事業所得＝（総収入金額－必要経費）－青色申告特別控除［65万円］$$

（2）事業所得の収入金額

事業所得の収入金額金額には次のものが含まれます。

①売上高（原則引渡基準）

　　自家消費と贈与は取得原価と販売価額の70％のうち，いずれか多い方の金額を当期売上高に計上します。また低額譲渡についても譲渡価額と販売価額の70％を売上高とします。

②商品などの盗難などの損害について受ける保険金，損害賠償金など

③作業屑や空箱などの売却代金，仕入割引，リベート，事業主が従業員に寄宿舎を提供する場合の使用料，事業に関連して取引先や使用人に対して貸付けた貸付金の利子。なお仕入割戻を収入として認識する時期は，通知を受けた日となります。

④事業用の資産の購入に伴って景品として受け取る金品

⑤新聞販売店における折り込み広告収入や浴場などにおける広告掲示による収入

⑥事業用の固定資産税に係る全納報償金

⑦受贈益，各種引当金や準備金の戻入額

（3）事業所得の収入金額から差し引かれるもの（必要経費）

事業所得の収入金額から差し引かれるものには次のものが含まれます。

①棚卸資産の評価損と商品の火災などによる損失など

　　青色申告者が所轄税務署長に届出を行い認められると棚卸資産の評価方法で低価法を用いることができますが，評価方法の届出がない場合は最終仕入原価法が法定評価方法となります。また商品が火災などによって失われた場合の火災損失は必要経費となります。これは商品が保険対象となる損害保険契約を締結していた場合に支払われる保険金が，事業所得の収入を構成することに対応しています。このほか商品購入契約を締結した後，自己都合でその商品購入契約の一部または全部を解除した場合の違約金も必要経費となります。

②減価償却費など

　10万円未満の少額減価償却資産（中小企業者への30万円未満の少額減価償却資産の規定も含む）や20万円未満の一括償却資産の扱い，中古資産の購入による耐用年数の算定については法人税法規定に準拠します。また法人税法における法定償却方法は一部のものを除いて固定資産は定率法ですが，所得税法における法定償却方法は一部のものを除き定額法となります。なお償却方法を変更する場合，新たな方法を採用する年の3月15日までに所轄税務署長へ変更承認申請を行う必要があります。また倉庫など固定資産が火災などによって損失を被った場合，資産損失を認識します。その金額測定は，被災資産の未償却額から当期の減価償却費と保険金受取額を差し引いて算出されます。

③繰延資産の償却

　税法上の繰延資産は①会社法に規定する繰延資産と②税法独自に規定する繰延資産によって構成されます。後者はたとえば，商店街振興会の決定によって設置されるアーケードや同会の会館改良費負担金などです。これらは法定耐用年数が定められていても，税法上は5年で償却します。ただし，支出額が20万円未満である場合，償却の規定にかかわらず，その支出事業年に全額が必要経費とすることができます。

④貸倒損失と貸倒引当金

　貸倒損失の金額は，当該損失の生じた日の属する年分の所得の計算上，必要経費となります。また貸倒引当金は，個別評価貸金等と一括評価貸金に分けて、その年分の必要経費になります。後者に関する必要経費の算入限度割合は，一括評価貸金に対して1,000分の55となっていますが，金融業では1,000分の33となります。

⑤青色事業専従者給与

　青色事業専従者とは，その年の12月31日の現況で15歳以上の親族（配偶者含む）のうち青色申告者と生計を一にするもので，専らその居住者の営む事業に従事する者を言います。青色事業専従者は控除対象配偶者や扶養親族にはなれません。また学校教育法1条ほかに規定する生徒，ほかに職業を有する者，老衰そのほかの心身の障害を有する者も青色専従者から除かれます。青色事業専従者給与の支給に際しては，原則同一生計親族への給与支払いが必要経費に認めないことから，「青色専従者給与に関する届出書」を所轄税務署長へ提出することを必要としています。青色事業専従者給与の額については，その労務の性質や事業に従事した期間，ほかの従業員や同業他社の支給状況などから相当と認められる部分に限り必要経費に算入できます。

⑥水道光熱費や損害保険料などの一般管理費

　店舗併用住宅などのように，個人事業主の自宅と事業所が同一となる場合，水道代や電気代は自宅経費（家事関連費）部分と事業用経費部分に区別し，後者を必要経費とします。このような場合，事業所得を正確に計算するために自宅と店の面積比や使用頻度など合理的基準によって必要経費を按分します。また店舗を保険目的とする損害保険料のうち積立てを除いた部分については，必要経費となります。このほか必要経費に関する注意点としてはつぎのとおりです。

①火災が生じた場合の後片づけ費用は必要経費に含まれます。②販売促進のために得意先を接待したことによる支出も，費用の支出があることと，その支出が専ら事業のために必要である場合は必要経費となります。③借り入れを行って車両などの事業用資産を購入する場合，支払利息が発生しますが，この金額は当該固定資産の取得費に含めることはせず，事業所得算定上の必要経費となります。④租税公課や配達中の交通違反による罰科金（ばっかきん）は，法人税法規定同様，必要経費になりません。

3．山林所得

　山林所得は，山林の伐採または譲渡による所得を言い，立木のまま譲渡した場合も含まれます。また，山林をその取得の日以後5年以内に伐採したり，譲渡したことによる所得は山林所得に含まれず，事業所得または雑所得となります。山林所得の計算式はつぎのとおりとなります。

> 山林所得＝（総収入金額－必要経費）－特別控除額［50万円］－青申控除［10万円］

　山林所得の計算上，必要経費とは植林費，山林の購入費，管理費，伐採費やその他その山林の育成または譲渡に要した費用を言い，特別控除額は50万円です。山林所得は，苗木の植林から始まって販売できるようになるまでに長い期間を要し，かつその譲渡に際しては一時に所得が生じるので分離課税で，いわゆる「五分五乗方式」によって課税されます。この方式は，その所得金額を五分の一に分割し，その分割後の所得に税率をかけて税額を求め，5倍するため累進課税とはならず軽課となります。また山林を土地とともに譲渡した場合，山林部分については山林所得，土地部分については譲渡所得として分けることで軽課となり，優遇されています。

4．利子・配当・給与・退職・譲渡・一時・雑の各所得

（1）利子所得

　利子所得とは，金銭貸借による利息のうち，①公社債の利子，②預貯金の利子，③合同運用信託による収益の分配，④公社債投資信託による収益の分配，⑤公募公社債等運用信託による収益の分配を言います。支払いを受ける利子等には15％の所得税の他，居住者には5％の住民税が源泉徴収され，課税関係が終了します。

（2）配当所得

　配当所得とは，公益法人等および人格のない社団等を除く法人から分配される財産や利益のうち，①法人から受ける剰余金の配当，②利益の配当，③剰余金の分配，④基金利息，⑤公社債投資信託と公募公社債等運用投資信託以外の投資信託による収益の分配，⑥特定目的信託による収益の分配を言います。なお，配当所得の収入金額から，元本を取得するための負債の利子を控除することができますが，この金額は，株式等の配当所得を生み出すものを取得するためにかかる利子のうち，当該年中に実際に株式等を所有していた期間を加味して算定します。

（3）給与所得

　給与所得には，雇用者が被雇用者から労働の対価として給付される給与・賞与のみならず，原則

として被雇用者からの様々な給付（現物支給給与など）も含みます。給与所得の金額は，源泉徴収前の収入金額から給与所得控除額を差し引いて算定します。なお，支給されるもののうち，職務に伴う旅費，勤務先までの通勤手当，学資金，子女教育費等のうち一定のものは非課税とされます。

（4）退職所得

退職所得は，退職手当，一時恩給，その他の退職，離職により一時に受ける給与およびこれらの性質を有する給与を言います。退職所得は退職後，長年の奉職に対して雇用主から支給される一時的な収入であり，それまでの勤務に対する報酬的性格を有します。そして退職所得は老後の生活資金となるため，分離課税・多額の退職所得控除・半額課税といった軽課措置を講じています。なお通常の退職の場合，退職所得控除は次の算式で求められます。

> 勤続年数が20年以下の場合：勤続年数×40万円（最低額は2年以下で80万円）
> 勤続年数が20年超の場合　：800万円＋70万円×（勤続年数－20年）

また勤続年数に1年未満の端数が生じるときには1年としますが，退職所得者が退職手当等の支払者のもとにおいて一時勤務しなかった期間があれば，その期間は原則として差し引かれます。

（5）譲渡所得

譲渡所得の本質はキャピタルゲインであり，資産が保有者の手を離れるのを機会に，その保有期間中の増加益を精算して課税しようとするものですが，金銭債権などは譲渡所得の起因となる資産からは除かれます。その理由として金銭債権の譲渡により発生する譲渡損益は金利に相当すると考えられることから譲渡所得とはされずに事業所得または雑所得とされます。また無償の贈与であっても相手によっては贈与時の時価を譲渡の対価として受け取ったものとして所得税が課せられることがあります。

譲渡所得は原則として総合課税によりますが，長期のキャピタルゲインが一時に実現するため，超過累進税率によって高額な課税を招いてしまいます。そこで緩和措置として長期譲渡所得（総合長期）については，総合課税ではあるものの半額課税を行います。また総合短期，総合長期の順で譲渡益を限度として50万円を控除します。

総合課税・分離課税共に譲渡所得では，譲渡資産の所有期間が5年以下のものが「短期」，5年以下のものが「長期」に区分されます。また所有期間の算定において所有期間の起算日は原則としてその取得日によりますが，譲渡日は，譲渡を行う年の1月1日を基準日とします。なお，土地建物等の譲渡については短期か長期かで税率が変わり，前者には30％の税率が，後者には15％の税率が適用されます。

有価証券の譲渡の場合，10％（所得税7％＋住民税3％）が課税され，源泉徴収か申告を行う分離課税ですが，有価証券でもゴルフ会員権等については総合短期又は総合長期で課税されます。なお，総合課税の譲渡所得・分離課税の譲渡所得・株式売却による譲渡所得のそれぞれにおいて，それらの所得計算内で譲渡損が発生している場合，その譲渡損失を譲渡益と通算する内部通算が可能です。

生活に通常必要な家具・衣服・時価30万円以下の貴金属や骨董等によって発生した譲渡益は非課

税とされ，逆に譲渡損が出た場合はその譲渡損はないものとみなされます。この規定は，譲渡資産が少額である場合に対応した税務執行上の要請であり，また国民感情を考慮したものでもあります。なお，生活に通常必要でない資産につき，災害・盗難・横領による損失が生じた場合に，直前の取得費相当額を基礎として計算した一定の金額を，内部通算後の譲渡所得の金額より控除することが可能です。

譲渡所得の必要経費は取得費と譲渡費用によって構成されます。取得経費は，その資産の取得に要した金額ならびに設備費および改良費の合計額を言いますが，他方で減価償却を加味します。また実際の取得費が不明などの場合に，譲渡による収入金額の5％を取得費とすることもできます。また，有価証券の取得費については銘柄ごとに総平均法に準じて単価計算した金額を基本とします。譲渡費用は，譲渡に直接要した費用であり，例えば①譲渡の為に直接支出した仲介手数料，運搬費，登記もしくは登録費用等，②譲渡の為に借家人を立ち退かせる場合の立退料，③土地を譲渡するためにその土地の上にある建物等を取壊した場合における当該建物等の資産損失相当額および取壊しに要した費用が挙げられます。なお，譲渡資産の修繕費，固定資産税などは譲渡時の直接支出とは考えられず，譲渡費用とはなりません。

（6）一時所得

一時所得は①労働の対価性がないという意味で給与所得や退職所得と区別されますし，②営利を目的とした継続的行為によらないという意味で不動産所得や事業所得，山林所得と区別されます。また③資産譲渡の対価性がないという意味では譲渡所得と区別されます。具体的には懸賞金や競馬の払戻金，生命保険契約による一時金などが該当し，50万円の特別控除があります。

（7）雑所得

雑所得には，利子・配当・不動産・事業・給与・退職・山林・譲渡・一時の9種類の所得分類にみられる統一的な基準や積極的な定義はなく，これら9つの所得に分類されない余事象が雑所得を構成します。

雑所得の収入金額の具体的例として，次のものが挙げられます。①事業規模にない動産の貸付けによる所得，②特許権など工業所有権の使用料による収入，③講演料や原稿料，④事業規模にない金銭貸付けによる受取利息・還付加算金，⑤有価証券の先物取引による所得，⑥政治献金収入，⑦転職に伴い受け取るスカウト料で通常の転居費用を超過する金額，⑧保有期間が5年以下の山林の伐採や譲渡による所得，⑨国民年金・厚生年金・恩給といった公的年金支給額などです。なお，公的年金には①社会保険制度や共済組合制度に基づく年金，②恩給や過去の勤務に基づき支給される年金，③適格退職年金契約などに基づき支給される退職年金が含まれます。

雑所得の収入金額から差し引かれる必要経費は，不動産・事業・山林所得の計算に準じます。また公的年金支給額に対しては公的年金控除額が必要経費となります。

第3節　主な所得控除

(1) 医療費控除

　居住者が，自己または自己と生計を一にする配偶者やそのほかの親族にかかる医療費を支払った場合，その年中に支払った医療費の合計額の一定額を，所得金額から控除する制度が医療費控除です。医療費控除の算定方法はつぎのとおりです。

> 医療費控除＝（支払った医療費の合計－保険金等で補填される金額）－（合計所得金額の5％と10万円のいずれか少ない金額）

(2) 社会保険料控除

　国が運営する国民年金は，現在保険料を納めている者が年金受給者を支えており，加入が義務付けられています。国民年金は物価変動にかかわらず，将来にわたって貨幣の実質価値を保証すると言われています。この国民年金の支払額は個人所得税の計算において社会保険料と呼ばれ，控除の対象となります。居住者が，自己または自己と生計を一にする配偶者，そのほかの親族が負担すべき社会保険料を支払った場合，その支払った金額を所得金額から控除します。

(3) 生命保険料控除

　一般的に生命保険とは，人の死亡や一定年齢までの生存を保険事故とした保険契約を指し，その後に保険事故が生じたとき，保険会社が予め契約した保険金を支払うしくみです。また近時，わが国においては少子高齢化時代へ突入しましたが，社会保険料の支払いによる年金支払いだけでは老後の生活に不安を覚える人が増えています。そこでそうした公的年金の不足を補う目的で個人で私的年金に加入する人も少なくありません。このような保険を一般的に個人年金保険と呼んでいますが，これも生命保険料控除の対象となります。一般の生命保険料も個人年金保険料も控除金額の算定は表のとおりとなります。

1年間の正味払込保険料	控除額計算式
25,000円以下	全額控除
25,001円から50,000円まで	（払込保険料×1／2）＋12,500円
50,001円から100,000円まで	（払込保険料×1／4）＋25,000円
100,001円以上	一律50,000円

(4) 地震保険料控除

　平成19年分以降の所得計算において，地震保険料控除が導入されました。この控除は，生活用動産や居住用家屋を保険目的とする保険で，かつ地震等による損害に基因して保険金等が支払われる保険契約の保険料について，その保険料について5万円を上限として所得金額から控除するものです。

（5）寄付金控除

居住者がその年中において特定寄付金を支出した場合，次の算式によって算定された寄付金控除額を所得金額から控除します。

$$\left\{\begin{array}{l} ① \quad 支出した寄附金 \\ ② \quad 課税標準の合計額 \times \dfrac{40}{100} \end{array}\right\} のいずれか少ない額 - 2,000円$$

（6）障害者控除

障害者とは，心神喪失の常況にある者または児童相談所などの判定による精神薄弱者，失明者その他の精神または身体に障害がある者，常に就床を要し，複雑な介護を受ける者などを言います。納税者やその控除対象配偶者または扶養親族が障害者である場合，その納税者の総所得金額等から障害者控除として27万円が控除されます。また特別障害者とは，障害者のうち精神または身体に重度の障害がある者を言い，この場合は40万円が控除されます。

（7）配偶者控除と扶養控除

民主党政権においてこれら2つの控除を見直し，または廃止するとされていますが，平成23年分の所得計算においては従来とおりつぎのように定められています。

配偶者控除については，控除対象配偶者に対して，38万円をその居住者の所得金額から控除します。控除対象配偶者とは，居住者の配偶者でその居住者と生計を一にするもののうち合計所得金額が38万円以下のものを指します。なお，①他の者の扶養親族とされる者，②青色事業専従者で青色申告者から給与を受ける者，③白色事業専従者に該当する者は控除対象配偶者に該当しません。またその年の12月31日現在で70歳以上の控除対象配偶者は老人控除対象配偶者となり，48万円の控除となります。

扶養控除は，同一生計親族の個人的事情（同居しているか否か，障害の有無）や年齢によって控除額が異なります。控除額は一人38万円が基準になりますが，19歳以上23歳未満と70歳以上でそれぞれ63万円と58万円の控除になります。

同居老親等とは，老人扶養親族のうち，居住者またはその配偶者のいずれかとの同居を常況としており，かつそのいずれかの直系尊属であるものを言います。なお，「生計を一にする」と「同居」は別概念であり，生計を一にしていても同居しない事例もあります。

なお，同一生計の扶養親族が青色事業専従者となる場合は扶養控除の対象外になります。ただし，青色事業専従者の届出をしていても，給料をもらっていない場合は扶養親族となります。

（8）基礎控除

わが国憲法第25条では健康で文化的な最低限の生活を保障しています。そしてその最低限の生活を維持するための所得に対して課税しない制度が基礎控除です。基礎控除は憲法の性格上，全ての納税者に適用されます。

第4節　消費税の処理

　消費税の処理については，税込経理と税抜経理があります。ここでは第7章第5節で学習した仮払金・仮受金処理の応用として，消費税の税抜処理を学習し，併せて消費税が課税される構造についてもみてゆくことにしましょう。

　まず，消費税が課される構造についてですが，次の例で説明します（単位：万円）。カメラの製造メーカーAから最終消費者Dまでの流通過程で，5％の消費税がどのように転嫁されるのかを考えます。説明を簡単にするためにAは20万円のカメラを製造しますが，その過程で経費は発生しなかったとします。これを卸売業者Bへ5％の消費税を課して21万円で販売したとします。Bは，Aから仕入れたカメラを小売店Cに5％の消費税を課して42万円で販売します。そして最後に最終消費者Dが小売店Cから5％の消費税を払って84万円で購入するという流れです。

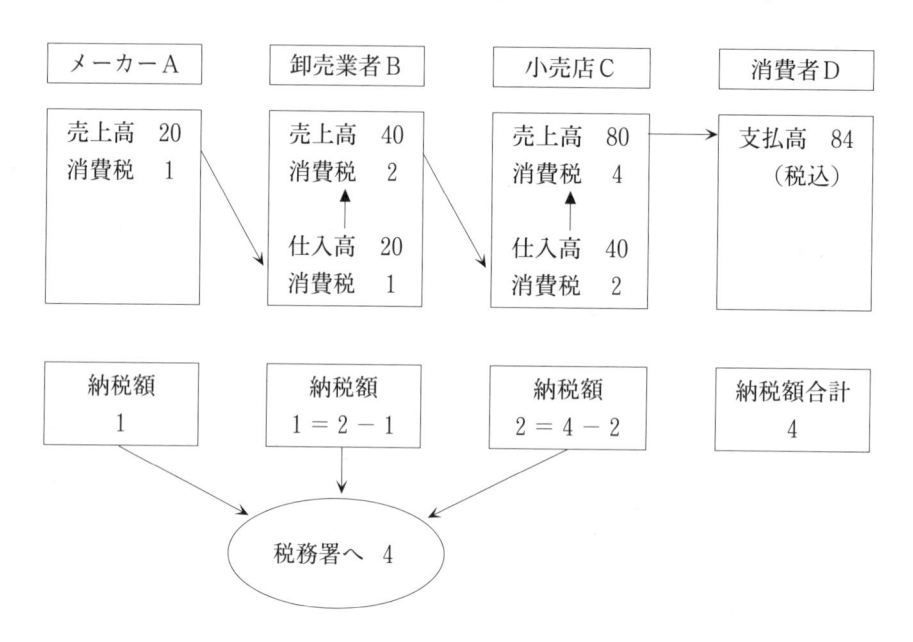

```
    メーカーA          卸売業者B           小売店C           消費者D

    売上高 20         売上高 40         売上高 80         支払高 84
    消費税  1         消費税  2         消費税  4         （税込）

                      仕入高 20         仕入高 40
                      消費税  1         消費税  2


    納税額            納税額            納税額            納税額合計
      1             1 = 2 - 1         2 = 4 - 2              4


                          税務署へ 4
```

　この設例からA・B・Cはそれぞれ1万円・1万円・2万円の消費税を税務署に払うことがわかります。しかしながら消費者Dも4万円の消費税を納めています。但しDは税務署に4万円の消費税を納めているのではなく，Cに預かってもらっている点に注意してください。このことから消費税4万円を納めるのはDですが，そのDが納める4万円について，予め製造段階・流通段階で，A・B・Cのそれぞれが細分化して納めていることに気がつくでしょうか。このことから消費税の支払いは，納税者が支払う予定の消費税を自分が仮に払っておく記録と，そして消費者から預かった消費税を仮に受け取っておく記録が必要になります。そこで仮払消費税・仮受消費税勘定が使われますが，次に実際に消費税の会計処理について，小売店Cの立場で取引例を考えてみましょう。

設例

次の一連の取引について仕訳をしなさい。なお，消費税及び地方消費税の経理処理については税込経理方式及び税抜経理方式の2つ処理を示しなさい。

(1) 商品15,369,900円（うち，消費税額及び地方消費税額731,900円）を仕入れ，代金は掛けとした。

税込	仕入	15,369,900	買掛金	15,369,900
税抜	仕入	14,638,000	買掛金	15,369,900
	仮払消費税等	731,900		

(2) 商品22,680,000円（うち，消費税額及び地方消費税額1,080,000円）を売り渡し，代金は掛けとした。

税込	売掛金	22,680,000	売上	22,680,000
税抜	売掛金	22,680,000	売上	21,600,000
			仮受消費税等	1,080,000

(3) 帳簿価額384,600円の備品を441,000円（うち，消費税額及び地方消費税額21,000円）で売却し，代金は現金で収受した。

税込	現金預金	441,000	備品	384,600
			固定資産売却益	56,400
税抜	現金預金	441,000	備品	384,600
			仮受消費税等	21,000
			固定資産売却益	35,400

(4) 決算に当たり，還付を受けるべき消費税額及び地方消費税額239,600円を雑収入として計上した。

税込	未収消費税等	239,600	雑収入	239,600
税抜	未収消費税等	239,600	雑収入	239,600

(5) 上記(4)の消費税額及び地方消費税額239,600円が普通預金に入金された。

税込	現金預金	239,600	未収消費税等	239,600
税抜	現金預金	239,600	未収消費税等	239,600

（税務会計能力検定試験 第76回 4級第2問 一部修正）

練習問題

次の資料に基づき，物品販売業を営む甲（52歳）の平成23年分の課税総所得金額に対する税額を，同人に最も有利になるように計算しなさい。（60点）

＜資料1＞

損 益 計 算 書
自平成23年1月1日　至平成23年12月31日　（単位：円）

科　　　　目	金　　額	科　　　　目	金　　額
年 初 商 品 棚 卸 高	757,400	当 年 商 品 売 上 高	72,270,000
当 年 商 品 仕 入 高	43,139,600	年 末 商 品 棚 卸 高	1,422,700
営　　業　　費	22,688,300	雑　　収　　入	8,965,000
青 色 専 従 者 給 与	4,248,000		
当　　年　　利　　益	11,824,400		
	82,657,700		82,657,700

付 記 事 項

(1) 甲は，青色申告書の提出の承認を受けており，また，開業時よりすべての取引を正規の簿記の原則にしたがって記録し，これに基づいて貸借対照表及び損益計算書を作成している。
　　なお，棚卸資産の評価方法及び減価償却資産の償却方法についての届出は行っていない。

(2) 甲が家事のために消費した商品（仕入価額188,000円，通常の販売価額320,000円）については，当年商品売上高に何ら計上されていない。

(3) 損益計算書の年末商品棚卸高は，最終仕入原価法に基づく原価法により評価した金額である。

(4) 雑収入の内訳は次のとおりである。

　　① 商品空箱の売却代金　　　　　　　　　　　　　　　　　　　　　　　　38,000円
　　② 損害保険契約の満期返戻金　　　　　　　　　　　　　　　　　　　　2,000,000円
　　　　この契約の掛金支払者は甲，掛金の支払総額は1,020,000円，保険期間は25年である。
　　③ 所有する株式について受け取った配当金　　　　　　　　　　　　　　　360,000円
　　　　上場株式等に係るものでなく，源泉所得税20%控除後の金額である。
　　④ 友人に対する貸付金の利子　　　　　　　　　　　　　　　　　　　　　68,000円
　　　　この貸付金は事業に関連するものではない。
　　⑤ 駐車場の貸付け収入　　　　　　　　　　　　　　　　　　　　　　6,119,000円
　　　　この駐車場は月極のものであり，車両の出入について管理者を置いていない。
　　　　平成23年12月分のうち36,000円は未収のため雑収入に含めていないが，平成24年1月分のうち24,000円は本年12月に受け取り，雑収入に含めている。
　　　　なお，駐車料はその月分をその月の末日に支払を受ける契約となっている。

— 182 —

⑥　上記⑤の駐車場貸付時に受け取った敷金（預り金）　　　　　　　　　380,000円
(5)　営業費の内訳は次のとおりである。
　　①　所得税納付額　　　　　　　　　823,000円
　　②　住民税納付額　　　　　　　　　694,000円
　　③　物品販売業に係る事業税納付額　381,000円
　　④　駐車場に係る固定資産税　　　　643,000円（付記事項(4)の⑤⑥参照）
　　⑤　駐車場に係る経費　　　　　　　1,845,000円（付記事項(4)の⑤⑥参照）
　　⑥　物品販売業に係る営業費　　　　18,302,300円
(6)　平成23年5月1日に物品販売業に係る備品を取得し，ただちに事業の用に供しているが，この備品についての減価償却費の計算は行っておらず，上記の(5)の⑥の物品販売業の営業費には含まれていない。
　　なお，備品以外の物品販売業に係る減価償却資産の減価償却費は適正に計算され，上記(5)の⑥の営業費に含まれている。
　　　備品の取得価額　　900,000円
　　　耐用年数　8年（耐用年数8年の償却率は，定額法　0.125，定率法　0.313）
(7)　青色専従者給与は物品販売業に従事している長女に対して支払ったものである。
　　これは青色事業専従者に関する届出書に記載した金額の範囲内であり，労務の対価として相当額である。

<資料2>
(1)　甲は，実母が平成23年5月15日から25日間入院したことによる治療費を支払っている。
　　この治療費につき総所得金額から控除される金額を適法に計算したところ70,560円であった。
(2)　甲が，平成23年中に支払った保険料は次のとおりである。
　　①　国民健康保険料，国民年金保険料及び介護保険料　　　　　　　　　798,800円
　　②　妻を受取人とする一般の生命保険料　　　　　　　　　　　　　　　130,800円
　　③　妻を受取人とする個人年金保険料　　　　　　　　　　　　　　　　 94,400円
　　④　居住している家屋及び生活用動産に対する地震保険料　　　　　　　 68,000円
(3)　平成23年末日現在，甲と生計を一にし，かつ，同居している親族は次のとおりである。
　　　妻　　　50歳　無職（無収入）
　　　長　女　29歳　青色事業専従者
　　　長　男　26歳　会社員（給与所得の金額が3,980,000円ある。）
　　　次　男　22歳　大学生（無収入）
　　　実　母　76歳　無職（無収入・一般の障害者）

<資料3> 所得税の速算表

課税総所得金額	税率	控除額
1,950,000円以下	5%	——
1,950,000円超　3,300,000円以下	10%	97,500円
3,300,000円超　6,950,000円以下	20%	427,500円
6,950,000円超　9,000,000円以下	23%	636,000円
9,000,000円超　18,000,000円以下	33%	1,536,000円
18,000,000円超	40%	2,796,000円

解答欄

1．各種所得の金額及び総所得金額の計算

区　　分	金　　額	計　算　過　程
（　）所得	①　　　円	_____円 ÷（1－0.____）= _____円
不動産所得	②　　　円	(1) 総収入金額 　　_____円 ＋ _____円 － _____円 = _____円 (2) 必要経費 　　_____円 ＋ _____円 = _____円 (3) 不動産所得の金額 　　_____円 － _____円 － _____円 = _____円
事業所得	③　　　円	(1) 総収入金額　　（注）家事消費高 　　_____円 ＋ _____円 ＋ _____円 = _____円 　　（注）家事消費高の計算 　　　　_____円 ＜（_____円 × 0.____ = _____円） 　　　　∴ _____円 (2) 必要経費 　　㋐　売上原価 　　　　_____円 ＋ _____円 － _____円 = _____円 　　㋑　営業費　　　　　　　　（注）減価償却費 　　　　_____円 ＋ _____円 ＋ _____円 = _____円 　　　（注）減価償却費の計算 　　　　_____円 × 0.____ × ¯¯¯¯ = _____円 　　㋒　青色専従者給与　_____円 (3) 事業所得の金額 　　　　　　必要経費（㋐＋㋑＋㋒） 　　_____円 － _____円 = _____円
（　）所得	④　　　円	_____円 － _____円 － _____円 = _____円
（　）所得	⑤　　　円	
総所得金額	⑥　　　円	① ＋ ② ＋ ③ ＋ ④ × ¯¯¯¯ ＋ ⑤ = _____円

2．所得控除額及び課税総所得金額の計算

区　分	金　額	計　算　過　程
（　　）控除	⑦　　　　円	
社会保険料控除	⑧　　　　円	
生命保険料控除	⑨　　　　円	㋐　一般の生命保険料の限度額 　　　支払額が　　　　円 を超えるため　　　　円 ㋑　個人年金保険料の限度額 　　　　　　円 × $\frac{1}{4}$ ＋ 25,000円 ＝　　　　円 ㋒　控除額 　　　㋐ ＋ ㋑ ＝　　　　円
地震保険料控除	⑩　　　　円	支払額が　　　　円 を超えるため　　　　円
障害者控除	⑪　　　　円	
配偶者控除	⑫　　　　円	
扶養控除	⑬　　　　円	円 ＋ 　　　　円 ＝ 　　　　円
基礎控除	⑭　　　　円	
所得控除合計	⑮　　　　円	⑦ ＋ ⑧ ＋ ⑨ ＋ ⑩ ＋ ⑪ ＋ ⑫ ＋ ⑬ ＋ ⑭ ＝ 　　　　円
課税総所得金額	⑯　　　　円	⑥ － ⑮ ＝ 　　　　円 → 　　　　円 （1,000円未満切捨て）
課税総所得金額に対する税額	⑰　　　　円	⑯ × 　　　％ － 　　　　円 ＝ 　　　　円

＜第87回　税務会計能力検定試験　所得税法3級＞

索　引

（ア行）

青伝　160
赤伝　160
委託販売　56
一勘定制　26
一時的な処理　22
1伝票制　159
一部現金取引　160
一部振替取引　160
移動平均法　42
受取手形　65, 91
受取手形記入帳　73
受取人　24
裏書義務　77
裏書手形　77
裏書手形義務見返　79
売上原価　38, 39
売上総利益　38
売上伝票　161
売上値引　62
売上割引　62
売上割戻　62
売掛金　46
売掛金元帳　49
英米式決算法　⑰

（カ行）

買掛金　46
買掛金元帳　49
会計係　28
開始記入　17
回収基準　60
係印欄　160
貸方　9
貸倒れ　50
貸倒損失　51
貸倒引当金戻入益　45
割賦販売　60

貨物代表証券　55
貨物引換証　55
借方　9
借方残高　20
借越限度額　26
為替手形　65
勘定科目（欄）　8, 153
期首商品棚卸高　39
記帳印欄　160
起票　159
期末商品棚卸高　39
銀行勘定調整表　32
銀行預金勘定　24
金融手形　65
偶発債務　77
繰越記入　17
繰越試算表　17, 135
繰越試算表作成　124
繰延収益　126
繰延費用　127
黒伝　160
経過勘定科目　127
決算業務　124
決算修正　125
決算仕訳　132
決算整理　125
決算整理仕訳　132
決算手続き　124
決算振替　132
決算振替仕訳　132
決算本手続き　124
決算予備手続き　124
月末補給制　29
減価　101
減価償却　101
現金　91
現金過不足勘定　22
現金勘定　20
現金支払帳　21

現金収入帳　21
現金出納帳　21
合計残高試算表　13, 124
合計試算表　13, 124
合計転記　153, 156, 162
小切手を振り出す　24
誤記入　32
小口現金　29
小口現金係　28
小口現金勘定　29
小口現金出納帳　29, 31
5伝票制　159, 161
個別転記　153, 156, 162
混合勘定　27

（サ行）

債権　65
債務　65
債務確定主義　169
財務諸表　124
差額補充法　53
先入先出法　42
雑益勘定　22
雑損勘定　22
残高式　153
残高試算表　13, 124
残高証明書残高　32
3伝票制　159
仕入先元帳　49
仕入伝票　161
時間外預入　32
自己宛為替手形　75
自己受為替手形　75
資産　8
試算表　13, 124
実際残高　22
実績法　52
支店独立会計制度　139
支払手形　65

— 187 —

支払手付金　85	（タ行）	取引の二面性　10
資本　8		（ナ行）
資本金勘定　113	貸借平均の原理　10	
借用証書　84	対照勘定法　61, 77	内部利益　145
収益　8	他店商品券　89	二勘定制　26
収益の繰延　126	多欄式現金出納帳　153	二重仕訳　157
収益の見越　126	単一仕訳帳制　152	二重転記　157
集合勘定　15	帳簿残高　22	日常業務　124
収支主義　125	帳簿組織　152	入金伝票　160
修正仕訳　32	帳簿組織の立案　152	納税義務者　167
受託販売　56	帳簿の締切り　134	（ハ行）
出金伝票　160	通貨代用証券　20	
出資金　91	月初補給制　29	販売基準　60
取得価額　92	定額資金前渡法　29	引出金勘定　113
主任印欄　160	手形　65	費用　8
主要簿　152	手形貸付金　66	費用の繰延　127
（純）売上高　38	手形借入金　66	費用の見越　126
償却債権取立益　51	手形の裏書　70	評価勘定法　77
商業手形　65	手形の更改　69	標準式　153
試用販売　61	手形の遡及　72	付記事項　124
消費税　180	手形の不渡り　71	複合仕訳帳制　152, 153
証憑　159	手形の割引　71	負債　8
商品有高帳　41	手付金　85	普通仕訳帳　153
諸口欄　153	手許商品区分法　61	船荷証券　55
所得控除　169, 178	転記　12, 124	振替　15
所得税　167	伝票　159	振替仕分　16
諸預金勘定　24	伝票式会計　152	振替伝票　160
仕訳　10, 124	統括勘定　49	振出人　24
仕訳月計表　162	当期（純）仕入高　39	分記法　37
仕訳集計表　162	当座借越　26	分離課税　169
仕訳週計表　162	当座借越勘定　26	保証債務　78
仕訳帳　10, 152	当座借越契約　26	保証債務取崩益　80
仕訳日計表　162	当座勘定　26	保証債務費用　78
人名勘定　47	当座預金　24	補助記入帳　152
随時補給制度　29	当座預金勘定　25, 26	補助簿　21, 152
税額控除　170	当座預金勘定残高　32	本支店合併財務諸表　146
精算表　14	当座預金出納帳　27	本店集中会計制度　139
総勘定元帳　12, 152	統制勘定　49	（マ行）
総合課税　169	得意先元帳　49	
総平均法　43	特殊仕訳帳（制）	丸為替　77
遡及義務　72	152, 153	未記帳　32
遡及権　72	特別欄　153	見越収益　126
損益通算　169	取引　8	見越費用　126

未達取引　144
未着商品　91
未取立小切手　32
未取付小切手　32
未払金　32
未渡小切手　32
元帳欄　153

（ヤ行）

約束手形　65
有価証券　91
有形固定資産　100
融通手形　65
預金　24
予約販売　62

（ラ行）

連絡未達　32

（ワ行）

割引義務　77
割引手形　77

編著者紹介（五十音順，※印は編者）

大津　淳（おおつ　きよし）：第9章，第10章，第11章担当。
　会津大学短期大学部　准教授
　＜主要業績＞
　「公会計制度改革と財務報告目的に関する一考察」『会津大学短期大学部研究年報』第66号，pp.73-99.2009年3月.
　「企業価値評価モデルと資金情報の有用性」『会津大学短期大学部研究年報』第64号，pp.81-101.2007年3月.
　『ベーシック税務会計＜企業課税編＞』創成社，2011年11月20日．（共著）
　『ベーシック税務会計＜個人課税編＞』創成社，2011年10月20日．（共著）

加藤　惠吉（かとう　けいきち）：第4章，第13章担当。
　弘前大学人文学部経済経営課程　教授
　＜主要業績＞
　「移転価格税制をめぐる最近の状況と動向」『人文社会論叢（社会科学篇）』第23号，pp.101-110.2010年.
　「無形資産情報の評価に関する一考察―財務情報と非財務情報を用いたモデルの検証―」『弘前大学経済研究』第33号，pp.78-85.2010年.
　「移転価格税制に対する市場の反応―無形資産への課税情報の分析を中心として―」『人文社会論叢（社会科学篇）』第26号，pp.73-87.2011年.

許　霽（きょ　さい）：第3章，第14章担当。
　福山大学経済学部　准教授
　＜主要業績＞
　「中国における外国投資企業会計制度の変遷」『福山大学経済学論集』第34巻第1号，2009年4月.
　「中国における外国投資企業会計制度の現状と課題」『福山大学経済学論集』第35巻第1号，2010年4月.
　「中国進出企業における会計上の諸問題」『福山大学経済学論集』第36巻第2号，2011年10月.

櫻田　譲（さくらだ　じょう）：第6章，第8章，第15章担当。
　北海道大学大学院会計専門職大学院　准教授
　＜主要業績＞
　「外国子会社利益の国内環流に関する税制改正と市場の反応」『租税資料館賞受賞論文集　第二十回（二〇一一年）上巻』公益財団法人租税資料館，pp.233-258.2012年2月1日．（共著）
　　　http://eprints.lib.hokudai.ac.jp/dspace/handle/2115/47740
　　　http://www.sozeishiryokan.or.jp/award/020/005.html
　「ストック・オプション判決に対する市場の反応」『第6回税に関する論文　入選論文集』財団法人納税協会連合会，pp.53-94.2010年11月30日．（共著）
　　　http://eprints.lib.hokudai.ac.jp/dspace/handle/2115/44424
　　　http://www.nouzeikyokai.or.jp/ronbun/kako.html
　『ベーシック税務会計＜企業課税編＞』創成社，2011年11月20日．（共編著）
　『ベーシック税務会計＜個人課税編＞』創成社，2011年10月20日．（共編著）

園　弘子※（その　ひろこ）：第1章，第5章，第7章，第12章担当。
　高知工科大学マネジメント学部　准教授
　＜主要業績＞
　「会計基準の国際的収斂」『台湾国立虎科技大学論壇』，2008年12月.
　『偶発事象会計の展開―引当金会計から非金融負債会計へ―』創成社，2007年4月．（共著）
　『農業ビジネス学校―自立する地域への七章』ニューヨークアート，2009年9月．（共著）

矢野　沙織（やの　さおり）：第2章担当。
　佐賀大学大学院工学系研究科博士後期課程
　＜主要業績＞
　"A Study on the Convergence to IFRS and Accounting Education in Japan"『地域開發研究』全南大學校地域開發研究所，pp.177-189. 2008年12月．（共著）
　「［書評］和田博志著『会計測定の基礎理論』」『佐賀大学経済論集』第42巻第3号，pp.41-57. 2009年9月.

基礎簿記会計

2011年4月20日　　初版発行
2012年3月25日　　改訂版発行

著　者：大津　淳・加藤惠吉・許　霽
　　　　櫻田　譲・園　弘子・矢野沙織
発行者：長谷雅春
発行所：株式会社五絃舎
　　　〒173-0025
　　　東京都板橋区熊野町46-7-402
　　　TEL・FAX：03-3957-5587

組　版：Office Five Strings
印刷・製本：モリモト印刷
Printed in Japan ⓒ 2012
ISBN978-4-86434-011-3